普通高等教育“十一五”精品课程建设教材

信息检索实习指导

赵　军　赵立桢　主编

中国农业大学出版社

主　编　赵　军　赵立桢

副主编　白建华　董慧娜　付晓光

编　委　（按姓氏笔画排序）

白建华　付晓光　许　强　李　颖

赵立桢　赵　军　崔明珠　董慧娜

参编者　康　猛　王　伟　王立国　李志勇

主　审　邱立春

内 容 简 介

本书针对当前“信息检索”课教学的实际需要，总结编者多年教学实践经验，参阅大量文献资料编写而成。全书内容丰富，共分6章，系统收录了农业、生物、化学、食品、环境、机电、水利、农林经济等学科使用的手工检索工具及网络数据库模拟件30余种，精选了各种典型检索实例，编入了大量检索实习题，使读者在学习时有较强的直观感。

本书是一本兼手工检索和计算机检索双用的指南和教材，既可作为农业高校各专业本科生、研究生信息检索教学的直观教材和实习工具，又可作为科研人员继续教育的自学用书。

前　言

信息检索课是一门实践性很强的方法课，高校图书馆开设信息检索课的目的非常明确，就是增强学生的信息意识，培养学生获取信息和利用信息的能力。在信息检索课理论部分，通过阐述信息及其检索的相关知识，初步培养学生的信息意识。但是“纸上得来终觉浅，要知此事需躬行”，信息能力的培养离不开实践环节，需要进行大量的实习操作。实践是信息检索课教学中的一个重要环节。

目前，实习检索工具缺乏是困扰许多高校的普遍问题，是限制提高信息检索课教学质量的主要因素。而具有仿真效果的实习指导，能保持各种检索工具的本来面目，反映原件的全部主要特征，可在一定程度上弥补检索工具不足的缺憾。自从1984年教育部(84)教高004号文件颁布以来，已有400多种信息检索课教材公开出版，但可与之配套使用的公开出版的实习教材、实习指导书却种类少、内容旧，且多以手工检索为主，计算机检索为辅。因此，急需编写一部从内容上来看手工检索与计算机检索的比例合适，又能适应计算机网络信息检索的实习指导教材。

沈阳农业大学赵军等老师总结多年一线教学经验，精心编撰了这本实习指导书。全书收录中文工具书9种，外文工具书15种，国内数据库4种，国外数据库2种。书中有大量的拷屏图、翔实的检索举例和忠实反映原件的模拟件等。希望这本教材能成为适应当前形势，有益学生实习，有利于提高信息检索课教学质量的好书！

本书具有以下特点：

1.系统性。全书共6章，既有关于《中国图书馆分类法》的简短介绍，又有中外文手工检索工具，还包括中文科技期刊数据库、ProQuest数据库等中外文数据库及网络信息检索部分。对每种检索工具及数据库进行系统性讲解。例如对中文科技期刊数据库的“快速检索”、“传统检索”、“高级检索”、“分类检索”和“期刊导航”均给予了详细图解说明。

2.直观性。检索工具部分基本上是一个浓缩的、完整的检索工具体系。外观上保持了各检索工具的原样，内容上保持了各检索工具原有的结构体系。即凡有助于描述原检索工具外观形态的部分，如目次表，保持原貌；对正文和辅助索引等，在保持原框架体系的基础上，根据实习举例所列举的课题对内容进行适当提炼压缩。做到了实习举例题在目次中有其类目，在正文中有其著录款目，在辅助索引中有其索引款目。

3.实用性。考虑到该教材是一部培训现代信息检索技能的实习指导，在内容比重方面，实用性、实践性和体现现代化信息检索技能的内容比重较大。6章内容中，中外文数据库及网络检索部分共3章，占全书比重的50%。

4.可操作性。该实习指导的很多章节，特别是数据库部分，多是从读者检索的角度，围绕某一具体课题检索的全过程加以介绍，比较符合学生的思维习惯，相当于学习数据库检索的速成教材。

本书作为沈阳农业大学教材资助项目，得到学校及教务处、图书馆领导的关心与支持，同时参阅了同行的有关论著，在此一并表示衷心的感谢！

受编者学识所限，书中难免存在疏漏和不足，敬请各位前辈专家、同行以及读者批评指正。

编　者

2007 年 3 月

目　　录

第1章　信息检索基础知识

【实习目的、要求】了解并掌握《中国图书馆分类法》的结构及与本专业相关的分类号、类目；掌握中外文检索工具的著录方式，识别不同类型文献的著录项目；熟悉各种索引的编排体例。

1.1　《中国图书馆分类法》第四版模拟件

基本大类

A　马克思主义、列宁主义、毛泽东思想、邓小平理论
B　哲学、宗教
C　社会科学总论
D　政治、法律
E　军事
F　经济
G　文化、科学、教育、体育
H　语言、文字
I　文学
J　艺术
K　历史、地理
N　自然科学总论
O　数理科学和化学
P　天文学、地球科学
Q　生物科学
R　医药、卫生
S　农业科学
T　工业技术
U　交通运输
V　航空、航天
X　环境科学、安全科学
Z　综合性图书

简 表

A 马克思主义、列宁主义、毛泽东思想、邓小平理论

A1 马克思、恩格斯著作
A2 列宁著作
A3 斯大林著作
A4 毛泽东著作
A49 邓小平著作
A5 马克思、恩格斯、列宁、斯大林、毛泽东、邓小平著作汇编
A7 马克思、恩格斯、列宁、斯大林、毛泽东、邓小平生平和传记
A8 马克思主义、列宁主义、毛泽东思想、邓小平理论的学习和研究

B 哲学、宗教

B0 哲学理论
B1 世界哲学
B2 中国哲学
B3 亚洲哲学
B4 非洲哲学
B5 欧洲哲学
B6 大洋洲哲学
B7 美洲哲学
B80 思维科学
B81 逻辑学(论理学)
B82 伦理学(道德哲学)
B83 美学
B84 心理学
B9 宗教

C 社会科学总论

C0 社会科学理论与方法论
C1 社会科学现状与发展
C2 社会科学机构、团体、会议
C3 社会科学研究方法
C4 社会科学教育与普及
C5 社会科学丛书、文集、连续性出版物
C6 社会科学参考工具书
[C7] 社会科学文献检索工具书
C8 统计学
C91 社会学
C92 人口学
C93 管理学
[C94] 系统科学
C95 民族学
C96 人才学
C97 劳动科学

D 政治、法律

D0 政治理论
D1 国际共产主义运动
D2 中国共产党
D33/37各国共产党
D4 工人、农民、青年、妇女运动与组织
D5 世界政治

D6　中国政治
D73/77 各国政治
D8　外交、国际关系
D9　法律

E　军事

E0　军事理论
E1　世界军事
E2　中国军事
E3/7　各国军事
E8　战略学、战役学、战术学
E9　军事技术
E99　军事地形学、军事地理学

F　经济

F0　经济学
F1　世界各国经济概况、经济史、经济地理
F2　经济计划与管理
F3　农业经济
F4　工业经济
F49　信息产业经济(总论)
F5　交通运输经济
F59　旅游经济
F6　邮电经济
F7　贸易经济
F8　财政、金融

G　文化、科学、教育、体育

G0　文化理论
G1　世界各国文化与文化事业
G2　信息与知识传播
G3　科学、科学研究
G4　教育
G8　体育

H　语言、文字

H0　语言学
H1　汉语
H2　中国少数民族语言
H3　常用外国语
H4　汉藏语系
H5　阿尔泰语系(突厥-蒙古-通古斯语系)
H61　南亚语系(澳斯特罗-亚细亚语系)
H62　南印语系(达罗毗荼语系、德拉维达语系)
H63　南岛语系(马来亚-玻里尼西亚语系)
H64　东北亚诸语言
H65　高加索语系(伊比利亚-高加索语系)
H66　乌拉尔语系(芬兰-乌戈尔语系)
H67　闪-含语系(阿非罗-亚细亚语系)
H7　印欧语系
H81　非洲诸语言
H83　美洲诸语言
H84　大洋洲诸语言
H9　国际辅助语

I　文学

I0　文学理论
I1　世界文学

I2 中国文学
I3/7 各国文学

J 艺术

J0 艺术理论
J1 世界各国艺术概况
J2 绘画
J29 书法、篆刻
J3 雕塑
J4 摄影技术
J5 工艺美术
[J59] 建筑艺术
J6 音乐
J7 舞蹈
J8 戏剧艺术
J9 电影、电视艺术

K 历史、地理

K0 史学理论
K1 世界史
K2 中国史
K3 亚洲史
K4 非洲史
K5 欧洲史
K6 大洋洲史
K7 美洲史
K81 传记
K85 文物考古
K89 风俗习惯
K9 地理

N 自然科学总论

N0 自然科学理论与方法论
N1 自然科学现状及发展
N2 自然科学机构、团体、会议
N3 自然科学研究方法
N4 自然科学教育与普及
N5 自然科学丛书、文集、连续性出版物
N6 自然科学参考工具书
[N7] 自然科学文献检索工具
N8 自然科学调查、考察
N91 自然研究、自然历史
N93 非线性科学
N94 系统科学
[N99] 情报学、情报工作

O 数理科学和化学

O1 数学
O3 力学
O4 物理学
O6 化学
O7 晶体学

P 天文学、地球科学

P1 天文学
P2 测绘学
P3 地球物理学
P4 大气科学(气象学)
P5 地质学
P7 海洋学
P9 自然地理学

Q 生物科学

Q1 普通生物学
Q2 细胞生物学

Q3　遗传学
Q4　生理学
Q5　生物化学
Q6　生物物理学
Q7　分子生物学
Q81　生物工程学(生物技术)
[Q89] 环境生物学
Q91　古生物学
Q93　微生物学
Q94　植物学
Q95　动物学
Q96　昆虫学
Q98　人类学

R　医药、卫生

R1　预防医学、卫生学
R2　中国医学
R3　基础医学
R4　临床医学
R5　内科学
R6　外科学
R71　妇产科学
R72　儿科学
R73　肿瘤学
R74　神经病学与精神病学
R75　皮肤病学与性病学
R76　耳鼻咽喉科学
R77　眼科学
R78　口腔科学
R79　外国民族医学
R8　特种医学
R9　药学

S　农业科学

S1　农业基础科学
S2　农业工程
S3　农学(农艺学)
S4　植物保护
S5　农作物
S6　园艺
S7　林业
S8　畜牧、动物医学、狩猎、蚕、蜂
S9　水产、渔业

T　工业技术

TB　一般工业技术
TD　矿业工程
TE　石油、天然气工业
TF　冶金工业
TG　金属学与金属工艺
TH　机械、仪表工业
TJ　武器工业
TK　能源与动力工程
TL　原子能技术
TM　电工技术
TN　无线电电子学、电信技术
TP　自动化技术、计算机技术
TQ　化学工业
TS　轻工业、手工业
TU　建筑科学
TV　水利工程

U　交通运输

U1　综合运输

U2 铁路运输
U4 公路运输
U6 水路运输
[U8] 航空运输

V 航空、航天

V1 航空、航天技术的研究与探索
V2 航空
V4 航天(宇宙航行)
[V7] 航空、航天医学

X 环境科学、安全科学

X1 环境科学基础理论
X2 社会与环境
X3 环境保护管理
X4 灾害及其防治
X5 环境污染及其防治
X7 废物处理与综合利用
X8 环境质量评价与环境监测
X9 安全科学

Z 综合性图书

Z1 丛书
Z2 百科全书、类书
Z3 辞典
Z4 论文集、全集、选集、杂著
Z5 年鉴、年刊
Z6 期刊、连续性出版物
Z8 图书目录、文摘、索引

F 经　济

类 目 简 表

0	经济学
1	世界各国经济概况、经济史、经济地理
2	经济计划与管理
3	农业经济
4	工业经济
49	信息产业经济(总论)
5	交通运输经济
59	旅游经济
6	邮电经济
7	贸易经济
8	财政、金融

F　经济

F0　经济学

F1　世界各国经济概况、经济史、经济地理

F2　经济计划与管理

F20　国民经济管理

F21　经济计划

F22　经济计算、经济数学方法

F23　会计

F230　会计学

簿记学、会计核算理论入此。

F231　会计簿记方法

F232　会计设备

会计核算工作自动化入此。

F233　会计工作组织与制度

F234　各种会计和簿记

F235　各部门会计和簿记

F239　审计

F3　农业经济

F30　农业经济理论

农业经济学、农村经济学入此。

F301　土地经济学

土地问题理论、土地资源经济学入此。

F302　农业计划与管理

F303　农业建设与发展

F304　农业生产

F306　农业企业经营与管理

农业经营学及论述农业企业的组织领导、现代化农业组织形式，以及有关组织管理，如：人员管理、财务管理等的著作入此。

F307　农业部门经济

F31　世界农业经济

F32　中国农业经济

F320　方针政策及其阐述

F321　农村经济结构与体制

农村产业结构入此。

F322 农业计划与管理

F323 农业经济建设与发展

F324 农业企业组织与管理

关于论述我国农业企业组织与经营管理的经验总结等著作入此。

F325 农村生产组织与经营管理

论述农村人民公社的著作入此。

F326 农业部门经济

各种农业产品的产销情况、"菜篮子工程"入此。

F327 地方农业经济

论述地方农业经济建设、区域经济综合研究等的著作入此。

[F328] 农民生活状况

宜入 D422.7。

F329 中国农业经济史

林业、畜牧业、渔业等部门经济史入 F326 有关各类。

F33/37 各国农业经济

F4 工业经济

F49 信息产业经济(总论)

F5 交通运输经济

F59 旅游经济

F590 旅游经济理论与方法

旅游经济学、旅游心理学、旅游美学等入此。

F591 世界旅游事业

F592 中国旅游事业

F593/597 各国旅游事业

F6 邮电经济

F7 贸易经济

F71 国内贸易经济

包括兼论对外贸易的著作。

F710 贸易经济理论与方法

商业经济学、商业数学入此。

F711 贸易经济结构与体制

F712 贸易计划与管理体制

F713 商品流通与市场

F714 商品价格与流通费用

F715 商业企业组织与管理

F72 中国国内贸易经济

F73 世界各国国内贸易经济

F74 国际贸易

F740 国际贸易理论与方法

总论国际贸易组织与技术的著作入此。

F741 政策

互惠政策入此。

F742 国际贸易关系

F743 国际贸易组织与会议

西欧共同市场入 F116.7。

F744 国际贸易条约和协定

F745 海关及关税

总论国际走私、反走私入此。

F746 世界进出口贸易概况

F749 国际贸易史

F8 财政、金融

F81 财政、国家财政

F82 货币

F83 金融、银行

F830 金融、银行理论

F831 世界金融、银行

F832 中国金融、银行

F833/837 各国金融、银行

F84 保险

P　天文学、地球科学

类目简表

1	天文学
2	测绘学
3	地球物理学
4	大气科学(气象学)
5	地质学
7	海洋学
9	自然地理学

P　天文学、地球科学

P4　大气科学(气象学)

P40　一般理论与方法

P41　大气探测(气象观测)

P411　气象观测网的组织和布局

P412　探测技术与方法

P413　数据处理

P414　大气探测仪器及设备

P416　观测记录

P42　气象基本要素、大气现象

P421　大气性质及大气结构

P422　大气辐射

P423　大气温度

P424　气压

P425　风

P426　水汽、凝结和降水

P427　大气现象

P429　气象灾害

P43　动力气象学

P44　天气学

P441　气团和锋

P442　急流和风在天气学上的分析

P443　低气压和温带气旋

P444　热带气象

热带气旋、台风、飓风入此。

P445　中小尺度天气现象

P45　天气预报

P451　预报工作的组织

P452　民间看天经验

[P453]　天气谚语

宜入S165。

P454　电码和符号

P455　预报用图表

各种分析、预告图和其他天气图表资料，如雨量图、温度图、云厚图等入此。

P456　预报方法

P457　主要气象要素和天气现象预报

P458　天气过程的分析

P459　天气资料

P46　气候学

物理气候学、动力气候学入此。

P461　气候的形成和影响气候的因素

P462　气候类型

P463　中气候与小气候

[P464]　生物气候学

P465　高空气候学

P466　天气气候学

P467　气候变化、历史气候

P468　气候资料

P469　气候图

Q 生物科学

类目简表

1	普通生物学
2	细胞生物学
3	遗传学
4	生理学
5	生物化学
6	生物物理学
7	分子生物学
81	生物工程学(生物技术)
[89]	环境生物学
91	古生物学
93	微生物学
94	植物学
95	动物学
96	昆虫学
98	人类学

Q 生物科学

Q1 普通生物学

Q2 细胞生物学

Q21 细胞的形成及演化

[Q23] 细胞遗传学

Q24 细胞形态学

Q25 细胞生理学

Q26 细胞生物化学

Q27 细胞生物物理学

Q28 细胞生物学

[Q291] 细胞分子生物学

Q3 遗传学

Q4 生理学

Q5 生物化学

Q6 生物物理学

Q7 分子生物学

量子生物学、量子生物化学、分子生理学、分子放射生物学入此。

Q71 生物大分子的结构和功能

Q73 生物膜的结构和功能

生物膜包括组织和细胞性膜。

总论入此;膜生物工程学、生物膜与生命现象等入此。

Q74 生物小分子的结构和功能

短的核苷酸系列、原子团(甲基原子团等)、离子等入此。

Q75 分子遗传学

量子遗传学等入此。

Q77 生物能的转换

Q78 基因工程(遗传工程)

Q781 目的基因的获得

分子杂交、基因的化学合成、酶促合成、人工分离等入此。

Q782 基因载体

噬菌体、质粒等入此。

Q783　工具酶

Q784　基因的重组

Q785　转化及克隆

基因文库入此。

Q786　基因的表达

Q788　基因工程中的安全防护

Q789　基因工程的应用

Q81　生物工程学(生物技术)

Q811　仿生学

Q813　细胞工程

Q814　酶工程

利用酶、细胞和细胞器等具有的某些特异的催化功能，借助工艺学手段和生物反应装置，生产人们所需要的产品的工程。

Q819　生物工程应用

总论入此。

Q91　古生物学

Q93　微生物学

Q93-3　微生物研究与微生物实验

实验微生物学入此。

Q931　微生物的演化(适应与变异)

Q932　微生物细胞学

Q933　微生物遗传学

微生物的遗传变异、定向变异，溶原转变、接合、转化、转导、噬菌体感染，实验育种等入此。

Q934　微生物形态学

Q935　微生物生理学

有关微生物的生长、繁殖、营养、代谢以及物理、化学因素对微生物的影响、自养细菌的生理学等著作入此。

Q936　微生物生物化学

微生物体内蛋白质、氨基酸、核酸、糖、脂肪的代谢，自养细菌的生物化学，内毒素、外毒素等入此。

Q937　微生物生物物理学

Q938　微生物生态学和地区分布

Q939　微生物分类学(系统微生物学)

Q94　植物学

Q94-3　植物学研究和植物学实验

Q941　植物演化与植物发展

Q942　植物细胞学

Q943　植物细胞遗传学

植物多倍体、单倍体、植物杂交，植物生物工程学等入此。

Q944　植物形态学

总论草本和木本植物形态的著作入此。

专论某类或某种植物形态的著作入 Q949。

Q945　植物生理学

Q946　植物生物化学

Q947　植物生物物理学

Q948　植物生态学和植物地理学

Q949　植物分类学(系统植物学)

Q95　动物学

Q96　昆虫学

Q98　人类学

S 农业科学

类目简表

1	农业基础科学
2	农业工程
3	农学(农艺学)
4	植物保护
5	农作物
6	园艺
7	林业
8	畜牧、动物医学、狩猎、蚕、蜂
9	水产、渔业

S 农业科学

广义农业,或含农、林、牧、渔业两业以上总论性著作入此。

S1 农业基础科学

S11 农业数学

S12 农业物理学

总论物理学在农业上的应用入此。

S13 农业化学

S14 肥料学

总论肥料的形态、成分及性质等入此。

S14-31 肥料调查

肥料资源入此。

S14-33 肥料分析和实验

S14-35 肥料试验网

S14-9 肥料志

S141 农家肥料

总论有机肥料、腐植酸类肥料等入此。

S142 绿肥

S143 化学肥料

化学肥料的使用入此。

S144 微生物肥料(细菌肥料)

S145 肥料剂型

总论入此。

S146 肥料的选择与管理

S147 积肥技术、调制与施肥效益

S15 土壤学

S151 土壤形成及演化

S152 土壤物理学

土壤物理研究法、放射性同位素方法入此。

S153 土壤化学、土壤物理化学

总论入此。

S154 土壤生物学

S155 土壤分类学、土壤类型

S156 土壤改良

S157 水土保持

土壤侵蚀与保持入此。

S158 土壤肥力(土壤肥沃性)

土壤肥料学入此。

S159 土壤地理、土壤调查

各国土壤地理、土壤改良与水土保持综合调查报告入此。

S16 农业气象学

作物气象学入此。

S161 农业气象要素

S162 农业气候

S163 农业气象观测与仪器、设备

S164 农业气象观测资料

S165 农业气象预报

天气谚语及总论农业谚语的著作入此。

S18 农业生物学

S181 农业生态学

农业群体生理、群体结构、农业生态及其现状、农业生态系统及其发展、生态平衡及其保持等入此。

S182 农业微生物学

总论入此。

S186 农业昆虫学

总论入此。

S188 农业生物工程

农业细胞工程、农业遗传工程、农业发酵工程等入此。

S2 农业工程

S21 农业动力、农村能源

农业动力综合利用入此。

S22 农业机械及农具

总论入此。

S220 一般性问题

S221 手工农具、改良农具

凡用人力操作的旧式农具和总论农具改革的著作入此。

S222 耕耘机具

S223 种植机械

S224 田间管理机械

S225 收获机械

S226 农产品初步加工机具

通用的农产品初步加工机具入此。

S229 农业运输、装卸机具、贮藏设备

S23 农业机械化

兼论农业机械化与电气化的著作入此。

S23-01 农业机械化方针政策

农业机械化发展战略与预测等入此。

S231 农业机械化区划与规划

S232 农业机械与拖拉机运用

S233 农业生产作业机械化工艺组织

论述一般农业生产作业机械化的著作入此。

S237 农用仪器、仪表及设备

总论入此。

S238 农业工业化

农业工厂化入此。

S24 农业电气化与自动化

总论入此。

S26 农业建筑

农业建筑一般论述入此。

S27 农田水利

农业水利化，农田水利的规划、设计、测量、计划等入此。

S271 农业水文学

S273 水源

S274 灌溉制度与管理

灌溉原理入此。

S275 灌溉技术

S276 排水

S277 排灌工程

总论入此。

S278 水利改良土壤措施

总论入此。

S279 各国农田水利

S28 农田基本建设、农垦

S29 农业工程勘测、土地测量

S3 农学(农艺学)

一般作物栽培学、农学基础理论等入此。

S3-33 丰产试验(经验)、农业技术推广

总论科学种田、试验田、田间试验设计和统计等的著作入此。

S31 作物生物学原理、栽培技术与方法

总论大田作物、园艺作物或两种以上农业作物栽培技术与方法的著作入此。

S311 作物生理学

作物生理、栽培生理等入此。

S312 作物生物化学

S313 作物生物物理学

S314 作物生态学

作物群体生物学入此。

S315 作物分布、作物地理学

S316 保护地栽培

温床、温室、风障、阳畦等入此。

S317 无土栽培

S318 其他栽培技术与方法

高产栽培、节水栽培、机械化栽培等入此。

S32 作物品种与种质资源(品种资源)

育种的原始种子入此。

S321 品种的起源与演变

S322 引种和驯化

S323 品种的分类

品种的植物学分类、品种类别入此。例:杂交品种、引变性品种等入此。

S324 种质资源(品种资源)的调查、收集

育种的原始材料的调查、征集等入此。

S325 品种的整理与保存

种质库等入此。

S326 种质资源(品种资源)的开发与利用

S329 品种志、品种目录

综合性品种资源目录、品种志入此。

一类或某一种作物的品种志入有关各类。

S33 作物遗传育种与良种繁育

总论作物遗传学入此。

S330 作物遗传育种

种子学入此。

S331 优良品质的育种

优良品种品质的鉴定等入此。

S332 抗逆品种的育种

S333 选种、选择育种

S334 杂交育种

S335 引变(诱变)和突变育种

S336 生物技术育种方法

组织培养育种法等入此。

S337 综合育种方法

S338 品种试验和鉴定

品种建成后的鉴定等入此。

S339 良种繁育

农业良种化等入此。

S34 耕作学与有机农业

总论作物耕作方法入此。

S341 一般耕作技术

S342 不同自然地带耕作法

S343 各类型地的耕作法

S344 耕作的制度和方式

论述用地和养地的一般著作入此。

S345 有机农业

免耕、少耕入此。

S35 播种、栽植

S351 播种材料的处理

S352 播种

S353 阶段发育

S359 栽植法

工厂化育苗入此。

S36 田间管理

总论入此。

S363 作物生育期的管理

间苗、查苗、补苗、保苗、蹲苗、促苗等入此。

S365 中耕、除草、培土、水肥管理

施用植物生长调节剂与化学调控入此。

S369 后期管理

S37 农产品收获、加工及贮藏

总论入此。

S371 成熟

S372 收获、打谷、脱粒

采收(摘)、掘取、刈割、捆扎、脱谷等入此。

S375 干燥、清除、选择、分级

槽选、筛选、清选等入此。

S377 加工、包装、运输

S379 贮藏

S38 农产品的综合利用

S4 植物保护

总论植物保护及专论大田作物和园艺作物保护的著作入此。

S40 动植物检疫

总论动植物检疫的著作入此。

S41 植物检疫

S41-3 各种植物检疫

农业植物、产品及运输工具等的检疫入此。

S411 国际植物检疫

S412 中国植物检疫

截获病、虫、杂草等名录入此。

S413/S417 各国植物检疫

S42 气象灾害及其防御

S43　病虫害及其灾害

S431　植物病虫害的预测预报

总论植物病虫害发生、消长规律、调查取样方法等入此。

S432　植物病害及其防治

S433　植物虫害及其防治

S435　农作物病虫害及其防治

S436　园艺作物病虫害及其防治

S44　鸟兽害及其防治

S45　有害植物及其清除

S451　杂草

杂草科学入此。

S452　毒草

S453　寄生植物

菟丝子、槲寄生等入此。

S459　其他有害植物

S47　各种防治方法

S471　综合防治

S472　土壤消毒

S474　农业技术防治

S475　人工防治

S476　生物防治

天敌资源的繁殖、保护与应用入此。

S477　物理、机械防治

S48　农药防治(化学防治)

农药配制及其使用以及害虫的化学绝育等入此。

S481　植物化学保护理论

S482　各种农药

S49　植物保护机械

S5　农作物

大田作物的栽培技术、方法入此。

S51　禾谷类作物

总论粮食作物的著作入此。

S511　稻

S512　麦

S513　玉米(玉蜀黍)

高蛋白玉米、爆裂玉米等入此。

S514　高粱

S515　粟(谷子、小米)

珍珠粟入此。

S516　黍、稷(糜子、黍子、粘糜子)

S517　荞麦

S519　其他

薏苡、籽粒苋入此。

S52　豆类作物

S521　小豆(赤豆)

S522　绿豆

S529　其他

黑豆、鹰咀豆、山黧豆等入此。

S53　薯类作物

S531　甘薯(红薯)

S532　马铃薯(土豆)

S533　木薯(树薯)

S539　其他

S54　饲料作物、牧草

S541　多年生豆科牧草

S542　一年生豆科牧草

S543　多年生禾本科牧草

S544　一年生禾本科牧草

S545　杂草类

S546　饲用根类作物

S547　饲用瓜类作物

S548　其他饲料作物

青贮作物入此。

S55　绿肥作物

S551　豆科绿肥

S553　非豆科绿肥

S555　水生绿肥

S56　经济作物

总论经济作物入此。

S561　纤维作物

S563　麻类作物

S564　编织用纤维作物

S565　油料作物

S566　糖料作物

S567　药用作物

S572　烟草(菸草)

S6　园艺

S60　一般性问题

S601　生物学原理

植物学特性、生理生化、生物物理

学、细胞学等入此。

S602 品种与种质资源(品种资源)

S603 遗传育种与良种繁育

S604 播种、栽植、育苗

S605 园艺管理

S606 土壤、施肥

S607 灌溉、排水

S609 收获、初加工、贮藏

S61 苗圃学

总论入此。

S62 设施园艺(保护地栽培)

S621 基本作业

S622 促成栽培

S623 软化栽培

S624 温床

S625 温室

S626 蔬菜设施园艺

S63 蔬菜园艺

S63-33 丰产试验(经验)

总论蔬菜试验田的著作入此。

S631 根菜类(直根类)

S632 薯芋类(块茎类)

S633 葱蒜类

S634 白菜类

S635 甘蓝类

S636 绿叶菜类

S637 芥菜类

S641 茄果类

S642 瓜类

S643 豆荚类

S644 多年生菜类

S645 水生菜类

S646 菌类(食用菌)

S647 野生蔬菜

蕨菜、发菜、马齿苋等入此。

S649 其他蔬菜

玉米笋、黄秋葵等入此。

S65 蓏果园艺

S651 西瓜

S652 甜瓜

S66 果树园艺

S66-33 丰产试验(经验)

总论果树园艺试验田的著作入此。

S661 仁果类

S662 核果类

S663 浆果类

S664 坚果类(壳果类)

S668 多年生草本果类

S68 观赏园艺(花卉和观赏树木)

S681 一、二年生花卉类

S682 多年生花卉类

S685 观花树木类

S686 观果树木类

S687 观叶树木类

S688 园林植物栽培及应用技术

S7 林业

S7-05 林业与各业的关系

论述森林与农业、工业等关系的著作入此。

S71 林业基础科学

S711 森林数学

森林统计、林价算法、森林数学模型等入此。

S72 造林学、林木育种及造林技术

S721 造林计划与实施

S722 树木育种及良种繁育

S723 苗圃学(育苗技术)

温室栽培入此。

S724 宜林地

林地区划和地质、地形、土壤、肥料、开垦等入此。

S725 造林技术

S727/728 各林种、各类特殊地区的造林

S73 绿化建设

S75 森林经营学、森林计测学、森林经理学

S750 森林经营学

S752 森林主伐

S753 森林间伐及抚育

幼林抚育入此。

S754 森林更新

更新调查、更新率、更新频度入此。

S756 林分改造

S757 森林经理学

S758 森林计测学(测树学)

S759 各林种及林副产品经营

S76 森林保护学

S761 气象灾害及其防治

S763 森林病虫害及其防治

林木检疫、树病学入此。

S764 动物为害及其防治

S765 有害草木及其清除

S766 人为损害及其防治

S769 其他防治方法

森林益虫、益鸟入此。

S79 森林树种

S791 针叶树类

S792 阔叶乔木

S793 阔叶灌木

S794 特用阔叶树类

S8 畜牧、动物医学、狩猎、蚕、蜂

总论畜牧、兽医、养殖、狩猎、野生动物驯养等的综合性著作入此。

S8-01 畜牧现代化

S8-05 畜牧与其他学科的关系

畜牧业与农业等入此。

S8-1 畜牧业现状与发展

S81 普通畜牧学

S81-0 畜牧学原理

S811 畜牧基础科学

S813 畜禽遗传、选种、育种

S814 畜禽繁殖

S815 畜禽饲养管理

S816 饲料

饲料学入此。

S817 畜牧业的机具及设备

总论草原和畜牧业机械化的著作入此。

S82 家畜

S821 马

S822 驴、骡

S823 牛

论述反刍类家畜的著作入此。

S826 羊

绵羊入此。

S827 山羊

S828 猪

S83 家禽

养禽学入此。

S831 鸡

S833 珠鸡(珍珠鸡)

S834 鸭

S835 鹅

S836 鸽

S839 其他

鹌鹑、鸵鸟等入此。

S85 动物医学(兽医学)

S851 家畜卫生及防疫

S852 兽医基础科学

S853 中国兽医学

总论中西兽医结合的理论入此。

S854 兽医临床医学

S855 兽医传染病学

动物传染病学入此。

S856 兽医内科学

S857.1 兽医外科学

S858 各种家畜、家禽、野生动物的疾病

S859 兽医药物学

S88 蚕桑

S881 蚕基础科学

S882 蚕的遗传育种与良种繁育

S883 蚕的饲育法

催青与收蚁入此。

S884 蚕的病虫害及其防治

S886 蚕茧

S888 桑

S889 蚕的其他饲料

S89 养蜂、益虫饲养

S9 水产、渔业

T 工业技术

类目简表

TB	一般工业技术
TD	矿业工程
TE	石油、天然气工业
TF	冶金工业
TG	金属学与金属工艺
TH	机械、仪表工业
TJ	武器工业
TK	能源与动力工程
TL	原子能技术
TM	电工技术
TN	无线电电子学、电信技术
TP	自动化技术、计算机技术
TQ	化学工业
TS	轻工业、手工业
TU	建筑科学
TV	水利工程

T 工业技术

TB 一般工业技术

工业工程入此；总论技术学、工程技术、高新技术的著作入此。

TB1 工程基础科学

总论入此。

TB11 工程数学

TB111 数论与代数的应用

TB112 数学分析与函数的应用

TB113 几何的应用

TB114 概率论、数理统计的应用

TB115 计算数学的应用

有限元法、数值方法的应用、工程计算软件入此。

TB12 工程力学

TB121 工程静力学

TB122 工程动力学

TB123 工程振动学

TB13 工程物理学

TB2 工程设计与测绘

总论入此。

TB21 工程设计

工程技术维修性设计、利用计算机自动设计入此。

TB22 工程测量

TB23 工程制图

TB231 制图数学

TB232 绘图法、描图法

TB233 复制法、晒图法

TB237 计算机辅助工程制图

TB24 工程模拟

论述工程模型试验和模拟试验的著作入此。

TB3 工程材料学

总论材料科学的著作入此。

TB30 工程材料一般性问题

TB32 非金属材料

总论入此。

TB33 复合材料

TB4 工业通用技术与设备

TB47 工业设计

工业设计是工程技术与美学艺术相结合的新学科。

TB472 产品设计

TB476 产品模型制作

TB48 包装工程

包装工艺学入此。

TB482 包装设计

TB484 包装材料

总论包装材料及其包装技术的著作入此。

TB485 包装类型

TH 机械、仪表工业

总论机械工程的著作入此。

TH11 机械学(机械设计基础理论)

TH111 机械原理

TH112 机构学

TH113 机械动力学

TH114 机械强度

TH115 机械精确度

TH117 机械摩擦、磨损与润滑

TH12 机械设计、计算与制图

总论入此。

TH121 标准、规格

TH122 机械设计

利用计算机进行机械设计入此。

TH123 机械计算

TH126 机械制图

计算机自动绘图入此。

TH128 机械模型

TH13 机械零件及传动装置

TH131 联接及联接零件

TH132 机械传动机构

TH133 转动机件

TH134 控制机件

TH136 其他机械元件

TM 电工技术

TM0 一般性问题

TM02 电工设计、制图

TM05 电工安装技术

TM07 电工保养、维修

TM08 电工安全

TM1 电工基础理论

电子电力学入此。

TM11 电工单位、电工计算

TM13 电路理论

网络理论、电路拓扑学入此。

TM14 磁路

TM15 电磁场理论的应用

TM2 电工材料

TM20 一般性问题

TM201 理论

TM202 设计、制图

TM203 结构

电缆接头、防护结构等入此。

TM205 制造工艺及设备

TM206 性能试验和测量

TM207 材料腐蚀与防护

TM21/28 各种电工材料

TM21 绝缘材料、电介质及其制品

TM3 电机

TP 自动化技术、计算机技术

TP3 计算技术、计算机技术

TP3-05 计算机与其他学科的关系

计算机文化、计算机心理学等入此。

TP30 一般性问题

TP301 理论、方法

计算机原理入此。

TP302 设计与性能分析

TP303 总体结构、系统结构

总论计算机硬件及其外部设备的著作入此。

TP304 材料

TP306 调整、测试、校验

TP307 检修、维护

TP308 机房

机房设施、计算机中心设施、计算机环境等入此。

TP309 安全保密

TP31 计算机软件

TP311 程序设计、软件工程

TP312 程序语言、算法语言

依语言名称和前两位英文字母区分，并按字母序列排，若程序语言名称的前两位字母相同时，则取第三位字母，依次类推。例：ALGOL 语言为 TP312AL，JAVA 语言为 TP312JA，TP312AL 排在 TP312JA 之前。

TP313 汇编程序

汇编语言入此。

TP314 编译程序、解释程序

TP315 管理程序、管理系统

TP316 操作系统

TP317 程序包（应用软件）

通用应用软件，如购买计算机时随机带来的软件包等入此。

TP319 专用应用软件

TP32 一般计算器和计算机

解算装置入此。

TP321 非电子计算机

TP322 分析计算机（穿孔卡片计算机）

电子式分析计算机入此。

TP323 电子计算器

TP33/38 各种电子计算机

TP33 电子数字计算机（不连续作用电子计算机）

计算机各种部件的总论性著作入以下各类；某一种计算机硬件的著作入有关各类。

TP331 基本电路

TP34 电子模拟计算机（连续作用电子计算机）

TP35 混合电子计算机

TP36 微型计算机

TP368 各种微型计算机

TP37 多媒体技术与多媒体计算机

总论入此。

TP38 其他计算机

TP39 计算机的应用

TP391 信息处理（信息加工）

TP392 各种专用数据库

总论入此。

TP393 计算机网络

总论联机网络系统入此。

TP399 在其他方面的应用

总论入此。

TQ 化学工业

TQ451 土农药

总论入此。

TQ452 植物生长调节剂

TQ453 杀虫剂

TQ454 杀螨剂

TQ455 杀菌剂

TQ456 杀鼠剂

TQ457 除草剂

TQ458 微生物农药

TQ459 其他农药

杀软体动物剂、防霜冻剂、抑制保温剂、杀线虫剂、杀藻剂等入此。

TS 轻工业、手工业

TS2 食品工业

TS20 一般性问题

TS201 基础问题

TS202 食品原料及添加剂

TS205 食品加工与保藏

TS206 食品包装学

TS208 食品加工厂

TS209 食品工业副产品加工与利用

TS22 食用油脂加工工业

TS252 乳品加工工业

TS253 蛋品加工工业

TS255 水果、蔬菜、坚果加工工业

TS27 饮料冷食制造工业

TS29 罐头工业

TU 建筑科学

土木工程总论入此。

TU2 建筑设计

总论建筑设计与施工的著作入此。

TU26 农业建筑

TU261 栽种用建筑物

温室、太阳能暖房、温床、种子

培养场、园艺场等入此。

TU262　农业工程用建筑物

TU3　建筑结构

总论土木工程结构的著作入此。

TU31　结构理论、计算

TU311　结构力学

TU312　结构荷载与结构承载力

TU317　结构试验与检验

试验、试验仪器设备入此。

TU318　结构设计

总论入此。

TU32/39　各种建筑结构

TU5　建筑材料

建筑材料的质量、性能、应用入此。

TU50　一般性问题

TU501　建筑材料力学

TU502　材料性能及试验

TU503　材料防蚀、防腐

TU504　材料标准、规格

TU51　金属材料

TU98　区域规划、城乡规划

总论国土规划、整治、利用与管理的著作入此。

TU982　区域规划

TU984　城市规划

总论城乡规划和城市建设的著作入此。

TU985　绿化规划

TU986　园林规划与建设

造园学入此。

TU986.1　园林艺术

TU986.2　园林设计

TU986.3　园林工程、经营和管理

TU986.4　园林建筑

TU986.5　各种类型园林

TU986.6　各国园林

TV　水利工程

TV1　水利工程基础科学

TV12　工程水文学

工程水文调查、分析与计算，水文资料等入此。

TV13　水力学

TV131　水力理论、计算、实验

TV132　孔流、堰流

TV133　河渠水力学

河流水力学、明渠水力学入此。

TV134　管流水力学

水锤、调压井水力学，管道进口水力学，闸阀水力学等入此。

TV135　工程水力学（水工建筑水力学）

TV136　水力机械水力学

TV21　水资源调查与水利规划

TV211　水利调查

TV212　水利规划、水电规划

TV213　水资源开发

TV214　水利计算

TV22　水工勘测、水工设计

TV221　水工勘测

TV222　水工设计

总论水工设计入此。

TV3　水工结构

TV31　结构理论和计算

TV32　结构试验

TV5　水利工程施工

一般水利工程施工技术入此。

TV6　水利枢纽、水工建筑物

TV61　水利枢纽工程

TV62　水库工程

TV64　挡水坝

TV7　水能利用、水电站工程

TV72　水能勘测与设计

TV73　水电站建筑与设备

TV74　各种水电站

TV8　治河工程与防洪工程

U 交通运输

类目简表

1	综合运输
2	铁路运输
4	公路运输
6	水路运输
[8]	航空运输

U 交通运输

U1 综合运输

U11 综合运输体制与结构

U111 运输体制

运输配置与生产力布局等入此。

U113 运输网

U115 运输枢纽

U116 合理运输

U12 城市交通运输

总论城市交通运输技术的著作入此。

U121 市内交通运输

U122 过境交通运输

U123 入境交通运输

U124 离境交通运输

U125 市际运输、城间运输

U126 城乡运输

U2 铁路运输

铁路工程总论入此。

U21 铁路线路工程

总论新线建设的著作入此。

U211 线路理论

U212 线路规划、勘测与设计

U213 线路构造

U214 线路工程材料

U215 线路施工

U216 铁路养护与维修

U218 旧线改造及扩建

U4 公路运输

类目简表

41	道路工程
44	桥涵工程
45	隧道工程
46	汽车工程
48	其他道路运输工具
49	交通工程与公路运输技术管理

U41 道路工程

U411 道路工程理论

U412 规划、勘测与设计

U414 道路建筑材料

U415 道路建筑施工

U416 路基、路面工程

U417 道路附属构筑物及沿线设施

U418 道路养护与维修

U419 特殊地区筑路

U421 特种道路

U46 汽车工程

兼论汽车、拖拉机的著作入此;汽车工程学入此。

U461 汽车理论

U462 整车设计与计算

U463 汽车结构部件

U464 汽车发动机

U465 汽车材料

U466 汽车制造工艺

U467 汽车试验

U49 交通工程与公路运输技术管理

X　环境科学、安全科学

类目简表

1	环境科学基础理论
2	社会与环境
3	环境保护管理
4	灾害及其防治
5	环境污染及其防治
7	废物处理与综合利用
8	环境质量评价与环境检测
9	安全科学

X　环境科学、安全科学

X-01　环境保护政策及其阐述

X-1　环境科学技术现状与发展

X-4　环境保护宣传教育及普及

X1　环境科学基础理论

X13　环境化学

X131　环境污染化学

X132　环境分析化学

X17　环境生物学

X171　生态系统与污染生态学

X172　环境微生物学

X173　环境植物学

X2　社会与环境

X3　环境保护管理

X32　环境规划与环境管理

X321　区域环境规划与管理

X322　部门环境规划与管理

{X323}　污染控制规划与管理

X324　环保产业规划与管理

X327　有害物质管理

X328　环境监理

X4　灾害及其防治

X5　环境污染及其防治

X50　一般性问题

X501　环境污染源

X502　污染分析与测定

X503　环境污染的危害

X505　环境污染防治方法与设备

X506　环境污染的控制及其排除

X507　环境事故及其应急措施

X508　环境污染调查

X51　大气污染及其防治

X511　气相污染物

X512　恶臭物质

X513　粒状污染物

X515　光化学烟雾

X517　酸雨

X52　水体污染及其防治

X53　土壤污染及其防治

X7　废物处理与综合利用

X8　环境质量评价与环境监测

X83　环境监测

X830　一般性问题

X831　大气监测

X832　水质监测

X833　土壤监测

X835　生物监测、生态监测

X836　食品监测

X837　放射性污染、电磁污染监测

X838　人体污染监测

{X839}　噪声、振动监测

X9　安全科学

1.2 检索工具著录格式

1.2.1 正文著录格式

目 录

S7 林 业

森林经营科技文萃/崔友君主编.-哈尔滨:东北林业大学出版社,2004.06.-672页;26 cm.-ISBN 7-81076-588-4:¥98.00

森林资源保护与游憩导论/李梅主编.-北京:中国林业出版社,2004.08.-26 cm.-全国高等农林院校教材.-ISBN 7-5038-3666-0:¥26.00

S8 畜牧、动物医学、狩猎、蚕、蜂

草原保护学.第1分册,草原啮齿动物学/甘肃农业大学主编.-2版.-北京:中国农业出版社,2004.07.-270页;26 cm.-全国高等农业院校教材.-ISBN 7-109-04613-3:¥21.40

TD 矿业工程

地下凿岩设备/周志鸿等编著.-北京:冶金工业出版社,2004.07.-26 cm.-(地下采掘与工程机械设备丛书).-ISBN 7-5024-3582-4:¥42.00

TE 石油、天然气工业

石化装置用泵选用手册/王国轩,陈静编.-北京:机械工业出版社,2004.08.-26 cm.-ISBN 7-111-13847-3:¥110.00

TG 金属学与金属工艺

磨工/中国北车集团编.-北京:中国铁道出版社,2004.07.-250页;26 cm.-(职业技能鉴定指导丛书).-ISBN 7-113-05973-2:¥25.00

TM 电工技术

电工技术/熊伟林主编.-2版.-北京:电子工业出版社,2004.06.-26 cm.-中等职业教育国家规划教材.-ISBN 7-5053-9972-1:¥14.00

电工与电子技术实训教程/黄大勉,乔晓华编著.-北京:科学出版社,2004.07.-高等职业教育人才培养创新教材出版工程. 应用型本科教材系列.-ISBN 7-03-013728-0:¥23.00

系统最优化及控制/符曦编著.-北京:机械工业出版社,2004.07.-560页;19 cm.-(电气自动化新技术丛书).-ISBN 7-111-04642-0:¥28.00

题 录

S51 禾谷类作物

S511 稻

030307660 过氧化钙在水稻直播中的应用试验研究/翟永青(河北大学化学与环境科学学院,071002);丁士文;姚子华等 // 河北大学学报:自然科学版.-2002,22(4).-360-362

030307661 水稻光温敏不育系培矮64s二倍体与四倍体颖花性状和剑叶性状的比较/马永峰(湖北大学生命科学学院,430062);陈建国;刘幼琪等// 华东理工大学学报:自然科学版.-2002,28(6).-359-363

030307677 云南地方稻种不同分类方法的比较研究/曾亚文(云南省农科院农作物品种资源站,650206);申时全;李自超等 // 西南农业大学学报.-2002,24(5).-385-388,392

030307678 引进水稻种质资源的初步评价与应用/夏加发(安徽省农科院水稻研究所,230031);李泽福;唐光勇 // 安徽农业科学.-2002,30(5).-642-643

S512 麦

030307737 小麦孤雌生殖研究进展/刘洪梅(西北农林科技大学,712100);张改生;刘宏伟等 // 陕西农业科学.-2002(10).-16-18,23

030307738 旱地小麦追肥关键时期研究/胡玉琴(河津市国土资源局,043300)// 太原科技.-2002(6).-50-51

ANIMAL SCIENCE

Animal Physiology and Biochemistry

1608121(22049837) 340.8 AG8

Migration and dispersal by the sweet potato whitefly, Bemisia tabaci. Byrne,D.N. *Agric. for. meteorol.* p. 309-316. Nov 30. 1999. v.97(4)

1608134(22050102) SF55. A78A7

Changes of the blood composition of periparturient cows in relation to time of day. Toharmat,T.; Nonaka,I.; Shimizu,M.; Kume,S. *Asian-australas. j. anim. sci.* p. 1111-1115. Nov 1999. v. 12(7)

1608165(22041736) QP1. C6

Proteolytic activity in the yolk sac membrane of quail eggs. Gerhartz,B.; Kolb,H.J.; Wittmann,J. *Comp. biochem. physiol., Part A Mol. integr. physiol.* p. 1-8. May 1999. v.123A(1)

文 摘

S565 油料作物

S565.101.4 **990403**

春大豆百粒重与气象条件间关系的初步研究/郑天琪(黑龙江省农业科学院合江农业科学研究所 154007),连成才,王成…// 大豆科学.-1998,17(2).-141~146

大豆百粒重受鼓粒后气象条件的影响,由此引起的产量波动约占大豆总产量的3.1%。百粒重的大小主要取决于粒重的增长速度和鼓粒时间的长短,粒重的增长速度,前期受最高气温、日照时数及降雨量影响较大,而后期受日较差及日照时数的影响较大;鼓粒持续时间主要受鼓粒后的温度条件影响。各气象要素综合作用决定了大豆百粒重的大小。图2表5参2

S565.102 **990406**

中国大豆种质资源的脂肪组成分析/刘光媛(中国农业科学院油料作物所 430062),胡传璞,季玉玲 // 作物品种资源.-1998(2).-40~42

对我国栽培大豆种质资源2924份进行了脂肪酸组成分析,查明了全国的脂肪酸含量与分布,研究了不同品种脂肪酸含量的变异,筛选出优质资源。表6参6

MAIZE, SWEETCORN, TEOSINTE

Maize: Physiology and Environmental Factors

6213 CARTER, G. A.; FREEDMAN, A.; KEBABIAN, P. L.; SCOTT, H. E. **Use of a prototype instrument to detect short-term changes in solar-excited leaf fluorescence.** *International Journal of RemoteSensing* (2004) **25** (9) 1779-1784 Abingdon, UK; Taylor & Francis Ltd [En, 15 ref.] National Aeronautics & Space Administration, Earth Science Applications Directorate, Stennis Space Center, MS 39529, USA. Email: greg. carter@usm. edu

A prototype instrument was used under clear skies to determine the efficacy of the Fraunhofer Line-Depth Principle in detectingshort-term (less than one day) changes in solar-excited fluorescence (*F*) as an indicator of plant physiological status. Corn (*Zea mays* L. var. Shoe Peg) and soyabean (*Glycine max* L. var. Hutcheson) plants grown in pots outdoors were either assigned as controls or treated with bromacil, a photosystem II herbicide. The Plant Fluorescence System (PFS) measured the radiant flux of *F* and total upwelling radiant flux (*M*) from individual leaves in 10 nm bandwidths centred at 690 nm and 760 nm. The herbicide lowered($p=0.01$) net photosynthetic CO_2 assimilation rates to negative valuesin both species. In corn, this corresponded with increasesin mean *F* to 5.9 mWm^{-2} nm^{-1} and 3.8 mWm^{-2} nm^{-1} at 690 nm and 760 nm, respectively, approximately twice control values. Insoyabean, mean *F at* 760 nm increased from 2.6 mWm^{-2} nm^{-1} to 3.8 mWm^{-2} nm^{-1}, whereas *F* at 690 nm was unaffected. Leaf chlorophyll contents were unaffected by treatment. Although the stressinduced was drastic, these changes in *F* increased *M* by only 1%~2%,demonstrating the high radiometric sensitivity required for detection. It is expected that, for whole plant canopies, a still greater variability in *F* among leaves would further reduce its apparent contribution to *M*.

6217 DUTRA, A. S.; VIEIRA, R. D. [**Accelerated aging as test of vigor for corn and soybean seeds.**] Envelhecimento acelerado como teste de vigor para sementes de milho e soja. *Ciência Rural* (2004) **34** (3) 715-721 Santa Maria, Brazil; Centro de Ciências Rurais, Universidade Federal de Santa Maria [Pt, en, 13 ref.] Departamento de Producão Vegetal, Universidade Estadual Paulista (UNESP), 14884-900, Jaboticabal, SP, Brazil. Email: adutra@fcav. unesp. br, rdvieira@fcav. unesp. br

This work was carried out in to search for specific methodologies forthe evaluation of seed vigour in the laboratory based on the accelerated aging test. Six seed lots of maize and soyabean with commercially accepted quality patterns (germination) were used. The conditions for aging were 42℃/96 h and 45℃/72 h for maize, and 41℃/48 and 72 h and 42℃/48 and 72 h for soybean. For each combination of temperature and aging periods, the seeds were placed in plastic boxes (gerbox) with 40 ml of distilled water, distributed on the screen in a single layer or based on seed weight (constant mass). For aging, two chamber types (BOD and water jacketed) were used. The moisture content and germination of seed lots, after aging, were determined. Water uptake, considering the combination of temperature/exposure period, the two chamber types, and the two procedures of determining seed moisture content, was higher when the seeds were conditioned in a single layer. For maize, the combination of 45℃/72 h with seed conditioning in only one layer was the most efficient method for the separation of the lots with regard to vigour. For soyabean, the combination 42℃/48 h was more efficient in the separation of the seed lots. It can be concluded that single-layer distribution should be used for maize and soyabean, and the BOD chambers should also be used for acceleratedaging test for both species.

1.2.2 主题索引著录格式

《中国农业文摘》农业工程
2000 年度主题索引

《Field Crop Abstracts》

(2000 Vol. 53 No. 12)

SUBJECT INDEX

注:《Field Crop Abstracts》对常见作物采用俗名,对不常见作物用学名。

《Field Crop Abstracts》
(2004 Vol. 57 No. 9)

SUBJECT INDEX

1.2.3　著者索引著录格式

《中国农业文摘》农业工程
2000 年度作者索引

艾家和　20001015
艾　兴　20005015
艾训儒　20001472
安登第　20001518
安和平　20002559
安　乐　20001283
安世才　20003117
安新跃　20003432
巴拉提　20002049
巴拉提·阿斯木
　　20002034
白冬冬　20005532
白洪涛　20001185
白清云　20005493
白人朴　20003473
　　20003611
　　20004563
　　20004579
　　20002035
白寿宁　20005509
　　20003525
　　20004509
白永宏　20005387
柏雪源　20004452
包春江　20001149
　　20003198
鲍雅萍　20003223
　　20005024
鲍一丹　20001065
毕　诚　20005006
毕树林　20002075
毕晓勤　20002485
毕新华　20004090
毕艳兰　20001492
边明远　20005044
　　20005045
边　欣　20002019
　　20004277
卞绍东　20002299
步春媛　20004046
蔡　春　20001012
蔡　皓　20005537
蔡华珍　20004491
蔡焕杰　20005333
蔡辉益　20005524
蔡健荣　20005420
蔡　隆　20002282
蔡象元　20001197
蔡忆昔　20004102
蔡英亚　20003268
蔡　勇　20005271
曹成茂　20003352

《Field Crop Abstracts》
(2004 Vol . 57 No. 9)

AUTHOR INDEX

Abaza,L. 6670
Abbas Ali 6522
Abbaspour,F. 6674
Abd El-Ghafar,N. Y. 6566-6567
Alves,P. L. C. A. 6441
Amand,O. 6049
Babu,J. S. 6682-6683
Bor,M. 6316
Cano,O. 6150,6172
Cao WeiXing 6099,6319
Cao,W. X. 6099,6319
Carter,G. A. 6213
Carter,T. E. ,Jr. 6428
Jackson,R. E. 6607
Jacobsen,B. J. 6687
Jagmohan Singh 6179
Jensen,C. E. de 6380
Ji BenHua 6322
Ji,B. H. 6322
Kaur,H. 6034,6036
Kaur,M. 6532
Kazemi,H. 6135
Keahey,D. A. 6106
Kebabian,P. L. 6213
Keeling,J. W. 6628
Keulen,H. van 6412
Khajehpour,M. R. 6677
Scott,H. E. 6213
Sebanek,J. 6761
Seetharaman,K. 6277
Sekiya,H. 6287
Seleznev,A. M. 6693
Sellamuthu,K. M. 6703
Sen,R. 6011
Sumner,C. M. 6495
Sun GuangWen 6654
Sun JinHe 6289
Sun WeiHong 5999
Sun,G. W. 6654
Sun,J. H. 6289
Sun,W. H. 5999
Zhu,S. Q. 6322
Zhu,Y. J. 6108
Zhu,Z. J. 6654
Zhu,Z. R. 6283
Zhu,Z. W. 6330
Zid,E. 6574
Zidack,N. K. 6687
Zolotukhin,I. G. 6008,6063
Zorb,C. 6230
Zou DongSheng 6638
Zou YingBin 6260
Zou,D. S. 6638
Zou,Y. B. 6260
Zougmore,R. 6331

1.3 实习题

1. 利用《中国图书馆分类法》为下列课题找出分类号

农学:杂种优势利用
水稻遗传育种
大豆栽培

植保、化学:线虫生物防治
有机磷杀虫剂的配制
田间杂草的清除

园林:园林建筑设计
居民小区绿化
郁金香种球繁殖

动医:中兽医诊断
动物口蹄疫防治
家畜解剖学分类

水保:水土流失的综合治理
水土保持林树种的选择
土壤水分运动

农电:同步电机设计
无人值班变电所
农村电力网规划

水利、水工:温室滴灌技术
水资源承载力研究
消能防冲设施

环境:土壤污染及其防治
农业废物处理与综合利用
土壤环境质量分析与评价

生物技术:基因克隆技术
酶的活力测定
生物质能的转换

气象:天气预报方法
气候资料的整理与统计
农业灾害性天气预报

园艺:温室土壤施肥
番茄长季节栽培
苹果分子标记育种

林学:盐碱地造林
森林病虫害防治
樟子松育苗

动科:矿物质饲料添加剂研究
牛的人工授精
鸡的夏季饲养管理

机制、机化:水稻插秧机设计
小麦悬挂式联合收获机
水稻生产机械化现状

计算机:计算机软件开发
计算机网络管理
计算机病毒与防治

土木:温室结构设计
猪舍设计
砂土地基应力分布

食品、包装:玉米加工淀粉工艺
葡萄酒的酿造
食品包装用PVC膜的研究

交运:汽车发动机参数选择
公共交通网络规划
汽车集装箱运输

农经、会计:农业劳动力转移
我国粮食作物产销情况分析
会计电算化

国贸、金融:贸易壁垒的影响
期货贸易
金融危机

2. 注明下列各著录项目

(1)① **20001460** ② **生淀粉和马铃薯块茎生产环状糊精的研究** ③[学]/④孙艳(硕士);⑤中国农业大学.-⑥55p.-⑦1999.6

⑧该论文着重研究了以下两方面内容：研究 CGTase 分解生淀粉的规律和反应条件，寻找使酶更好地作用于生淀粉颗粒的方法…。⑨图 32 表 27 参 50⑩（中国农业大学（东区）32037）

①　②　③　④　⑤

⑥　⑦　⑧　⑨　⑩

(2)① **NJ**20004182 ②水稻抛秧精量播种器：③ZL99210805.5④[专]/⑤徐君标（上海信谊包装材料公司）.-⑥2000-01-22；⑦Int. CI. A 01 C 7/02

①　②　③　④

⑤　⑥　⑦

(3)① **NJ**20005009 ②农药通用名称：③GB4839-98④[标]/⑤沙家骏…（沈阳化工研究院）.-⑥中国标准出版社，⑦1999-06.-⑧145p

①　②　③　④

⑤　⑥　⑦　⑧

(4)① **090055** ② **Air pollutant exposures inside ice hockey rinks: exposure assessment and reduction strategies.** ③The common operation of fuel-powered resurfacing equipment in enclosed ice hockey rinks has the potential for producing poor indoor air quality. … ④(Edited author abstract) ⑤26 Refs.

⑥Brauer, Michael (Univ of British Columbia, Vancouver, BC, Can); ⑦Spengler, John D.; Lee, Kiyoung; Yanagisawa, Yukio. ⑧*ASTM Spec Tech Publ* n 1212 1993 Proceedings of the 2nd international Symposium on Safety in ice Hockey, Pittsburgh, PA, USA, May 20-21 1992. ⑨Publ by ASTM, Philadelphia, PA, USA, ⑩p 142-156.

①　②　③　④　⑤

⑥　⑦　⑧　⑨　⑩

(5)① **6779** ②VIDHYASEKARAN, P. ③**Concise encyclopedia of plant pathology.** ④Binghamton, USA; ⑤Food Products Press⑥(2004) ⑦ⅹⅷ + 619pp. ⑧ISBN 1-56022-943-8⑨[En, many ref.]

⑩This book, aimed at students and research professionals in all … .

①　②　③　④　⑤

⑥　⑦　⑧　⑨　⑩

3. 利用《Field Crop Abstracts》2000 年 No.12 和 2004 年 No.9 的 SUBJECT INDEX 分别查找大豆施肥期和玉米施肥期的索引款目，比较两种索引的不同。

第2章　国内检索工具

【实习目的、要求】了解中文不同类型检索工具的编排体例;实习用分类途径、主题途径为检索课题查找相关文献,并提交实习报告。

实习报告

1. 检索课题:(写出欲检索课题的名称)。

2. 检索工具:名称 ________,年 ___,卷 ___,期 ___。

3. 检索途径:分类途径(主题途径)。

4. 检索过程:

(1)分析课题,确定课题所属类目(主题词);

(2)查阅分类类目(或主题索引),列出所查到的分类号、类目、页码(或主题词及相关文献号);

(3)查找文献线索,写出所查到文献的著录款目;

(4)根据所查文献线索获取原始文献,注明刊名、年、卷、期、起止页、文种等。

2.1 《全国报刊索引》

该刊由上海图书馆编辑出版,是国内出版的报道国内报纸、期刊的大型综合性检索刊物。1955年创刊,原名《全国主要期刊重要资料索引》,月刊。1980年起分哲学社会科学版与自然科学技术版两种。现行版本采用《中国图书馆分类法》(第四版)标引和计算机编排。是我国连续出版时间最长、收集报刊最多最全面的题录型检索工具。

辅助索引:每期均附有著者索引(个人与团体),按作者姓名汉语拼音顺序排列,其中个人作者最多报道3人。1981年后增附"题中人名索引"。

2.1.1 《全国报刊索引》哲学社会科学版

2.1.1.1 《全国报刊索引》哲学社会科学版目次

全国报刊索引·哲学社会科学版

National Index to Chinese Newspapers & Periodicals

Philosophy & Social Sciences

1955年创刊，月刊　2005年10月　第10期(总第385期)

目　次

2.1.1.2 《全国报刊索引》哲学社会科学版题录正文

F 经 济

F231 会计簿记方法

051006876 会计信息真实性与会计诚信建设/李毅(天安保险股份齐齐哈尔公司,**161005**);陈辉//理论观察(齐齐哈尔).**-2005,(2).-82-83**

F233 会计工作组织与制度

051006896 激励、识别与职业能力框架:兼谈我国高级会计师考评结合制度/荆新(中国人民大学商学院会计系,**100872**);胡铁安//会计研究(北京).**-2005,(5).-78-82**

F321 农业经济结构与体制

051007907 区域发展与土地利用研究/(《昆山市土地集约利用与可持续发展研究》课题组)//中国国土资源报(北京).**-2005,8.22.-6**

F326 农业部门经济

051008034 中国农产品电子商务发展分析/胡天石(中国农科院农业信息研究所,**100081**);傅铁信//农业经济问题(北京).**-2005,(5).-23-27**

F713 商品流通与市场

051008715 论网络营销的伦理战略/刘向晖(华侨大学商学院,**362021**)//管理评论(北京).**-2005,17(5).-24-29**

F752.6 进出口贸易概况

051008987 出口额与GDP比率影响因素的系统考察/熊启泉(华南农业大学经济贸易学院);杨十二//国际贸易问题(北京).**-2005,(6).-43-48**

051008997 我国园艺产品应对国际贸易壁垒的预警机制研究/钱秀丽(中国农业大学资源与环境学院,**100094**);吴文良;张军连//生态经济(昆明).**-2005,(6).-96-98**

F812.8 农村财政

051009232 农村税费改革后的税收及相关政策取向/马克和(安徽铜陵学院,**300071**)//税务研究(北京).**-2005,(6).-14-17**

2.1.1.3 《全国报刊索引》哲学社会科学版索引

个 人 作 者 索 引

团体作者索引

题中人名索引

2.1.1.4 《全国报刊索引》哲学社会科学版文献来源

引用报刊一览表

21世纪经济报道(广州)
Advisers财务顾问(台北)
鞍山科技大学学报(鞍山)
安徽工业大学学报:社科版(马鞍山)
安徽教育论坛(合肥)
⋮
巴蜀史志(成都)
保定师范专科学校学报(保定)
保险研究(北京)
⋮
财经界(北京)
财经科学(成都)
财贸研究(蚌埠)
⋮
大连民族学院学报(大连)
大学教育科学(长沙)
当代电影(北京)
⋮
俄罗斯中亚东欧市场

发展研究(福州)
法律科学(西安)
法律与医学杂志(北京)
⋮
管理评论(北京)
国际贸易问题(北京)
国外理论动态(北京)
⋮
哈尔滨工程大学学报(哈尔滨)
哈尔滨工业大学学报(哈尔滨)
海军工程技术(北京)
⋮
基础教育研究(南宁)
经济问题探索(昆明)
军事文摘(北京)
⋮
考古学报(北京)
科技管理研究(广州)
会计研究(北京)
⋮
兰州大学学报:社科版(兰州)

理论观察(齐齐哈尔)
辽宁大学学报:自然科学版(沈阳)
⋮
美术研究(北京)
民族文学研究(北京)
名作欣赏(太原)
⋮
南方经济(广州)
农业经济问题(北京)
农业现代化研究(长沙)
⋮
齐齐哈尔大学学报:哲社版(齐齐哈尔)
企业经济(南昌)
情报学报(北京)
⋮
人口与经济(北京)
人民检查(北京)
⋮
商业经济与管理(杭州)
生态经济(昆明)
税务研究(北京)

⋮
太原师范学院学报:社科版(太原)
统计与信息论坛(西安)
投资研究(北京)
⋮
文史哲(济南)
武汉大学学报:社科版(武汉)
⋮
西安石油大学学报(社科版)
现代国际关系(北京)
⋮
亚太经济时报(广州)
云南财贸学院学报(昆明)
⋮
中国工商管理研究(北京)
中国国土资源报(北京)
中国税务报(北京)

2.1.1.5 《全国报刊索引》哲学社会科学版检索举例

1. 检索课题：我国农村税费改革问题探讨。

2. 检索工具：《全国报刊索引》哲学社会科学版 2005 年第 10 期(模拟件)。

3. 检索途径：分类途径。

4. 检索过程：

(1)分析课题，确定该课题所属的类目：F，经济类，所属子类目 F8，财政、金融。

(2)查阅目次表，查到 F8 财政、金融…150 页。

(3)翻至 150 页，在 F8 类目下找到课题所属的子类目 F812.8 农村财政，逐条浏览后找到与课题相关的文献。选其中一篇，其著录格式为：

051009232 农村税费改革后的税收及相关政策取向/马克和(安徽铜陵学院)∥税务研究(北京).-2005(6).-14-17

(4)检索结果：查到两篇与课题相关的文献，其中一篇文献是由作者马克和撰写的篇名为“农村税费改革后的税收及相关政策取向”，到刊名为《税务研究》，2005 年第 6 期第 14～17 页索取文章原文。

2.1.2 《全国报刊索引》自然科学技术版

2.1.2.1 《全国报刊索引》自然科学技术版目次

全国报刊索引·自然科学技术版

National Index to Chinese Newspapers & Periodicals

Natural Science & Technology

1955年创刊,月刊 2005年10月 第10期(总第385期)

目 次

2.1.2.2 《全国报刊索引》自然科学技术版题录正文

Q 生物科学

Q14 生态学

051001818 黄东海生态系统食物网连续营养谱的建立：来自碳氮稳定同位素方法的结果/蔡德陵（国家海洋局第一海洋研究所，266061）；李红燕；唐启升等//中国科学，C 辑：生命科学（北京）. -2005，35（2）. -123-130

Q81 生物工程学

051001910 单分子层修饰生物芯片基片的电化学研究/梁振普（河南农业大学生命科学学院，450002）；宋安东；Mecklenburg，M. 等//武汉大学学报：理学版（武汉）. -2005，51（2）. -249-252

S 农业科学

S153 土壤化学、土壤物理化学

051009339 英国 Culm 河河漫滩沉积物中磷素时空变化研究/张心昱（沈阳农业大学土地与环境学院，110161）；Walling，D. E.；王秋兵等//土壤学报（南京）. -2005，42（3）. -390-396

S18 农业生物科学

051009397 我国西部山区农业生态环境现状与恢复对策/孟国才（中科院水利部成都山地灾害与环境研究所，610041）；王士革；谢洪等//农业现代化研究（长沙）. -2005，26（3）. -182-185

S21 农业动力、农村能源

051009402 我国农作物的综合利用技术进展/石磊（同济大学环境工程与科学学院污染控制与资源化研究国家重点实验室，200092）；赵由才；柴晓利//中国沼气（成都）. -2005，23（2）. -11-14，19

S223 种植机械

051009419 水稻钵苗输秧拔秧机构参数优化/陈旭暄（中国农业大学，100083）；宋建农；刘建军等//中国农业大学学报（北京）. -2005（10）2. -19-21

S4 植物保护

S432 植物病害及其防治

051009477 苏云金芽孢杆菌 4.0718 菌株晶体毒素性质的研究/丁学知（湖南农业大学植物保护学院，410128）；邹先琼；孙运军等//农业生物技术学报（北京）. -2005，13（3）. -365-371

S5 农作物

S51 禾谷类作物

S512 麦

051009784 小麦抗旱节水生理遗传育种研究进展/张娟（西北农林科技大学，712100）；谢惠民；张正斌等//干旱地区农业研究（杨凌）. -2005，23（3）. -231-238

S6 园艺

S68 观赏园艺

S682 多年生花卉类

051010273 我国木兰科观赏新树种的开发及在园林绿化中的应用/姜卫兵（南京农业大学园艺学院，210095）；曹晶；李刚等//上海农业学报（上海）. -2005，21（2）. -222-224

S7 林业

S73 绿化建设

051010348 园林绿化机械产品发展前景浅析/黄利捷（沈阳市沈河区园林绿化管理处，110015）. -//辽宁行政学院学报（沈阳）. -2005，7（3）. -36

S8 畜牧、兽医、狩猎、蚕、蜂

S814 畜禽繁殖

051010466 大鼠心肌条件培养基对 ICR 小鼠胚胎干细胞分离克隆的影响/薛亚梅（南京农业大学动物科技学院动物胚胎工程技术中心，210095）；王锋//畜牧兽医学报（北京）. -2005，36（5）. -440-445

T 工业技术

TS2 食品工业

051016269 从葡萄皮中提取多酚物质/李凤英（河北科学技术师范学院食品工程系，066600）；崔蕊静；李春华//食品与发酵工业（北京）. -2005，31（4）. -147-149

TU 建筑科学

TU9 地下建筑

TU98 区域规划、城乡规划

051016939 浅谈植物造景在现代城市景观设计中的应用/温永红（太原市街心公园管理所，030001）//科技情报开发与经济（太原）. -2005，15（5）. -199-200

X 环境科学、安全科学

X5 环境污染及其防治

X53 土壤污染及其防治

051018030 植物修复受污染土壤中重金属的研究/李红霞（天津大学环境科学与工程学院，300072）；马伟芳；赵新华//安徽农业科学（合肥）. -2005，33（4）. -699-700，702

2.1.2.3 《全国报刊索引》自然科学技术版索引

个人作者索引

团体作者索引

题中人名索引

2.1.2.4 《全国报刊索引》自然科学技术版文献来源

引用报刊一览表

鞍山科技大学学报(鞍山)
安徽农业科学(合肥)
⋮
干旱地区农业研究(杨凌)
甘肃电力技术(兰州)
⋮
科技进步与对策(武汉)
科技情报开发与经济(太原)
⋮
辽宁行政学院学报(沈阳)
林学科学研究(北京)
⋮
南京中医药大学学报(南京)
内蒙古民族大学学报:自然科学版(通辽)
⋮
农业生物技术学报(北京)
农业现代化研究(长沙)
⋮
上海节能(上海)
上海农业学报(上海)
⋮
生态学杂志(沈阳)
食品与发酵工业(北京)
⋮
土木工程学报(北京)
土壤学报(南京)
⋮
武汉大学学报:理学版(武汉)
武汉理工大学学报:交通科学与工程版(武汉)
⋮
畜牧兽医学报(北京)
畜牧兽医杂志(杨凌)
⋮
中国环境科学(北京)
中国科学,C辑:生命科学(北京)
⋮
中国农业大学学报(北京)
中国沼气(成都)

2.1.2.5 《全国报刊索引》自然科学技术版检索举例

1. 检索课题：小麦抗旱育种的研究。

2. 检索工具：《全国报刊索引》自然科学技术版 2005 年第 10 期。

3. 检索途径：分类途径。

4. 检索过程：

(1)分析课题，确定该课题所属的类目：S 农业科学，所属子类目 S5 农作物；

(2)查阅目次表，查到 S5 农作物…195 页；

(3)翻至 195 页，在 S5 类目下找到课题所属的子类目 S512 麦，逐条浏览后找到与课题相关的文献：

> **051009784** 小麦抗旱节水生理遗传育种研究进展/张娟(西北农林科技大学，712100)；谢惠民；张正斌等//干旱地区农业研究(杨凌).-2005，23(3).-231-238

(4)检索结果：查到一篇与课题相关的文献，该文献是由作者张娟、谢惠民等撰写，篇名为"小麦抗旱节水生理遗传育种研究进展"，到刊名为《干旱地区农业研究》2005 年第 23 卷第 3 期 231-238 页索取文章原文。

2.2《中国农业文摘》

1981 年创刊，双月刊。由中国农业科学院文献信息中心编辑出版。以文摘的形式报道从我国公开发行的 200 多种农业及与农业相关的科技期刊、报纸和网站等媒体上选出的重要文献。是报道和检索我国农业科技最新成就和发展水平的重要检索工具。其报道内容包括农业经济、植物生理、遗传育种、农业工程、农业机械、农业气象、土壤肥料、植物保护、农学、园艺、林业、畜牧兽医、水产、环境保护等。

1985 年起，该刊按学科分成 7 个分册。分别为：

- 《中国农业文摘——粮食与经济作物》(2003 年更名为《中国粮食经济作物文摘》)；
- 《中国农业文摘——植物保护》；
- 《中国农业文摘——园艺》(2002 年起更名为《中国园艺文摘》)；
- 《中国农业文摘——土壤肥料》(2003 年起更名为《中国农业资源环境文摘》)；
- 《中国农业文摘——畜牧》(2005 年起并入《中国畜牧兽医文摘》)；
- 《中国农业文摘——兽医》(2003 年起更名为《中国畜牧兽医文摘》)；
- 《中国农业文摘——水产》(1991 年更名为《中国水产文摘》)。

1989 年增加了《中国农业文摘——农业工程》分册。形成了中国农业文摘的系列检索工具。

下面以《中国农业文摘——土壤肥料》为例，该刊由目次表和文摘正文组成。在最后一期上附有年度主题索引、著者索引。文摘条目的著录格式均采用国家标准《GB 3793—83 检索期刊条目著录规则》著录。其中著录项目根据不同文献类型略有变化。

检索举例(略)，见《中国生物学文摘》。

2.2.1 《中国农业文摘——土壤肥料》目次

中国农业文献——土壤肥料

（双月刊）

2002年第18卷第1期　　文摘号：20020001—20020476

目　次

2.2.2 《中国农业文摘——土壤肥料》文摘正文

S159 土壤调查与制图

S159 **20020001**

吉林省各级沙化土地资源的分布状况/李晓云(吉林省职业师范学院经济分院 130011),王晶,刘慧涛…//吉林农业科学.-2001,26(4).-40~43

吉林省约有97.8万hm^2的沙化土地,在根据"综合指数和法"将其划分为Ⅰ、Ⅱ、Ⅲ三个等级中表现出:各等级在干燥度、沙土稳固性、有效土壤层次(腐殖质层或土壤本身发育程度)厚度、土壤有机质含量、土壤速效磷、土壤物理性黏粒和10℃积温等方面皆有一定差异;其分布为Ⅱ等沙地面积居多,在耕、草、林的不同沙地利用类型中Ⅰ、Ⅱ、Ⅲ三个等级的占有面积差异明显。同时还明确了三个等级的沙地在各县的分布情况。表2参1

S159 **20020002**

台湾土壤概要和土壤学研究特点/龚子同(中国科学院南京土壤研究所 210008),骆国保,张甘霖//土壤通报.-2001,32(6).-241~244

通过对台湾地区的访问和学术交流,概述了台湾土壤,介绍了台湾土壤研究的特点,并作了两岸土壤学术语的参比。图1表2参10

S159 **20020003**

基于TM与IRS融合图像对土地覆盖进行分类/吴连喜(中国农业大学信息学院 100094),严泰来,张玮//中国农业大学学报.-2001,6(5).-76~80

用不同空间分辨率的TM与IRS-1C.(PAN)遥感图像进行融合,可增强图像清晰度。本研究用人工神经网络BP算法对TM与IRS-1C.(PAN)的融合图像进行土地覆盖分类,分类的总体精度达到95%,高于最大似然法(分类的总体精度为71%)。图2表2参15

S159 **20020004**

广东省土壤资源信息系统数据库的研制/吴顺辉(华南农业大学资源环境学院 510642),胡月明,戴军…//华南农业大学学报.-2001,22(4).-22~25

建立了基于GIS与Internet技术的广东省土壤资源信息系统的空间信息数据库与文献资料数据库,构建了土壤资源空间数据编码系统,应用扫描-屏幕跟踪数字化法进行土壤专题图件的矢量数字化,同时也建立了一套土壤资源信息系统的网络化基础数据模式,为广东省土壤资源信息系统的建立打下了基础。图1参11

S159 **20020005**

基于GIS的流域坡耕地调查方法探讨/李晓燕(中国科学院水利部水土保持研究所 712100),李壁成,安韶山//水土保持.-2001,21(5).-37~40

坡耕地研究是水土流失治理及水土保持规划的核心内容,GIS的发展及其在多领域的成功应用为坡耕地研究提供了新的技术手段。用矢量基础图件叠加来获得单元图斑的方法是GIS的基本功能,但叠加多边形的不确定性成为影响GIS数据质量的灾难性因素。以MapGIS作为基础平台,以DOM作为控制底图更新信息,采取矢栅叠加的方法获得单元图斑,用操作属性表获得专题属性,进行小流域坡耕地快速调查的研究,展示了矢栅叠加方法在信息复合过程中的显著优势。图2表1参6

S159 **20020006**

主成分分析、聚类分析在土地评价中的应用——以福建沙县夏茂镇水稻土为主要评价对象/陈加兵(福建师范大学地理科学学院 350007),曾从盛//土壤.-2001,33(5).-243~246,256

文章采用主成分分析法,对福建省沙县夏茂镇的9种水稻土土类进行综合评分,后用欧氏距离最短距离法对其进行聚类,分析了这9种土类存在的主要问题,在此基础上提出了利用和改良这9种土类的一些设想和基本措施。图1表6参5

S159 **20020007**

太湖流域土壤质量调查样点与剖面点分配的确定方法/张定祥(中国科学院南京土壤研究所 210008),沈非,史学正//土壤.-2001,33(5).-268~272

根据太湖地区土壤质量调查样点控制、最终成图基本要求以及试验经费情况,土壤质量演变规律与持续利用总项目组确定该流域采样点总数1600个,剖面样80个左右。在上述基本前提条件下,根据区域内土种数目、各县市水稻土总面积、各县市土地利用人口压力等因素,运用层次分析法,确定各县、市应采集的农化样土和土壤剖面样的数目。表3参3

S159 **20020008**

浅谈GIS技术在编制植被盖度图中的应用/冀文慧(陕西省水土保持勘测规划研究所),郭秋燕//水土保持科技情报.-2001(4).-31~32

目前GIS技术作为一种空间信息管理系统广

2.3　《中国生物学文摘》

《中国生物学文摘》是由中国科学院文献情报中心、中国科学院上海生命科学研究院和中国科学院生物学文献情报网主办，中国科学院上海生命科学研究院出版，国家科委批准的一级检索期刊。

收录范围包括：我国科技人员（包括港、澳、台学者）在国内公开出版发行的有关生物学方面的期刊论文、专著、会议录以及在国外发表的论著。报道内容包括：普通生物学、细胞学、遗传学、生理学、生物化学、生物物理学、分子生物学、生态学、古生物学、病毒学、微生物学、免疫学、植物学、动物学、昆虫学、人类学、生物工程学、药理学以及生物学交叉学科与相关科学技术领域。

该刊为月刊。第一期附有引用期刊一览表，第十二期为著者和主题年度索引。每期有主题索引。2004 年增加了“综述与评述”、“论文转载”和“专利题录”3 个栏目。

2.3.1 《中国生物学文摘》目次

中国生物学文摘

2005年第19卷第1期 (2005010001—2005010505)

目 次

文献分类类目

2.3.2 《中国生物学文摘》文摘正文

Q93 微生物学

Q93 2005010256

一个新的产氢细菌的鉴定及产氢特性的研究＝Characterization of a new *Clostridium* species and its hydrogen production/ 陈双雅(中科院微生物研究所．北京 100080)，东秀珠 // 微生物学报.-2004,44(4).-411～415

16SrDNA 序列分析表明，该菌株属于梭菌的簇Ⅰ，与 *Clostridium paraputrificum* 较为接近(相似性为 97.1%)。通过生理特征和 16SrDNA 序列的同源性分析，表明菌株 L15 应是梭菌属簇Ⅰ中的一个新种，命名为 Clostridium defluvii。菌株 L15 保藏在中国普通微生物菌种保藏中心，保藏号为 AS1.3489。菌株 L15 的最佳产氢温度为 34℃、pH 为 7.0。当葡萄糖浓度为 0.4%时，氢气产率可达到 1.41 mol H_2/mol 葡萄糖。该菌可利用下列底物产酸产氢，括号内为产氢率(底物浓度 1%)：果糖(1.00 mol H_2/mol)、麦芽糖(2.17 mol H_2/mol)、蔗糖(1.69 mol H_2/mol)、菊糖(4.70 mol H_2/mol)、糖原(5.49 mmol H_2/mol)、淀粉(7.34 mmol H_2/g)。图 2 表 2 参 15

Q93 2005010257

一株多菌灵降解细菌的分离、鉴定及系统发育分析＝Isolation, identification and phylogenetic analysis of carbendazim -degrading bacterium strain/ 张桂山(浙江大学生命科学学院．浙江，杭州 310029)，贾小明… // 微生物学报.-2004,44(4).-417～421

从被多菌灵污染的湖南红壤土中分离到一株能以多菌灵为唯一碳源和能源生长的菌株 1－1，该菌在含酵母膏多菌灵(500 mg/L)的无机盐培养基中与无酵母膏多菌灵(500 mg/L)无机盐培养基中，24 d 对多菌灵的降解率分别为 95.56%和 19.16%。根据表型特征、G＋G 含量及 16Sr DNA 序列分析将菌株 1－1鉴定为 β-Proteobacteria 中的 Ralstonia sp.(罗尔斯通氏菌)。图 3 表 1 参 19

Q93 2005010258

白肋烟内生细菌的分离鉴定及降低 N-亚硝胺含量研究＝Isolation and identification of endophytic bacteria in burley tobacco and reduction of TSNA contents of burley tobacco/ 祝明亮(云南省烟草科学研究所．云南，玉溪 653100)，李天飞… // 微生物学报.-2004,44(4).-422～426

以表面消毒法分离白肋烟 TN90 和 TRM 品种 30 个样品的内生细菌，共分离到 33 株内生细菌。对这些菌株进行了初步分类鉴定，它们属于假单孢菌属、黄单孢菌属、节杆菌属、葡萄球菌属、棒杆菌属、黄杆菌属、气球菌属和利斯特氏菌属。筛选出 TEB11、TEB17、TEB23、TEB26、TEB30、TEB34 6 株还原硝酸盐和亚硝酸盐能力较强的菌株，以粉碎烟叶接种、叶柄浸泡接种和叶面喷雾接种 3 种方式处理调制后，化验分析结果表明，接种内生细菌能降低 27.56%～99.88%白肋烟 TSNA 含量，降低百分率以粉碎烟叶接种最高，其次是叶柄浸泡接种，叶面喷雾接种最低。表 4 参 12

Q93 2005010259

口蹄疫等 5 种动物病毒基因芯片检测技术的研究＝Study on diagnostic gene chip for detecting five animal viruses/ 杨素(珠海出入境检验检疫局．广东，珠海 519015)，花群义… // 微生物学报.-2004,44(4).-479～482

用分子克隆方法获得口蹄疫、水疱性口炎病毒、蓝舌病病毒、鹿流行性出血热病毒和赤羽病病毒各一段高度保守的基因片段，用芯片点样仪点样到包被过的玻璃片上，制备成检测芯片。提取样品中的 RNA，进行反转录和荧光标记后滴加到芯片上进行特异性杂交，对杂交结果进行扫描检测，可同时诊断上述 5 种动物传染病，此方法不但快速、准确、敏感，而且可同时进行多种病毒的检测，达到大批动物高通量检疫的目的。图版 1 表 1 参 7

Q93 2005010260

猪Ⅱ型圆环病毒浙江株的分离及全基因组结构分析＝Isolation and genomic structure of *Porcine circovirus* type Ⅱ in Zhejiang/ 陈庆新(浙江大学动物预防医学研究所．浙江，杭州 310029)，周继勇… // 微生物学报.-2004,44(4).-526～529

用 PCR 方法对从浙江省猪场收集的、以淋巴结肿大和生长迟缓为特征的患猪腹股沟淋巴结进行 PCV2 检测。将检测为阳性……

2.3.3 《中国生物学文摘》汉语主题索引

汉语主题索引

2.3.4 《中国生物学文摘》专利题录

专利题录

2004年12月公布数据(604条)

申请号	专利名称
03149656.3	抑制人肿瘤坏死因子活性的寡聚核苷酸
200410034671.6	用于由大肠杆菌向培养基中分泌来制备Leu—水蛭素的信号序列
200410004656.7	印度芥菜阳离子输出转运蛋白家族的基因BjCET1及其蛋白质
03127743.8	高纯度白蛋白生产方法
03118749.8	“淀粉改性增塑助剂”对植物淀粉的深开发应用
200410034772.3	肠球菌属乳酸菌以及乳酸菌死菌体的制造方法
200410033050.6	通过发酵生产*L*-精氨酸或*L*-赖氨酸的方法
200410038591.8	通过麦芽糖改进花旗松的胚胎发生培养的起始
200410035183.7	提高木聚糖酶嗜热性、嗜碱性和热稳定性的修饰
200410061736.6	α-淀粉酶突变体
200410002447.9	新的癌基因、从其衍生的重组蛋白及其应用
200410047450.2	小鼠巢蛋白基因启动子及其组织特异性增强子
03110970.5	羊草抗旱基因HVA1的克隆
02141259.6	糖核苷酸类及复合糖类的制备方法
200410044643.2	核酸的PCR扩增方法、PCR引物组、PCR扩增产物以及利用该扩增方法的核酸检测方法
02817244.2	毛囊重建系统及其载体动物
02817293.0	因害虫引起的松树枯萎预防法和松树枯萎预防处理装置
02817487.9	转导造血祖细胞的生成
02808945.6	用于治疗组织炎症和癌变的鸟苷酸环化酶受体拮抗剂
02811333.0	酰基氨基葡萄糖环己六醇酰胺酶抑制剂及其使用方法
02817507.7	含有γ-三甲铵基丁内盐的药物组合物
02817441.0	治疗男性睾酮缺乏的方法和材料
02817484.4	淋巴细胞活化抑制剂和自身免疫性疾病治疗剂
02815710.9	用于治疗癌症的方法和组合物
018173853	肿瘤细胞生长因子依赖性的抑制
02817374.0	非女性化雌激素作为视网膜保护剂在治疗青光眼中的应用
02813752.3	紧急避孕药物剂量方案和药物组合物
02807485.8	以甾体为有效成分的视网膜和脉络膜疾病治疗剂
01823671.5	作为造血刺激物的成骨生长寡肽
02817279.5	用于预防或治疗体重过重的胃肠激素
02813344.7	单剂量猪肺炎支原体疫苗
02814960.2	嵌合黄病毒载体
02817443.7	治疗多发性骨髓瘤的方法
02817283.3	前列腺素组合物和治疗男性勃起功能障碍的方法
02817398.8	还原型辅酶Q♯—[10]在水溶液中结晶的方法
02817399.6	制备还原型辅酶Q♯—[10]油性产物的方法
02817400.3	还原型辅酶Q♯—[10]的制备方法
02814816.9	6-芳基-4-氨基吡啶甲酸酯及其作为除草剂的用途
02817250.7	用于治疗雄激素依赖性疾病的3型17β-羟基类固醇脱氢酶

2.3.5 “中国生物学文献数据库”引用期刊一览表

“中国生物学文献数据库”引用期刊一览表

Acta Botanica Sinica
Acta Pharmacologica Sinica
Agricultural Science in China
Asian Journal of Andrology
Biomadical and Environmental Sciences
Cathaya
Cell Research
Chemical Research in Chinese University
Chinese Journal of Oceanology and Limnology
Chinese Medical Journal
Chinese Medical Sciences Journal
Chinese Science Bulletin
Developmental and Reproductive Biology
Entomologia Sinica
High Technology Letters
Journal of Chongqing University (English Edition)
Journal of Environmental Sciences
Journal Forestry Research
Journal of Nanjing Medical University
Journal of Shanghai Jiaotong University
Journal of Shanghai Second Medical University
Journal of Southeast University (English Edition)
Journal of Zhejiang University Science
Pedosphere
Progress in Natural Science
Science in China. C
Transactions of Tianjin University
Tsinghua Science and Technology
World Journal of Gastroenterology
Wuhan University Journal of Natural Sciences
癌变、畸变、突变
癌症
安徽大学学报(自然科学版)
安徽农业大学学报(自然科学版)
安徽农业科学
安徽师大学报(自然科学板)
安徽医科大学学报
安徽医学
氨基酸和生物资源
白血病淋巴瘤
白蚁科技
蚌埠医学院学报
保定师专学报
北华大学学报(自然科学版)
北京大学学报(医学版)
北京大学学报(自然科学版)
北京化工大学学报
北京科技大学学报
北京林业大学学报
北京农学院学报
北京农业科学
北京生物医药工程
北京师范大学学报(自然科学版)
北京实验动物科学
北京实验动物科学与管理
北京医学
北京中医
北京中医药大学学报
北京自然博物馆研究报告
病毒学报
蚕业科学
草地学报
草业科学
草业学报
长江流域资源与环境
长沙电力学院学报(自然科学版)
长治医学院学报
常德师范学院学报(自然科学版)
成都大学学报(自然科学版)
成都中医药大学学报
承德医学院学报
大豆科学
大连水产学院学报
大连医科大学学报
淡水渔业
地方病通报
地理科学
地质科学
地质论评

2.3.6 《中国生物学文摘》检索举例

1. 检索课题:生物芯片鉴定口蹄疫病毒的研究。

2. 检索工具:《中国生物学文摘》2005 年 19 卷 1 期。

3. 检索途径:主题途径——主题索引。

4. 检索过程:

(1)分析课题,确定主题词:口蹄疫病毒 生物芯片 鉴定。

(2)查主题索引:分别以口蹄疫病毒、生物芯片为一级主题词,在主题索引中按字顺查找:

口蹄疫病毒
　生物芯片　鉴定 0259
生物芯片
　鉴定　脊椎动物病毒 0259

(3)根据文摘号,在正文中找到:

Q93　2005010259
口蹄疫等 5 种动物病毒基因芯片检测技术的研究＝study on diagnostic gene chip for detecting five animal viruses / 杨素(珠海出入境检验检疫局.广东 珠海 519015),花群义…… //微生物学报.-2004,44(4).-479～482
用分子克隆方法获得口蹄疫病毒、水泡性口炎病毒、蓝舌病病毒、鹿流行性出血热病毒和赤羽病病毒各一段高度保守的基因片段……。图版 1 表 1 参 7

(4)根据线索:《微生物学报》2004 年 44 卷第 4 期 479～482 页获取原文。

2.4 《环境科学文摘》

该刊由《环境科学文摘》编辑部编辑,中国环境科学出版社出版,1982 年创刊,双月刊。是目前国内唯一的环境科学文献资料的检索刊物。报道国内外数百种期刊中有关环境科学的最新文献资料,包括环保科技成果、研究报告、论文及综述等,可及时向读者提供环境科学发展的新动向。

从 2007 年开始,该刊由原来的 16 开本改为大 16 开本,增加了期刊容量。每期有目次表,以便读者利用分类途径检索该刊时使用;每年的最后一期附有年度主题词表,以便读者利用主题途径检索该刊时使用。

2.4.1 《环境科学文摘》目次

环境科学文摘

目　次

2.4.2 《环境科学文摘》文摘正文

水体污染及其防治

X523 200502704

废物处置场地下水污染地质控制方法新探索/王秀艳(同济大学)…∥农业环境科学学报/中国农业生态环保协会.-2004,23(6).-1207～1211 环图 X-15

黏性土隔离层不仅具有防渗作用,还有截污作用,基于利用…图 4 表 2 参 6

X523 200502705

地下水 NO_3-污染的原位微生态修复技术试验研究/张胜…(中国地质科学院水文地质环境地质研究所)∥农业环境科学学报/中国农业生态环保协会.-2004,23(6).-1223～1227 环图 X-15

采用在野外试验井中加入少量乙醇营养物质和分离培养的反硝化细菌…表 5 参 5

土壤污染及其防治

X53 200502732

分层土柱法研究石油类污染物在土壤中的迁移/纪学雁…(大庆石油学院地球科学学院)∥能源环境保护/煤科总院杭州环保所.-2005,19(1).-43～45 环图 X-134

经对以往的土柱实验进行改进,通过室内分层土柱实验,揭示了…图 3 参 18

X53 200502733

芸苔素内酯的水解及其在土壤中的降解特性/陈树兵(南京农业大学食品科技学院)…∥农村生态环境/国家环保总局南京环科所.-2005,21(1).-55～57 环图 Q-46

测定了芸苔素内酯在不同 pH 值和温度条件下的水解及其在东北黑土…图 2 表 3 参 7

X53 200502734

有机污染土壤中菌根的作用/陈瑞蕊…(中科院南京土壤研究所)∥生态学杂志/中科院沈阳应用生态研究所.-2005,24(2).-176～180 环图 Q-28

近年来,土壤有机污染问题日益突出,传统的修复方法存在局限性…参 47

X53 200502735

镉在白骨壤模拟湿地系统中的分布、迁移及净化效应/陈桂葵(华南农业大学农学院)…∥应用生态学报/中科院沈阳应用生态研究所.-2005,16(3).-550～554 环图 Q-61

在温室中建立红树林植物白骨壤模拟湿地系统…图 2 表 6 参 20

X53 200502736

冶炼厂污灌区土壤铜和锌污染与土壤酶活性/王广林(安徽师范大学生命科学学院)…∥应用生态学报/中科院沈阳应用生态研究所.-2005,16(2).-328～332 环图 Q-61

通过对冶炼厂污灌区土壤和水稻中 Cu、Zn 含量分析…表 4 参 2

2.4.3 《环境科学文摘》检索举例

1. 检索课题：地下水污染问题研究。

2. 检索工具：《环境科学文摘》2005. Vol. 22 No5。

3. 检索途径：分类途径。

4. 检索过程：

(1) 分析课题，确定课题所属类目：水污染；

(2)查阅目次表，查得水体污染及其防治……………(27)；

(3)翻至 27 页，在课题所属类目下逐条浏览，查到所需文献，其著录格式为：

> X523　　　　　　　　　　　　　　　　　200502704
> 废物处置场地下水污染地质控制方法新探索/王秀艳(同济大学)…//农业环境科学学报/中国农业生态环保协会. -2004，23(6). -1207～1211 环图 X-15
> 黏性土隔离层不仅具有防渗作用，还有截污作用，基于利用…图 4 表 2 参 6

> X523　　　　　　　　　　　　　　　　　200502705
> 地下水 NO_3-污染的原位微生态修复技术试验研究/张胜…(中国地质科学院水文地质环境地质研究所)//农业环境科学学报/中国农业生态环保协会. -2004，23(6). -1223～1227 环图 X-15
> 采用在野外试验井中加入少量乙醇营养物质和分离培养的反硝化细菌…表 5 参 5

(4)检索结果：通过分类途径查到两篇与课题相关的文献。其一是由作者为王秀艳撰写的篇名为“废物处置场地下水污染地质控制方法新探索”，到刊名为《农业环境科学学报》2004 年第 23 卷第 6 期 1207～1211 页索取文章原文。其二是由作者为张胜撰写的篇名为“地下水 NO_3-污染的原位微生态修复技术试验研究”，到刊名为《农业环境科学学报》2004 年第 23 卷第 6 期 1 223～1 227 页索取文章原文。

2.5 实习题

2.5.1 《全国报刊索引》哲学社会科学版实习题

1. 我国会计信息失真成因及对策
2. 人力资源会计探讨
3. 农业产业化发展趋向分析
4. 当前农村新型合作经济组织发展现状与对策研究
5. 浅析绿色壁垒对国际贸易的影响
6. 我国农产品出口贸易的发展与影响因素的分析
7. 中小企业融资问题的研究
8. 浅析我国上市公司的债券融资

9. 电子商务的安全技术
10. 网络营销的策略

2.5.2 《全国报刊索引》自然科学技术版实习题

1. 玉米纹枯病的防治
2. 除草剂与生物安全
3. 标记在玉米遗传育种中的应用
4. 温度对稻米质量的影响
5. 葡萄的栽培与加工
6. 番茄的反季节栽培
7. 城市园林植物观赏价值的分析
8. 马尾松良种选育
9. 青贮饲料的调制和饲喂技术
10. 饲料安全性问题的思考
11. 常见猪病的免疫程序
12. 禽流感疫苗的研究进展
13. 农村电网无功优化配置实用方法研究
14. 人工智能在电力系统的应用
15. 酸奶的生产工艺技术
16. 葡萄贮藏的温度控制
17. 新建大学生活区的规划探索
18. 农业主题公园的设计研究
19. 水资源承载力的研究
20. 农村沼气建设的发展研究

2.5.3 《中国农业文摘》实习题

见《全国报刊索引》自然科学技术版实习题

2.5.4 《中国生物学文摘》实习题

1. DNA 分子标记在果树育种上的应用
2. 气候因子对豆科植物固氮的影响
3. 番茄细菌性溃疡病的研究进展
4. 猪科毛色基因的研究
5. 干旱情况下磷对作物生长的影响

2.5.5 《环境科学文摘》实习题

1. 城镇生活污水处理技术研究
2. 农药对土壤的污染
3. 城市生活垃圾回收处理动态
4. 畜牧业生产对环境污染及其对策研究
5. 城市生态环境安全评价与预测

第3章　国外检索工具

【实习目的、要求】了解国外著名检索工具收录文献的内容范围；掌握各大检索工具的编排结构及著录格式；通过给定或自定课题，利用各种索引检索相关文献，并提交实习报告。

实习报告

1. 检索课题：(写出所需检索课题的名称)。

2. 检索工具：名称 ＿＿＿＿＿，年 ＿＿，卷 ＿＿，期 ＿＿。

3. 检索途径：主题途径(或生物分类途径)。

4. 检索过程：

(1)分析课题，选择检索词(英文普通名或拉丁学名)；

(2)查阅主题索引(或生物分类索引)，列出所查到的检索词及相关文献号；

(3)根据文献号写出所查到的文献著录款目；

(4)根据所查文献线索获取原始文献，注明刊名、年、卷、期、起止页、文种等。

3.1　CABI 文摘

CABI 是一个具条约关系的政府间组织，它现有 41 个成员国。CABI 从建立至今已有 90 年的历史，初建时是一个位于伦敦的，面向农业科学家的昆虫鉴定服务机构。随着其服务范围的扩大，到 1929 年正式成立为帝国农业局(IAB)，其后，在 1948 年改名为英联邦农业局(CAB)，在 1985 年被授予国际组织的地位，更名为 CAB International (CABI)，成员国向非英联邦国家开放。我国于 1995 年 8 月正式成为 CABI 成员国。1993 年 6 月改名为国际农业和生物科学中心。后又更名为国际应用生物科学中心。

CABI 的出版部是国际一流的应用生命科学出版社。其出版物内容几乎包括了大农业的各专业及相关学科，其中文摘杂志居多，也有部分是索引、述评、权威性图书和病虫害防治方面的专用工具书。CABI 文摘收录了世界上 130 多个国家和地区 70 多种语言 1.4 万种以上的期刊和其他出版物，发行到 150 多个国家和地区。年报道量 18 万条。占世界农业文献总量的 70%～80%。CABI 文摘是世界上有名望的最大农业检索刊物。

3.1.1 《Horticultural Abstracts》

3.1.1.1 《Horticultural Abstracts》目次

Table of Contents

Horticultural Science Abstracts **75** (2) **Abstracts 915-1830**

Disclaimer: The information contained herein, including any expression of opinion and any projection and forecast, has been obtained from or is based upon sources believed by us to be reliable but is not guaranteed as to accuracy or completeness. The information is supplied without obligation and on the understanding that any person who acts upon it or otherwise changes his/her position in reliance thereon does so entirely at his/her own risk. CAB International does not accept responsibility for any trade advertisement included in this publication.

3.1.1.2 《Horticultural Abstracts》文摘正文

either the metam sodium or cultivation treatment were significantly lower……

1261 BANDA S. L. DEL C.; CORREDOR P. D.; CORREDOR S., G. [**The effect of the association of watermelon (*Citrullus lanatus*) with corn (*Zea mays*) on the population and damage caused by three insects pests and the yield of those crops in Ciénaga Grande de Lorica, Córdoba.**] Efecto de la asociación patilla (*Citrullus lanatus*) con maíz (*Zea mays*) sobre la población y el daño causado por tres insectos plaga y el rendimiento de estos cultivos en la Ciénaga Grande de Lorica, Córdoba *Revista Colombiana de Entomologia* (2004) **30** (2) 161-169 Bogotá, Colombia; Sociedad Colombiana de Entomologia (SOCOLEN) [Es, en, 16ref.] Área Fitoprotección Integrada, Facultad de Agronomía, Universidad Nacional de Colombia, Bogotá, Kra 76A No. 7C-69, Barrio Castilla, Colombia. Email: laguandio@yahoo.com

In order to understand the effect of the association…

1262 BOUBOURAKAS, I.. N.; HATZILOUKAS, E.; ANTIGNUS, Y.; KATIS, N. I. **Etiology of leaf chlorosis and deterioration of the fruit interior of watermelon plants.** *Journal of Phytopathology* (2004) **152** (10) 580-588 Berlin, Germany; Blackwell Publishing [En, 30 ref..] Plant Pathology Laboratory, Faculty of Agriculture, Aristotle University of Thessaloniki, 54 124 Thessaloniki, Greece. Email: katis@agro.auth.gr

A severe disease with combined symptomatology affecting……

1263 MIRANDA, F. R. DE; OLIVEIRA, J. J. G.; SOUZA, F. DE [**Evapotranspiration and crop coefficients for drip-irrigated watermelon.**] Evapotranspiracão máxima e coeficientes de cultivo para a cultural da melancia irrigada por gotejamento. *Revista Ciência Agronômica* (2004) **35** (1) 36-43 Ceara, Brazil; Centro de Ciencias Agrarias da Unviersidade Federal do Ceara [Pt, en 16 ref.] Embrapa Agroindústria Tropical, Fortaleza, CE, Brazil. Email: Fabio@cnpat.embrapa.br, john@centec.org.br, titico@dnocs.gov.br

A field experiment was conducted in Ceara, Brazil, to evaluate the evapotranspiration and crop coefficients of…

1264 LI JIANWU; MA CHANGSHENG; SUN ZHONGWEI; CAI XIAO [**A new small-type watermelon 'Yuyi Xiuzhen Hongbao'.**] *Acta Horticulturae Sinic* (2004) **31** (4) 562 Beijing, China; Chinese Society forHorticultural Science [Ch, en] Forestry and Horticulture College, Henan Agricultural University, Henan Yuyi Seed Company Ltd., Zhengzhou 450002, China Email: Lijw555@hotmail.com

Waterermelon……

1265 WANG LIANGJU; JIANG WEIBING; HUANG BAOJIAN [**Promotion of photosynthesis by 5-aminolevulinic acid (ALA) during and after chilling stress in melon seedlings grown under low light condition.**] *Acta Horticulturae Sinica* (2004) **31** (3) 321-326 Beijing, China; Chinese Society for Horticultural Science [Ch, en, 17ref.] College of Horticulture, Nanjing Agricultural University, Nanjing 210095, China

Irrigation……

1266 LIU HUIYING; ZHU ZHUJUN; QIAN QIONGQIU; GE ZHIPING [**The effects of different rootstocks on the sugar metabolism and related enzyme activities in small and early-maturing watermelon during fruit development.**] *Acta Horticulturae Sinica* (2004) **31** (1) 47-52 Beijing, China; Chinese Society for Horticultural Science [Ch, en, 11ref.] Institute of Vegetable Science, Zhejiang University, Hangzhou 310029, China.

The sugar metabolism and their related enzyme activities during fruit development of own-rooted and grafted on Hangzhou-long gourd, Chaofeng F_1, Yongshi and Figleaf gourd watermelon were studied. The results showed that the changes of sugar content and sucrose metabolism enzyme activity during the fruit development of different grafted and own-rooted watermelon were similar. At an early stage of fruit development, sugars accumulated slowly due to higher enzyme activity for sucrose cleavage than for sucrose synthesis. At a fruit ripening stage, the sugar content increased rapidly becausethe enzyme activity for sucrose synthesis was higher than for sucrose cleavage. However, the sugar content in the fruits of all grafted watermelons were lower than that in the fruit of own-rooted watermelon. Among the grafted watermelon fruits, the sugar content of the watermelon grafted on Chaofeng F_1 and Hangzhou-long gourd was higher than of watermelon grafted on Figleaf gourd and Yongshi.

3.1.1.3 《Horticultural Abstracts》著者索引

AUTHOR INDEX

　

3.1.1.4 《Horticultural Abstracts》主题索引

SUBJECT INDEX

3.1.1.5 《Horticultural Abstracts》期刊来源索引

SERIALS CITED INDEX

　

3.1.1.6 《Horticultural Abstracts》检索举例

1.检索课题:砧木对西瓜果实糖代谢及相关酶活性的影响。

2.检索工具:《Horticultural Abstracts》2005,vol.75,no.2。

3.检索途径:分类途径、主题途径。

4.检索过程:

(1)分析课题

所属类目:S651 瓜果园艺栽培

中外文主题词:砧木(Rootstocks)、嫁接(Grafting)、西瓜(Melon/watermelons)、糖代谢(Sugar metabolism)、酶活性(Enzyme activity)

(2)分别查阅目次表和主题索引

①查阅目次表:根据目次表中一级类目 TROPICAL FRUITS 之下的二级类目 Melons/watermelons 之后页码 203 的指引翻到正文,找到一级类目 TROPICAL FRUITS 及二级类目 Melons/watermelons ,在该类中逐一查找文献条目,发现 1266 号文献切题。

②查阅主题索引:分别以 Watermelons、Rootstocks、Enzyme activity、Sugar 做主题词在 Subject index 中查得:

Watermelons 1258,1261-1264,1266

Rootstocks 947,978,1003,1019,1025,1031,1043,1045,1059,1066,1071,1085,1088,1092,1110,1118,1169-1170,1174,1180,1184,1190,1197,1250,1253,1266,1710,1821

Enzyme activity 935,950,958,960,962,979,1012,1019,1021,1058,1105,1136,1142-1144,1146,1159,1174,1185,1207,1210,1217-1219,1226,1266-1267,1275,1309,1315,1368,1381,1386,1396,1415,1426-1427,1429,1432,1456,1469,1480,1492,1502-1503,1565,1569,1572,1588,1591,1593,1602,1622,1708,1725,1762-1763,1775,1806

Sugars 999,1032-1033,1125,1146,1223,1266,1436,1504,1569,1782

取 Watermelons、Rootstocks、Enzyme activity、Sugar 的共同文献号 1266,即得到切题文献。

(3)根据文献号翻阅文摘正文找到 1266,其著录格式见《Horticultural Abstracts》正文部分。

(4)该文献篇名:[The effects of different rootstocks on the sugar metabolism and related enzyme activities in small and early-maturing watermelon during fruit development.] 著者:LIU HUIYING;ZHU ZHUJUN;QIAN QIONGQIU;GE ZHIPING 刊名:Acta Horticulturae Sinica (2004) 31 (1),该文章用中文发表。

3.1.2 CABI 其他文摘

1. Agbiotech News and Information
2. Soils and Fertilizers
3. Review of Plant Pathology
4. Forestry Abstracts
5. Field Crop Abstracts
6. Review of Agricultural Entomology
7. Animal Breeding Abstracts
8. Veterinary Bulletin
9. Nematological Abstracts
10. Agricultural Engineering Abstracts
11. World Agricultural Economics and Rural Sociology Abstracts

3.1.2.1 《AgBiotech News and Information》目次

Table of Contents

AgBiotech News and Information **17**(7) **Abstracts 3013-3515**

3.1.2.2 《Soils and Fertilizers》目次

Table of Contents

***Soils and Fertilizers* 68(9)** **Abstracts 10171-11486**

3.1.2.3 《Review of Plant Pathology》目次

Table of Contents

3.1.2.4 《Forestry Abstracts》目次

Table of Contents

***Forestry Abstracts* 66** (6) **Abstracts 4134-5023**

3.1.2.5 《Field Crop Abstracts》目次

Table of Contents

Field Crop Abstracts 58(4) *Abstracts* 2024-2707

3.1.2.6 《Review of Agricultural Entomology》目次

Table of Contents

Review of Agricultural Entomology 93(9) **Abstracts 8334-9374**

3.1.2.7 《Animal Breeding Abstracts》目次

Table of Contents

Animal Breeding Abstracts 73(10) Abstracts 6077-6704

3.1.2.8 《Veterinary Bulletin》目次

Table of Contents

3.1.2.9 《Nematological Abstracts》目次

Table of Contents

***Nematological Abstracts* 74 (1)** **Abstracts 1-437**

3.1.2.10 《Agricultural Engineering Abstracts》目次

Table of Contents

***Agricultural Engineering Abstracts* 30 (2)** **Abstracts 526-1028**

3.1.2.11 《World Agricultural Economics and Rural Sociology Abstracts》目次

Table of Contents

***World Agricultural Economics and Rural Sociology Abstracts* 47 (10)** **Abstracts 6064-6724**

3.2 《生物学文摘》(BA)

3.2.1 《BA》简介

美国《生物学文摘》(BA)创刊于 1926 年，现由美国生物科学信息服务社编辑出版。《BA》是目前世界上较权威的报道有关生命科学文献的文摘刊物，收录世界上 110 个国家和地区的 5 000 种期刊，每年文献报道量 30 万余篇。收录范围：生物学、医学、农学等领域的理论研究、实践研究和临床及现场研究的原始资料；生物学研究的主要成果及评论；生物学的信息理论和应用；新发现的生物属类、名称、分布情况及新名词的定义；生命科学研究中所采用的新材料、新技术、新方法、新仪器设备等。1972 年起为半月刊，12 期为一卷，全年两卷。1998 年起，一年一卷，每卷出一套累积索引。

3.2.2 《BA》模拟件

3.2.2.1 《BA》目次表

TABLE OF CONTENTS

Abstracts

Author Index

Organism Index

Subject Index

3.2.2.2 《BA》主要概念标题等级表

HIERARCHICAL LIST OF MAJOR CONCEPT HEADINGS
Use this list to locate the Abstracts that correspond to your research interest.

* There are no references listed under this heading. See page listed for instructions on locating related topics.

HIERARCHICAL LIST OF MAJOR CONCEPT HEADINGS

Use this list to locate the Abstracts that correspond to your research interest.

* There are no references listed under this heading. See page listed for instructions on locating related topics.

3.2.2.3 《BA》主要概念标题字顺表

ALPHABETIC LIST OF MAJOR CONCEPT HEADINGS

Use this list to locate the Abstracts that correspond to your research interest.

* There are no references listed under this heading. See page listed for instructions on locating related topics.

ALPHABETIC LIST OF MAJOR CONCEPT HEADINGS

Use this list to locate the Abstracts that correspond to your research interest.

* There are no references listed under this heading. See page listed for instructions on locating related topics.

3.2.2.4 《BA》文摘正文

ABSTRACTS

Biologycal Abstracts 112(11):Ab-593 **Environmental Sciences** **Ref. No. 156657**

Environmental Sciences

See also: *Biodiversity • Conservation-Wildlife Management • Evolution • Paleobiology • Pest Management • Pollution • Population Studies-Biogeography*

156648. Ghosh, A. K., P. Bhattacharyya* and R. Pal. 2004. *Environment International* 30(4) June:491-499. [Text:English]. **Effect of arsenic contamination on microbial biomass and its activities in arsenic contaminated soils of Gangetic West Bengal, India** —A study was conducted to see the effect of arsenic contamination on soil quality indicators, viz., microbial biomass, soil respiration, fluorescein diacetate and dehydrogenase(DHG) activity in arsenic contaminated soils of West Bengal. All the parameters were significantly and negatively correlated with all …
* NBSS, Block DK, Sector 2, Calcutta, W Bengal, 700091, India.

Climatology

See also: *Environmental Sciences - Ecology • Pollution*

Ecology

See also: *Anthropology - Human Ecology*

Estuarine Ecology

See also: *Aquaculture • Conservation - Wildlife Management • Environmental Sciences - Freshwater Ecology • Environmental Sciences - Marine Ecology • Pollution*

Freshwater Ecology

See also: *Aquaculture • Conservation - Wildlife Management • Environmental Sciences - Estuarine Ecology • Environmental Sciences - Marine Ecology • Pollution*

Groundwater Ecology

See also: *Conservation • Environmental Sciences - Freshwater Ecology • Environmental Sciences - Geology • Pollution • Soil Science*

Marine Ecology

See also: *Aquaculture • Conservation - Wildlife Management • Environmental Sciences - Estuarine Ecology • Pollution*

Subterranean Ecology

Terrestrial Ecology

See also: *Environmental Sciences - Climatology*

156926. Van Coppenolle, Isabel* and Peter Aerts. 2004. *Animal Biology (Leiden)* 54(3) September:281-292. [Text:English]. **Terrestrial locomotion in the white stork(*Ciconia ciconia*):spatio-temporal gait characteristics**—Slender legged stilt birds givethe impression of striding more gracefully and more slowly than other bipeds when moving over ground, a behavioural characteristic often thought to be linked to the challenges imposed by walking on tendril stilts. To test the significance of this impression, video sequences (50Hz) of free ranging storks were digitised and analysed. Spatio-temporal gait characteristics (stride length, step length, stride frequency, duty factor, swing phase duration) were determined and compared with those of other bird species and humans, taking account of speed of locomotion, leg length and body mass. Storks increase their speed mainly by increasing stride frequency, and to a lesser extent by taking longer strides. Step length is nearly independent of speed. As a result, …
* Univ Antwerp, Univ Plein 1, B-2610, Wilrijk, Belgium.

157032. Boisserie, Jean-Renaud*, Fabrice Lihoreau and Michel Brunet. 2005. *Proceedings of the National Academy of Sciences of the United States of America* 102(5) February 1:1537-1541. [Text:English]. **The position of Hippopotamidae within Cetartiodactyla**—The origin of late Neogene Hippopotamidae (Artiodactyla) involves one of the most serious conflicts between comparative anatomy and molecular biology: is Artioclactyla paraphyletic? Molecular comparisons indicate that …
* Dept Integrat BiolHuman Evolut Res CtrMuseum Vertebrate Zool, Univ Calif Berkeley, 3060 Valley Life Sci, Bldg 3140, Berkeley, CA, 94720, USA.

157033. Cui, Jianping, Adam K. Bahrami, Elizabeth G. Pringle, Gustavo Hernandez-Guzman, Carol L. Bender, Naomi E. Pierce and Frederick M. Ausubel*. 2005. *Proceedings of the National Academy of Sciences of the United States of America* 102(5) February 1:1791-1796. [Text:English]. ***Pseudomonas syringae* manipulates systemicplant defenses against pathogens and herbivores**—Many pathogens are virulent because they specifically interfere with host defense responses and therefore can proliferate. Here, we report that virulent strains of the bacterial phytopathogen Pseudomonas syringae induce systemic susceptibility to secondary A syringae infection in the …
* Dept Mol Biol, Massachusetts Gen Hosp, Boston, MA, 02114, USA.

157034. Wang Yong-Miao, Zhang Peng-Fei and Chen Jian-Qun*. 2004. *Acta Entomologica Sinica* 47(6) December 15:760-767. [Text:Chinese]. **Host-preference biotypesof the cotton aphid, *Aphis gossypii* Glover and the behavioral mechanism in theirformation**—wThe colonization and feeding behavior of the cotton aphid, Aphis gossypii Glover, on melon and cotton plants were studied in order to reveal the behavioral mechanism in formation of different host-preference biotypes. The results of the biological observation showed the number of colonizing aphids decreased significantly when they were transferred to their non-preference plant (melon or cotton). …
* Dept Biol Sci and Technol, Nanjing Univ, Nanjing, 210093, China.

157035. liu Xiang-Dong*, Zhai Bao-Ping, Zhang Xiao-xi and Lu Yang. 2004. *Acta Entomologica Sinica* 47(6) December 15:768-773. [Text:Chinese]. **Differentiation in morphometrics and ecological adaptability of cotton and cucumber biotypes of the cotton aphid, *Aphis gossypii* (Homoptera: Aphididae)** —The cotton aphid populations aredifferentiated in food utility, and the host fidelity has been found all over the world. The morphometric differentiation and ecological adaptabilities of cotton and cucumber biotype aphids were studied used such methods as morphometric analysis, …
* Coll Plant Protect, Nanjing Agr Univ, Nanjing, Acta Entomologica 210095, China.

157036. Chen Fa-Jun, Wu Gang and Ge Feng*. 2004. *Actantomologica Sinica* 47(6) December 15:774-779. [Text:English]. **Growth, development and reproduction of the cotton bollworm, *helicoverpa armigera* (Hubner) reared on milky grains of wheat grown in elevated CO_2 concentration**—Impacts of the rising CO_2 concentrationatmosphere on growth, development, reproduction and nutritional efficiency of the cotton bollworm Helicoverpa armigera (Hubner) reared on spring wheat in the cotton region of Northern China were studied through laboratory experiment with collected milky grains(as diets) from spring wheat grown in 370 μL/L CO_2 treatment (factually 382.4 +/- 24.8) and750 μL/L CO_2 treatment (factually 738.8 +/- 25.7) in open-top chambers. The resultsindicated: (1) As reared on grains of elevated CO_2-grown spring wheat, the larvae of cotton bollworm fed more grains and produced more frass. Compared with CK, food ingestion andfrass produced by bollworm larvae increased by 46.3%(P0.05) and 37.8%respectively. (2) Elevated CO_2 affected the nutritional constitutes of grains. Significant increases were found in soluble protein, free amino acids, glucose, amylase, TSCs and ratio of TSCs:GP(gross protein) and significant decreases in fructose and gross protein compared to CK. (3) The changes in grain nutritional constitutes owing to elevated CO_2 influenced the diet-utilization efficiency of bollworm larvae. Decreases were found in efficiency of conversation of ingested food (ECI) and digested food (ECD) of bollworm larvae fed on grains of elevated CO_2-grown spring wheat by 27.2%and 25.4% respectively, and significant (P 0.05) increase in relative consumption rate (RCR) by 58.8% compared with…
* Inst ZoolState Key Lab Integrated Management Pests and Roden, Chinese Acad Sci, Beijing, 100080, China.

3.2.2.5 《BA》著者索引

AUTHOR INDEX

Biological Abstracts 112(11):Au-1

Name　Ref. No.　Name　Ref. No.　Name　Ref. No.　Name　Ref. No.

A

a Steig, Torkill …… 155308
A'Hern, Roger …… 159481
Aabakken, L. ……… 158753
Aaby, Peter ………… 157773
Aagaard-Hansen, Jens
……………………… 155364
Aagaard, Per ……… 152340

B

Ba, Xueqing ……… 155889
Baader, Stephan L. … 156533
Baake, Ellen ………… 156285
Baake, Michael ……… 156285
Baarends, Willy M. …… 155606

C

C.-Gaudreault, Rene … 153672
Caan, Bette ……… 161917
Caan, Bette J. …… 154914
:
:
Chen Dao-Zhen …… 159626
Chen Fa-Jun ……… 157036
Chen Gui-chen …… 163192
Chen Guo-cang …… 155571

D

D'Abramo, Louis R. … 152388
D'Adamo, P. ……… 152109
D'Agati, P. ………… 164818
D'Agati, Vivette D. … 162499
D'Agnano, Lgea … 165137
D'Agostino, R. …… 155080

E

e Silva, Marcio L. A. … 162325
e Sousa, Caetano Reis … 153019
Eagle, Kim A. …158357 158422
Ealley, Erica L. …… 152822
Eardly, Bertrand. … 152418
Earhart, Gammon M. … 159298
Eart, Dawn ……… 159877

F

Faatz, Elke ………… 152730
Fabbri, Alberto …… 158961
Fabbri, Andrea …… 162717
Fabbri, Fablo ……… 158503
Fabbri, Sandra …… 159456

G

Gaatar, Khadiga M. … 155809
Gaarsdal, E. ……… 158544
Gabaldon, Toni …… 155699
:
:
Gburek, Zbigniew … 160111
Ge Feng …………… 157036
Ge Jian-ping ……… 156390
Ge, C. ……………… 154471

H

Ha, Eunyoung ……… 152208
Ha, J. M. ………… 154389
Ha, Jaoung-Hee …… 164688
Ha, Jj-Hong ……… 154837
Ha, Jin-Ryul ……… 162882

I

I, Stacey T. T. ……… 152597
Iaco, Pierandrea De … 152154
Iacobellis, Nicola S. … 157925

J

Jaccarini, V. ………… 156912
Jacinthe, P.-A …… 164271
Jack, L. M. ………… 162530
Jack, R. L. ………… 154136
Jack, Sandy ………… 160039

K

Kaalhus, Olav ……… 154768
Kaang, Bong-Kiun … 155036
Kaartvedt, Stein …… 163307
Kabadere, Selda …… 165203
Kabalan, Karim Y. … 160824

L

Lahermo, P. ……… 152192
Lahiri, A. ………… 158350
Lahiri, Twisha ……… 164694
Lahlali, R. ………… 151871
Lahner, E. ………… 158857

M

Ma Bai-lin ………… 153009
Ma Hong-wen ……… 154620
Ma Jiao …………… 155255
Ma Jing …………… 163612
Ma Jiping ………… 164236

N

N'Diaye, A. A. …… 162004
N'Guessan, Benoit … 161302
N'Guessan, P. …… 151692
N'Guyen, F. ……… 160322
Na, Hya-Kyung …… 163297

O

O-Uchi, Jin ………… 153705
O' Hare, Colette … 151689
O'Beirne, David …… 157215

P

Pacella, R. ………… 151868
Pacha, Jiri ………… 158063
Pache, I. …………… 158855
Pachecka, Jan ……… 155910

Q

Qbadou, S ………… 153683
Qi Xiao-Lan ……… 155255
Qi, Ai-Dong ……… 153380
Qi, Chen Feng …… 155053
Qi, Dake …………… 165017

R

Raab-Traub, Nancy … 155678
Raad, I. I. ………… 157592
Raahave, Dennis …… 158882
Raats, J. …………… 152290
Rabascio, Cristina …… 165149
Rabasco, Araceli …… 157460

T

Taal, B. G. ………… 159526
Taattola, Kaisa-Leena … 156311
Tabacchi, Raffaele …164849 164850
Tabakoff, Boris …… 157448
Tabara, Hiroaki …… 154775

V

Vaagnes, Oyvind … 156111
Vaananen, H. Kalervo … 160479
Vabres, P. … 156587 158739
Vacca, A. ………… 159039
Vaccani, A. ……… 162995

W

Waaijer, Raymond … 159358
Waanders, Esme … 157138
:
:
Wu Deng-Jun ……… 157470
Wu Dongbing ……… 160695
Wu Gang …………… 157036
Wu Hong-kun ……… 163010

Y

Yaar, Liora ………… 155755
Yaba, Philippe …… 157887

Z

Zhao Yan ………… 155255
Zhao, Aimin ……… 158932
Zhao, Aiping ……… 154717

3.2.2.6 《BA》生物体索引——主要生物等级表

ORGANISM INDEX

MAJOR TAXONOMIC CLASSIFICATIONS

Major taxa appear in the index in the order given below. Many are subdivided alphabetically into lower-level taxa, which appear in the index if there are references. For a complete list of taxa used in the Organism Index, see Hierarchical Headings Used in the Organism Index on page Org-iii.

ORGANISMS
MICROORGANISMS
VIRUSES
  dsDNA Viruses
  ssDNA Viruses
  DNA and RNA Reverse Transcribing Viruses
  dsRNA Viruses
  Negative Sense ssRNA Viruses
  Positive Sense ssRNA Viruses
  Subviral Agents
BACTERIA
EUBACTERIA
  Spirochetes
  Aerobic Helical or Vibrioid Gram-Negatives
  Mostly Nonmotile Curved Gram-Negatives
  Gram-Negative Aerobic Rods and Cocci
  Facultatively Anaerobic Gram-Negative Rods
  Dissimilatory Sulfate or Sulfur Reducers
  Anaerobic Gram-Negative Rods
  Anaerobic Gram-Negative Cocci
  Rickettsias and Chlamydias
  Mycoplasmas
  Endosymbionts
  Gram-Positive Cocci
  Endospore-Forming Gram-Positives
  Regular Nonsporing Gram-Positive Rods
  Anoxygenic Phototrophic Bacteria
  Aerobic Chemolithotrophs and Similar Bacteria
  Budding and Appendaged Bacteria
  Sheathed Bacteria
  Nonfruiting Gliding Bacteria
  Fruiting Gliding Bacteria —The Myxobacteria
  Actinomycetes and Related Organisms
  Oxygenic Photosynthetic Bacteria
ARCHAEOBACTERIA
PLANTAE
CRYPTOGAMAE
ALGAE
FUNGI
LICHENES
EMBRYOPHYTA
BRYOPHYTA
TRACHEOPHYTA
PTERIDOPHYTA
SPERMATOPHYTA
GYMNOSPERMAE
ANGIOSPERMAE
  Monocotyledones
  Dicotyledones
ANIMALIA
INVERTEBRATA
PROTOZOA
METAZOA
MESOZOA
PORIFERA
CNIDARIA
CTENOPHORA
HELMINTHES
PLATYHELMINTHES
RHYNCHOCOELA
ACANTHOCEPHALA
ASCHELMINTHES
ENTOPROCTA
PHORONIDEA
ECTOPROCTA
BRACHIOPODA
MOLLUSCA
SIPUNCULOIDEA
ANNELIDA
ECHIUROIDEA
LINGUATULIDA
TARDIGRADA
ONYCHOPHORA
ARTHROPODA
  Crustacea
  Myriapoda
  Insecta
  Chelicerata
CHAETOGNATHA
HEMICHORDATA
POGONOPHORA
ECHINODERMATA
CHORDATA
PROTOCHORDATA
VERTEBRATA
PISCES
AMPHIBIA
REPTILIA
AVES
MAMMALIA
  Artiodactyla
  * Astrapotheria
  Carnivora
  Cetacea
  Chiroptera
  * Condylarthra
  Dermoptera
  * Dinocerata
  Edentata
  * Embrithopoda
  Hyracoidea
  Insectivora
  Lagomorpha
  * Litopterna
  Marsupialia
  Monotremata
  * Multituberculata
  * Notoungulata
  * Pantodonta
  * Pantotheria
  Perissodactyla
  Pholidota
  Pinnipedia
  Primates
  Proboscidea
  * Pyrotheria
  Rodentia
  Sirenia
  * Symmetrodonta
  * Taeniodonta
  * Tillodontia
  * Triconodonta
  Tubulident

* Extinct taxa

Org-ii

3.2.2.7 《BA》生物体索引——生物体索引等级标题表

HIERARCHICAL HEADINGS USED IN THE ORGANISM INDEX

All significant organisms mentioned in references are assigned to at least one of the groups listed below. The arrangement is hierarchical, and follows BIOSIS taxonomy for organisms.

ORGANISMS
MICROORGANISMS
VIRUSES
dsDNA Viruses
Myoviridae
Siphoviridae
Podoviridae
Tectiviridae
Corticoviridae
Plasmaviridae
Lipothrixviridae
Rudiviridae
Fuselloviridae
Poxviridae
Asfarviridae
Iridoviridae
Phycodnaviridae
Baculoviridae
Herpesviridae
Adenoviridae
Polyomaviridae
Papillomaviridae
Polydnaviridae
Ascoviridae
Nimaviridae
ssDNA Viruses
Inoviridae
Microviridae
Geminiviridae
Circoviridae
Parvoviridae
Nanoviridae
DNA and RNA Reverse Transcribing Viruses
Hepadnaviridae
Caulimoviridae
Pseudoviridae
Metaviridae
Retroviridae
dsRNA Viruses
Cystoviridae
Reoviridae
Birnaviridae
Totiviridae
Partitiviridae
Hypoviridae
Chrysoviridae
Negative Sense ssRNA Viruses
Bomaviridae
Filoviridae
Paramyxoviridae
Rhabdoviridae
Orthomyxoviridae
Bunyaviridae
Arenaviridae
Positive Sense ssRNA Viruses
Namaviridae
Leviviridae
Picornaviridae
Sequiviridae
Comoviridae
Potyviridae

MICROORGANISMS
VIRUSES
Positive Sense ssRNA Viruses
Caliciviridae
Astroviridae
Nodaviridae
Tetraviridae
Luteoviridae
Tombusviridae
Coronaviridae
Arteriviridae
Flaviviridae
Togaviridae
Bromoviridae
Closteroviridae
Barnaviridae
Tymoviridae
Dicistroviridae
Roniviridae
Hepeviridae
Subviral Agents
Satellites
Viroids
Pospiviroidae
Avsunviroidae
Prions
BACTERIA
Eubacteria
Cardiobacteriaceae
Spirochetes
Spirochaetales
Leptospiraceae
Spirochaetaceae
Aerobic Helical or Vibrioid Gram-Negatives
Mostly Nonmotile Curved Gram-Negatives
Spirosomaceae
Gram-Negative Aerobic Rods and Cocci
Acetobacteraceae
Alcaligenaceae
Azotobacteraceae
Halomonadaceae
Legionellaceae
Methylococcaceae
Neisseriaceae
Pseudomonadaceae
Rhizobiaceae
Facultatively Anaerobic Gram-Negative Rods
Aeromonadaceae
Enterobacteriaceae
Pasteurellaceae
Vibrionaceae
Dissimilatory Sulfate or Sulfur Reducers
Anaerobic Gram-Negative Rods
Bacteroidaceae
Haloanaerobiaceae
Anaerobic Gram-Negative Cocci
Veillonellaceae
Rickettsias and Chlamydias
Rickettsiales
Anaplasmataceae

MICROORGANISMS
BACTERIA
Eubacteria
Rickettsias and Chlamydias
Rickettsiales
Bartonellaceae
Rickettsiaceae
Chlamydiales
Chlamydiaceae
Mycoplasmas
Mycoplasmatales
Acholeplasmataceae
Mycoplasmataceae
Spiroplasmataceae
Anaeroplasmatales
Anaeroplasmataceae
Endosymbionts
Gram-Positive Cocci
Deinococcaceae
Micrococcaceae
Endospore-forming Gram-Positives
Regular Nonsporing Gram-Positive Rods
Anoxygenic Phototrophic Bacteria
Purple Bacteria
Chromatiaceae
Ectothiorhodospiraceae
Purple Nonsulfur Bacteria
Green Bacteria
Green Sulfur Bacteria
Multicellular Filamentous Green Bacteria
Aerobic Chemolithotrophs and Similar Bacteria
Nitrifying Bacteria
Nitrobacteraceae
Colorless Sulfur Bacteria
Chemolithotrophic Hydrogen Bacteria
Iron and Manganese Oxidizers and Depositors
Siderocapsaceae
Magnetotactic Bacteria
Budding and Appendaged Bacteria
Prosthecate Bacteria
Nonprosthecate Bacteria
Planctomycetaceae
Sheathed Bacteria
Nonfruiting Gliding Bacteria
Pelonemataceae
Simonsiellaceae
Cytophagales
Cytophagaceae
Lysobacterales
Lysobacteraceae
Beggiatoales
Beggiatoaceae
Fruiting Gliding Bacteria—The Myxobacteria
Myxococcales
Archangiaceae
Cystobacteraceae
Myxococcaceae
Polyangiaceae

MICROORGANISMS
BACTERIA
Eubacteria
Fruiting Gliding Bacteria—The Myxobacteria
Myxococcales
Actinomycetes and Related Organisms
Nocardioform Actinomycetes
Nocardioidaceae
Pseudonocardiaceae
Actinomycetes with Multilocular Sporangia
Actinoplanetes
Streptomycetes and Related Genera
Maduromycetes
Streptosporangiaceae
Thermomonospora and Related Genera
Thermoactinomycetes
Mycobacteria
Mycobacteriaceae
Irregular Nonsporing Gram-Positive Rods
Oxygenic Photosynthetic Bacteria
Cyanobacteria
Chroococcales
Pleurocapsales
Oscillatoriales
Nostocales
Nostocaceae
Rivulariaceae
Scytonemataceae
Stigonematales
Prochlorales
Prochloraceae
Prochlorotrichaceae
Archaeobacteria
Methanogenic Archaeobacteria
Methanocorpusculaceae
Methanoplanaceae
Methanobacteriales
Methanobacteriaceae
Methanothermaceae
Methanococcales
Methanococcaceae
Methanomicrobiales
Methanomicrobiaceae
Methanosarcinaceae
Archaeobacterial Sulfate Reducers
Archaeoglobales
Archaeoglobaceae
Extremely Halophilic Archaeobacteria
Halobacteriales
Halobacteriaceae
Cell Wall-less Archaeobacteria
Extremely Thermophilic Sulfur-Metabolizers
Thermococcales
Thermococcaceae
Thermoproteales
Desulfurococcaceae
Thermoproteaceae
Sulfolobales
Sulfolobaceae
PLANTAE
CRYPTOGAMAE
ALGAE
Charophyta
Chlorophyta
Chrysophyta
Cryptophyta
Euglenophyta
Phaeophyta
Pyrrophyta
Rhodophyta
FUNGI
Ascomycetes
Basidiomycetes
Fungi Imperfecti or Deuteromycetes

PLANTAE
FUNGI
Myxophyta
Phycomycetes
LICHENES
EMBRYOPHYTA
BRYOPHYTA
Anthocerotae
Hepaticae
Musci
Sphagnobrya
TRACHEOPHYTA
PTERIDOPHYTA
Articulatae
Filices
Lycopsida
Psilophytopsida
Psilotopsida
SPERMATOPHYTA
Gymnospermae
Chlamydospermae
Coniferopsida
Cycadopsida
Taxopsida
Angiospermae
Monocotyledones
Agavaceae
Alismataceae
Amaryllidaceae
Aponogetonaceae
Araceae
Bromeliaceae
Burmanniaceae
Butomaceae
Cannaceae
Centrolepidaceae
Commelinaceae
Corsiaceae
Cyanastraceae
Cyclanthaceae
Cyperaceae
Dioscoreaceae
Eriocaulaceae
Flagellariaceae
Geosiridaceae
Gramineae
Haemodoraceae
Hydrocharitaceae
Hypoxidaceae
Iridaceae
Juncaceae
Juncaginaceae
Lemnaceae
Liliaceae
Lowiaceae
Marantaceae
Mayacaceae
Musaceae
Najadaceae
Orchidaceae
Palmae
Pandanaceae
Philydraceae
Pontederiaceae
Potamogetonaceae
Rapateaceae
Restionaceae
Scheuchzeriaceae
Sparganiaceae
Stemonaceae
Taccaceae
Thurniaceae
Triuridaceae
Typhaceae
Velloziaceae

PLANTAE
SPERMATOPHYTA
Angiospermae
Monocotyledones
Xanthorrhoeaceae
Xyridaceae
Zannichelliaceae
Zingiberaceae
Dicotyledones
Acanthaceae
Aceraceae
Achariaceae
Achatocarpaceae
Actinidiaceae
Adoxaceae
Aextoxicaceae
Aizoaceae
Akaniaceae
Alangiaceae
Amaranthaceae
Amborellaceae
Anacardiaceae
Ancistrocladaceae
Annonaceae
Apocynaceae
Aquifoliaceae
Araliaceae
Aristolochiaceae
Asclepiadaceae
Austrobaileyaceae
Balanopaceae
Balanophoraceae
Balsaminaceae
Basellaceae
Bataceae
Begoniaceae
Berberidaceae
Betulaceae
Bignoniaceae
Bixaceae
Bombacaceae
Boraginaceae
Bretschneideraceae
Brunelliaceae
Bruniaceae
Brunoniaceae
Buddlejaceae
Burseraceae
Buxaceae
Byblidaceae
Cactaceae
Callitrichaceae
Calycanthaceae
Calyceraceae
Campanulaceae
Canellaceae
Cannabidaceae
Capparaceae
Caprifoliaceae
Cardiopteridaceae
Caricaceae
Caryocaraceae
Caryophyllaceae
Casuarinaceae
Celastraceae
Cephalotaceae
Ceratophyllaceae
Cercidiphyllaceae
Chenopodiaceae
Chloranthaceae
Chrysobalanaceae
Cistaceae
Clethraceae
Cneoraceae
Cochlospermaceae

3.2.2.8 《BA》生物体索引——索引正文

Plantae[Spermatophyta]-Plantae[Spermatophyta]　　Biological Abstracts 112(11):Org-42

Angiospermae

Monocotyledones

Gramineae

sugarcane

Terrestrial Ecology/Behavior/Saccharum officinarum … 156939

summer maize

Agronomy/Biochemistry and Biophysics/Methods/grain crop …… 151737

tall fescue

Agrichemicals/Soil Science/Festuca arundinaces …… 151667

Enzymology/Pest Management/Molecular Genetics … 154077

Methods/Agronomy/Development/Molecular Genetics/Agrichemicals/Festuca arandinacea/forage crop/seedling/seed …… 160749

tef straw

Animal Husbandry/Biochemistry and Biophysics Nutrition/Eragrostis tef/forage crop …… 151835

timothy

Allergy/Epidemiology/Phleum pratense …… 158621

Allergy/Pediatrics/Epidemiology/allergen …… 158646

Tridens flavus

Agrichemicals/Terrestrial Ecology/Methods …… 151659

Triodia microstachya

Biogeography/Biodiversity/Marine Ecology/hummock grass …… 163566

Tripsacum dactyloldes

Agrichemicals/Terrestrial Ecology/Methods …… 151659

Angiospermae

Monocotyledones

Gramineae

Urochloa mutica

Ecology/Agronomy/Biogeography/para grass …… 156725

Wheat

Agrichemicals/Agronomy/Development/grain crop … 151658

Agriculture/Biochemistry and Biophysics/Triticum aestivum …… 151679

Agronomy/Agrichemicals/Terrestrial Ecology/Molecular/Genetics/Triticum aestivum/grain crop/high yielding genotype/hybird genotype …… 151707

Agronomy/Biochemistry and Biophysics/Methods/Foods/Hordeum chilense/grain crop …… 151724

Agronomy/Biochemistry and Biophysics/Methods/Foods/Triticum turgiclum/grain crop …… 151724

Agronomy/Biochemistry and Biophysics/Soil Science/Triticum aestivum/grain crop …… 151682

Agronomy/Biochemistry and Biophysics/Soil Science/Triticum aestivum/cultivar-Astron/cultivar-Ritmo/grain crop …… 151750

Agronomy/Bioprocess Engineering/grain crop …… 151748

Agronomy/Development/Reproduction/Terrestrial Ecology/Biochemistry and Biophysics/food/milky grain/grain crop …… 157036

Agronomy/Infection/Biogeography/Toxicology/Methods/grain crop/host …… 151683

Angiospermae

Monocotyledones

Gramineae

Zea mays

Agrichemicals/Agronomy/corn/grain crop …… 151663 151664

Agrichemicals/Soil Science/corn …… 151655

Agriculture/Biochemistry and Biophysics/corn …… 151679

Agronomy/Agrichemicals/Soil Science …… 151759

Agronomy/Methods/Genetics/maize/grain crop …… 151690

Agronomy/Molecular Genetics/Infection/maize/grain crop/host …… 151754

Agronomy/Pathology/Infection/Epidemiology/maize/grain crop/host …… 151788

Biochemistry and Biophysics/Agronomy/grain crop … 153690

Biochemistry and Biophysics/Foods/maize bran …… 153689

Biochemistry and Biophysics/maize …… 153293

Biochemistry and Biophysics/Membranes …… 153415

Bioenergetics/Terrestrial Ecology/Biogeography/grain crop …… 153775

Development/Agronomy/Pollution/cultivar-Co. 1/seeding/grain crop …… 156600

Development/Biochemistry and Biophysics/maize …… 156598

Foods/Agronomy/Methods/food/grain crop …… 157283

Genetics/Infection/maize/host/strain-Oh 1VI/strain-Va35 …… 157420

Genetics/Reproductive System/Evolution/Development/Agronomy/maize/grain crop …… 157455 R

3.2.2.9 《BA》主题索引

SUBJECT INDEX

Biological Abstracts 112(11):Sub-93

Keyterm	Context Terms	Ref. No.
.		
.		
.		
carbon accounting		
	Climatology/Human Ecology/Government and Law ……	156673
carbon accumulation rate		
	Methods/Forestry/Biogeography ……………………	160772
carbon assimilation		
	Development/Biogeography/Terrestrial Ecology ………	156934
carbon balance	Bioenergetics/Metabolism/Methods ………	153762
	Climatology/Terrestrial Ecology ……………………	156672
	Pollution/Waste Management ……………………	163407
carbon chloride	Pharmacology/Digestive System …………	162807
carbon cycle	Bioenergetics/Metabolism/Methods …………	153762
	Climatology/Human Ecology/Pollution ………………	156675
	Terrestrial Ecology …………………………………	156671
carbon dioxide		
	Aging/Development/Bioenergetics/Cell Biology ………	151647
	Agriculture/Climatology/Computer Applications ………	151678
	Agronomy/Development/Reproduction ………………	157036
	Biochemistry and Biophysics ……………………	153507
	Digestive System/Cell Biology/hydration ……………	153445
	Groundwater Ecology ……………………………	153296
	Ingestion and Assimilation/Nutrition ………………	161889
	Metabolism/Digestive System/Toxicology ……………	153447
	Methods/antisolvent ……………………………	153530
	Molecular Genetics ………………………………	153684
	Pollution/Terrestrial Ecology/air pollutant ……………	156983
	Bioenergetics ………………………………………	153739
		153776
	Biochemistry and Biophysics/fixation ………………	153791
.		
.		
.		
cotranslational folding		
	Biochemistry and Biophysics/Cell Biology ……………	153571 R
cotranslational translocation		
	Cell Biology/Biochemistry and Biophysics ……………	155638
cotrimaxazole	antiinfective-drug/Pharmacology …………	162683 D
co-trimoxazole	antibacterial-drug/Clinical Immunology …	158599 D
	Infection/Epidemiology/Gastroenterology ……………	157831 D
	Pharmacology/Infection/Immune System …………	162734 RD
	antiinfective-drug/Clinical Immunology/Surgery ………	158599 D
	Infection/Epidemiology/Gastroenterology ……………	157831 D
	Pharmacology/Infection/Immune System …………	162734 RD
cotrimoxazole		
	antibacterial-drug/Infection/Pharmacology ……………	157610 D
	Infection/Urology/Pharmacology/Public Health ……	157868 D
	Pediatrics/Infection/Clinical Immunology ……………	159875 D
	antiinfective-drug/Infection/Pharmacology ……………	157610 D
	Infection/Urology/Pharmacology/Public Health ……	157868 D
	Pediatrics/Infection/Clinical Immunology ……………	159875 D
cotton aphid (Homoptera)		
	Behavior/Parasitology/Methods/Aphis gossypii …………	152558
	Pest Management/Biochemistry and Biophysics …………	162164
	Terrestrial Ecology/Behavior/Foods/Aphis gossypii ……	157034
	Foods/Morphology/Evolution/Aphis gossypii …………	157035
cotton bollworm (lepidoptera)		
	Agronomy/Development/Reproduction/larva …………	157036
	Behavior/Climatology/Biochemistry and Biophysics ……	152509
	Pesticides/Pest Management/pest/Helicoverpa zea ……	162188
	Terrestrial Ecology/Pest Management/larva/pupa ………	157017
cotton fields	Pest Management/Agronomy ………………	162135
.		
.		
.		
Helicobacter pylori screening		
	Infection/Gastroenterology/Methods …………………	157629 R
Helicobacter pylori vacA gene (Aerobic Helical or Vibrioid Gram-Negatives)		
	Digestive System/Molecular Genetics/Infection …………	158056
helicopter nest count survey		
	Methods/Biogeograohy/Terrestrial Ecology ……………	160757
Helicotylenchus digonicus (Nematoda)		
	Biogeography/Agronomy/Infection/parasite ……………	163616
Helicotylenchus pseudorobustus (Nematoda)		
	Biogeography/Agronomy/Infection/parasite ……………	163616
Helicotylenchus vulgaris (Nematoda)		
	Biogeography/Agronomy/Infection/parasite ……………	163616
Helicoverpa armigera (Lepidoptera)		
	Agronomy/Development/Reproduction/larva …………	157036
	Pest Management/Pesticides/pest …………………	151715
	Behavior/Climatology/Biochemistry and Biophysics ……	152509
	Biochemistry and Biophysics/Toxicology ………………	153667
	Molecular Genetics/Methods ………………………	155290
	Parasitology/Agronomy/Horticulture/egg/larva ………	162067
	Pest Management/Agronomy/Pesticides/pest …………	162135
	Climatology/Economic Entomology/Toxicology ………	162121
	Horticulture/Methods/Economic Entomology/pest ……	162122
	Pesticides/Agronomy/Pest Management/egg/pest ………	162207
	Radiation Biology/Biochemistry and Biophysics ………	163884
	Terrestrial Ecology/Pest Management/larva/pupa ………	157017
.		
.		
.		
wheat (Gramineae)		
	Agrichemicals/Agronomy/Development/grain crop ……	151658
	Agriculture/Biochemistry and Biophsics ………………	151679
	Agronomy/Agrichemicals/Terrestrial Ecology …………	151707
	Biochemistry and Biophysics/Methods/Foods …………	151724
	Biochemistry and Biophysics/Methods/Foods …………	151724
	Biochemistry and Biophysics/Soil Science …………	151750
	Biochemistry and Biophysics/Soil Science …………	151682
	Bioprocess Engineering/grain crop …………………	151748
	Development/Reproduction/Terrestrial Ecology ………	157036
	Infection/Biogeography/Toxicology/Methods/host ……	151683
	Infection/Epidemiology/grain crop …………………	151767
	Methods/Soil Science/grain crop ……………………	151733
	Pesticides/Infection/grain crop/host ………………	151725
	Soil Science/Models and Simulations ………………	151741
	Animal Husbandry/Enzymology/Nutrition/grain crop …	151829
	Biochemistry and Biophysics/Cell Biology ……………	152946
	Bioenergetics/grain crop ……………………………	153776

✣ = Fossil Taxa; N = New Taxa; R = Review Articles; ? = unlertain. Identification; D = Prug Affiliation

3.2.3　检索举例

1. 检索课题：CO_2 浓度对小麦棉铃虫生长发育和繁殖的影响。

2. 检索工具：《BA》2005，112(11)（见模拟件）。

3. 检索途径：(1)主题途径；(2)生物分类途径。

4. 检索步骤：

(1)主题途径

①分析课题，选择检索词：CO_2—carbon dioxide，小麦—wheat，棉铃虫—cotton bollworm (*Helicoverpa armigera*)，生长—growth，发育—development，繁殖—reproduction。

②分别以 carbon dioxide ，wheat ，cotton bollworm 或 *Helicoverpa armigera* 为检索入口词，在 SUBJECT INDEX 中查找，阅读其后面的相关词，得 157036 号文摘切题。

(2)生物分类途径

①分析课题，确定课题所涉及的小麦在生物分类学中的位置属于植物界(Plantae)，种子植物门(Spermatophyta)，被子植物亚门(Angiospermae)，单子叶植物纲(Monocotyledones)，禾本科(Gramineae)。

②使用生物分类索引前的 MAJOR TAXONOMIC CLASSIFICATIONS 和 HIERARCHICAL HEADINGS USED IN THE ORGANISM INDEX 逐级查找禾本科(Gramineae)在生物分类索引中的具体位置。

③按等级位置在生物分类索引中找到被子植物亚门(Angiospermae)，在其下找到单子叶植物纲(Monocotyledones)，再在其下找到禾本科(Gramineae)，向下找到 wheat，逐一浏览其下的每条索引款目，找到 157036 号文摘切题。

5. 检索结果：以上两种检索途径的检索结果均为 157036 号文摘，该条文献的题名为："高 CO_2 环境中生长的小麦对棉铃虫种群的影响"。其详细著录见模拟件。

3.3 《工程索引》(EI)

3.3.1 《EI》简介

美国《工程索引》(The Engineering Index)，简称《EI》，是一种大型的、综合性的文献检索工具，由美国工程索引公司(The Engineering Index Inc.，USA)编辑出版，创刊于1884年，已有120余年的历史了。由于EI年代久远，牌子较老，文献报道量大，引用了美国、日本、法国、德国、中国等几十个国家数十种文字出版的数千种科技期刊，及千余种世界范围的会议录、各种机构的论文集、学术专题报告以及科技图书、年鉴、标准等特种出版物。其内容包括：土木、能源、环境、地质学和生物工程；电气、电子学和控制工程；化学、采矿、冶金和燃料工程；机械、自动化、核能和航空航天工程；计算机、机器人学和工业自动化等。EI对工程技术各学科的纯基础理论方面的文献不作报道，对专利文献不收录。

EI本身是一种主题词索引，主题词下直接列出文摘和文献资料来源，把主题索引与文摘合而为一。《工程索引月刊》(The engineering index monthly)和《工程索引年刊》(The engineering index Annual)是我国读者最常使用的版本，年刊是月刊的汇编，因此在编排和著录格式上两者基本相同。

EI的结构：

(1)Table of Contents：此表为年刊所有。

(2)A Guide for Using the Engineering Index Monthly(Annual)：无论年刊还是月刊都有。此使用指南包括有EI的编排、定购等方面的说明。

(3)Acronyms，Initials and Abbreviations of Organization Names：年刊、月刊都有此表，为引用机构缩写与全称对照表。

(4)Abbreviations，Units and Acronyms：此表为年刊中所有。

(5)Abstracts(正文部分)：《EI》文摘部分即是它的主体部分，正文编排方式很独特，不同于一般的检索性文摘刊物，按学科类目编排，而是将文摘条目按主题词的字顺排列，犹如一部主题词典，简洁而便利。首先按主标题词的字顺排列，同一主标题词下再按副标题词的字顺排列。

著录格式如下：

①AGRICULTURAL MACHINERY

②**002822** ③**Kinematics analysis of grains in a rotary drum dryer.** ④On the basis of theoretical analysis of the forces applied to grains and moving locus of grains in a rotary drum dryer, residence time and contact heating time of grains in the dryer were calculated. The values of calculation conformed to the measured values. These results provided reliable foundation in theory and practice for further studying and improving the dryer. They also serve as references to other designers of similar type of dryer. (Author abstract)4 Refs. English.

⑤Ying, Yibin (Zhejiang Agricultural Univ. Zhejiang, China); jin, Juanqin. ⑥*AMA Agric Mech Asia Afr Lat Am* v31 n3 Summer 2000 Farm Mach Ind. Res Corp, Tokyo, Japan, P47-50.

说明:①主题词;②文摘号;③论文题目;④文摘;⑤著者及工作单位;⑥文献来源,包括刊名缩写、年、卷、期、出版者、出版地、起止页。

(6)Author Index(著者索引):EI 的著者索引是将所收录的著者姓名按字顺排列,每位著者姓名后列出文摘号。

(7)Subject Index(主题索引):1987 年以前,EI 的文摘部分就是主题索引。1987 年开始,EI 增设了主题索引,而取消了文摘部分的参见。主题索引按主题词字顺编排。最初主题词均选自美国工程信息公司(Engineering Information Inc.)编的《工程标题词表》(Subject Headings for Engineering,简称 SHE)。1990 年起 SHE 改称"EI Vocabulary",1992 年 9 月美国工程信息公司又编辑出版《工程信息叙词表》,收录叙词约 9 400 个,可参见的词 9 000 个,叙词可以是一个单词也可以是词组。主题索引中采用的主题词有两种,一种选自 EI 词表的叙词作主题词,另一种是非规范化的自由主题词。规范化的主题词取自于《工程标题词表》,1993 年以前的主题索引中的规范主题词分为一级和二级,分别用粗黑体的大写和小写印刷,而非规范化的自由词仅有一级,用细体大写印刷,1993 年起,主题词和自由词(实为关键词)一样,仅排一级,但主题词仍用粗黑体大写印刷,自由词仍用细体大写印刷。每篇文献可在不同的主题词下重复出现。这就给检索者提供了比利用文摘正文直接检索更为方便的检索途径。

月刊和年刊中主题索引的著录项目略有不同,月刊中仅著录主标题词、自由词和文摘号;年刊中除著录主标题词、自由词和文摘号外,还在主题词之下列出文献篇名作为说明语。

年刊中主题索引著录格式:

①AGRICULTURAL MACHINERY

③Kinematics analysis of grains in a rotary drum dryer. ④A002822
⑤M175372

月刊中主题索引著录格式:

①**AGRICULTURAL PRODUCTS** ⑤000247 000248

②AGRICULTURAL RIPARIAN ZONE 008495

②AGRICULTURAL ROBOTICS 002272

说明:①主标题词 ②自由词 ③文献题名 ④年刊文摘号 ⑤月刊文摘号。

3.3.2 《EI》模拟件

(1)模拟件采用了 EI 年刊(2000,Vol. 99),模拟了目录、文摘正文、著者索引和主题索引以及机构名称略语、首字母和缩略词表、缩写词、单位和略语表、出版物一览表、会议一览表的部分内容。

(2)检索举例能从模拟件上查到相应的答案,做习题时应查找原件。

THE ENGINEERING INDEX ANNUAL

2000 Volume99

Table of Contents

Acronyms, Initials and Abbreviations of Organization Names

The following list is presented to assist the user in identifying the organizations cited by acronym, by initials, or by abbreviation in the current publications of Engineering Information, Inc.

AACE
American Association of Cost Engineers

ACM
Association for Computing Machinery

ANSI
American National Standards Institute

APCA
Air Pollution Control Association

BCURA
British Coal Utilization Research Association

BHP
Broken Hill Proprietary

COMSAT
Communications Satellite Corporation

CONICET
Consejo Superior de Investigaciones Cientificas(Spain)

Abbreviations, Units and Acronyms

The following list is presented to assist the user in identifying the meaning of some of the abbreviation, units and symbols or acronyms appearing in the products and services of Engineering Information Inc.

A	degree absolute
A	Angstrom
Abs	absolute
ABS	acrylonitrile-butadiene-styrene
ac	alternating current
ADP	ammonium dihydrogen phosphate
ADP	automatic data processing
AF	audio frequency
afc	automatic frequency control
agc	automatic gain control
cgs	centimeter-gram-second
Ci	Curie
CI	compression ignition
cm	centimeter
cmil	circular mil
CN	cellulose nitrate
CN	cetane number
COBOL	common business orineted language
COD	chemical oxygen demand
colog	cologarithm
COMSTA	communications satellite

THE ENGINEERING INDEX ANNUAL-2000
ABSTRACTS

A

AGRICULTURAL MACHINERY

002822 Kinematics analysis of grains in a rotary drum dryer. On the basis of theoretical analysis of the forces applied to grains and moving locus of grains in a rotary drum dryer, residence time and contact heating time of grains in the dryer were calculated. The values of calculation conformed to the measured values. These results provided reliable foundation in theory and practice for further studying and improving the dryer. They also serve as references to other designers of similar type of dryer. (Author abstract)4 Refs. English.

Ying, Yibin (Zhejiang Agricultural Univ. Zhejiang, China); jin, Juanqin. *AMA Agric Mech Asia Afr Lat Am* v31 n3 Summer 2000 Farm Mach Ind Res Corp, Tokyo, Japan, P47-50.

AGRICULTURAL PRODUCTS

002827 Drying of agricultural produce in a greenhouse type solar dryer. A study was conducted to characterize the drying process in a greenhouse type solar dryer using either natural or forced ventilation. A 4m high circular black polyethylene stack. Attached to the dryer produced an air flow rate of 0. 1 m^3/s in the experimental dryer. A three-tier drying rack (1 m×1 m×2. 5 m) was installed in the greenhouse type solar dryer for multitiered drying of agricultural produce. Rewetted mustard was dried, both in the solar dryer natural ventilation and forced ventilation was faster than that in the open sun by about 20 and 45% respectively. The drying data were well represented by Page's drying equation ($r^2 = 0.6$ to 0. 93). The drying coefficients 'k' and 'n' in the equation could not be correlated well with drying environmental parameters in this field study. The capacity of the greenhouse type solar dryer varied between 391 (natural ventilation) to 4 861 kg/day (forced ventilation). (Author abstract) 27 Refs. English.

Manohar, K. R. (Collof Agricultural Engineering, Bapatla, India); Chandra, P. *Int Agric Eng J* v 9 n 3 2000 AAAE, Bangkok, Thailand, p139-150.

002830 Effects of drying conditions on selenium contents in some selenium-enriched vegetables. Some popular vegetables in southern China are very low in selenium(Se)(less than 0. 18/). The Se enrichment on these vegetables is very beneficial to the health of the local people. Drying and preserving Se-enriched vegetables can provide a novel and valuable food source. Preservation tests were conducted on sweet pepper, eggplant and cucumber enriched with Se by different drying methods of microwave, low-vacuum, heated airflow and high-vacuum after freezing and curves were developed for different drying temperatures. Effects of drying methods, initial selenium contents, sample moisture contents and blanching on keeping quality of Se-enriched sweet pepper bars are discussed. Finally Response Surface Methodology(RSM) was used to optimize the technology of drying under low-vacuum. (Author abstract) 17 Refs. English.

Min, Zhang (Wuxi Univ of Light Industry, Wuxi, China); Chunli, Li; Xiaolin, Ding. Int Agric Eng J v 8 n 4 1999 AAAE, Bangkok, Thailand, P197-211.

THE ENGINEERING INDEX ANNUAL-2000
AUTHOR INDEX

Each author's name appearing in this list is followed by Ei Abstract Number(s) which appear in sequential order in the body of the book. Guide numbers are provided at the top of the page to aid in the location of desired abstracts. The guide number at the top of the left hand page refers to the first abstract on that page; the guide number at the top of the right hand page refers to its last abstract.

Anthonis, J. , 002821, 168817
Bernier, T. , 002813, 117370
Greenlees, W. J. , 002814
Kathirvel, K. , 002818, 002824
Krokida, M. K. , 002826, 002828, 002829, 046589, 046593, 065739, 065808, 065849, 067478
Manohar, K. R. , 002827
Ying, Yibin. 002822

THE ENGINEERING INDEX ANNUAL-2000

SUBJECT INDEX

A

AGRICULTURAL MACHINERY

Kinematics analysis of grains in a rotary drum dryer.
A002822
M175372

Optimum settings for rotary tools used for on-the-row mechanical cultivation in cron. A002823
M052226

Power transmission loss in power tiller. A002824
M175371

AGRICULTURAL PRODUCTS

Compression analysis of dehydrated agricultural products.
A002826
M087316

Drying of agricultural produce in a greenhouse type solar dryer.
A002827
M135585

Effects of drying conditions on selenium contents in some selenium-enriched vegetables.
A002830
M034635

THE ENGINEERING INDEX ANNUAL-2000

Publications List-2000 Serial Publications

Serial Title	Abbreviation	CODEN	ISSN
AAC: Augmentative and Alternative Communication	AAC Augmentative Altern Commun	AAACEC	0743-4618
AACE International. Transactions of the Annual Meeting	AACE Int Trans Annu Meet	AACTAZ	0065-7158
ABB Review	ABB Rev	ABBREZ	1013-3119
Accident Analysis and Prevention	Accid. Anal. Prev.	AAPVB5	0001-4575

THE ENGINEERING INDEX ANNUAL-2000

Conferences covered in 2000

14th IFAC World Congress Beijing, China, Jul 5-9 1999, *Journal of Process Control*. Elsevier Science Ltd. (Conference Number 57227)

16th Annual Review of Progress in Applied Computational Electromagnetics (ACES 2000) *sponsored by* The Applied Computational Electromagnetics Society. Monterey, CA, USA, Mar 20-24 2000. *Annual Review of Progress in Applied Computational Electromagnetics*. Applied Computational Electromagnetics Soc. (Conference Number 56861)

1999 Bioengineering Conference *sponsored by* ASME. Big Sky, MT, USA, Jun 16-20 1999. *American Society of Mechanical Engineers, Bioengineering Division (Publication)* BED. ASME. (Conference Number 56790)

3.3.3 检索举例

《EI》主要利用作者姓名和主题词两种途径来进行检索。

(1)著者途径:作者姓名 → 作者索引 → 获得文摘号 → 阅读文摘 → 检索工程出版物索引 → 获得原文出处(全称) → 阅读原文。

(2)主题途径:分析主题 → 根据《工程主题词表》选用主题词 → 检索主题索引 → 获得文摘号 → 阅读文摘 → 检索工程出版物索引 → 获得原文出处 → 阅读原文。

主题检索途径是查找 EI 的主要检索途径,由于 1987 年前后 EI 的编排有所区别,所以使用时应区别对待。1987 年以前的 EI 文摘部分使用的主标题词和副标题词都由《工程主题词表》(SHE)进行规范,所以查阅 EI 的关键是要选择 SHE 规定的主题词。即在选主题词时必须与 SHE 核对,选择正确的主题词,并注意充分利用"see"、"see also"参照系统,扩大检索范围。

由于 1987 年起,增设了"Subject Index",且在"Subject Index"中所选用的主题词除了使用词表中规范化的主题词外,还增加了大量的自由主题词,因此使用 1987 年以后的 EI 查找文献时,可根据所查课题主要内容,直接查"Subject Index",从而减少对词表的依赖性。

1. 检索课题:在太阳房干燥器中农产品的干燥。

2. 检索工具:《EI》年刊 2000 Vol. 99。

3. 检索途径:主题途径。

4. 检索步骤:

(1)分析课题:根据课题内容确定主题词:农产品(Agricultural product)、干燥(dry)、太阳房(Solar greenhouse)、干燥器(Dryer)。

(2)核实主题词:查阅"工程主题词表(SHE)",可得规范化的主题词:AGRICULTURAL PRODUCT。

(3)检索标志:Agricultural product,Dryer。

①首先在文摘正文中直接查找:以 Agricultural product 作为主题词,按字顺在文摘正文中查找,其下有 12 篇文献,切题文献 1 篇,文摘号为 002827。

②利用主题索引查找:按字顺在主题索引中查找到 Agricultural product,其下有文献 32 篇,切题文献一篇,文摘号为 002827。根据文摘号到正文中查看,同样找到切题文献。

5. 检索结果:查到该篇文献篇名为:**Drying of agricultural produce in a greenhouse type solar dryer**,其中文含义为"温室型太阳干燥器中农产品的干燥",著者为 Manohar, K. R. ,Chandra,P. ,原文为英文,根据文献出处即:Int Agric Eng J v 9 n 3 2000 AAAE, Bangkok, Thailand, p139-150. 利用 Publication List 查出刊名全称为 International Agricultural Engineering Journal,查阅馆藏,索取原文。

3.4 实习题

3.4.1 CABI 实习题

1. 注明下列各著录项目

(1) ①**3017** ②GUTIÉRREZ, S.; MUTUEL, D.; GRARD, N.; CERUTTI, M.; LóPEZ—FERBER, M. ③**The deletion of the pif gene improves the biosafety of the baculovirus—based technologies.** ④*Journal of Biotechnology* (2005) **116** (2) 135-143 ⑤oxford, UK; Elsevier ⑥[En, 36ref.] ⑦ Laboratoire de Pathologie Comparée, INRA UMR1234, CNRS FRE2689, Université de Montpellier Ⅱ, 30380 Saint-Chris-Tol-les-Alès, France, Email: lopez@ensam. inra. fr

⑧Our goal was…

①　　②　　③　　④

⑤　　⑥　　⑦　　⑧

(2) ①**1261** ②**BANDA S., L. DEL C.; CORREDOR P., D.; CORREDOR S. G.** ③[**The effect of the association of watermelon (*Citrullus lanatus*) with corn (*Zea mays*) on the population and damage caused by three insects pests and the yield of those crops in Ciénaga Grande de Lorica, Córdoba.**] ④Efećto de la asociación patilla (Citrullus lanatus) con maíz (Zea mays) sobre la poblacióny el daño causado por tres insectos plaga y el rendimiento de estoscultivos en la Ciénaga Grande de Lorica, Córdoba. ⑤*Revista Colombiana de Entomología* ⑥(2004) 30 (2) 161-169 ⑦Bogotá. Colombia, Sociedad Colombiana de Entomologia (SOCOLEN) ⑧[Es, en, 16ref.] ⑨Area Fitoprotección Integrada, Facultad de Agro-nomíam, Universidad Nacional de Colombia, Bogotá, Kra 76A No. 7C-69, Barrio Castilla, Colombia. Email: laguandio@yahoo. com

⑩In order to ……

①　　②　　③　　④　　⑤

⑥　　⑦　　⑧　　⑨　　⑩

(3) ①**3018** ②H U JIAN JUN; ZHANG YUNZHE; LU MENGZHU; ZHANG JIANGUO; ZHANG SHOUGONG ③[Transgene stabilityof transgenic Populus nigra and its effects on soil microorganism.] ④*Scientia Silvae Sinicae* ⑤(2004) 40 (5) 105-109 ⑥Beijing, China; Chinese Academy of Forestry ⑦[Ch, en, 24 ref.] ⑧Research Institute of Forestry, CAF, Key Laboratory of Forest Silviculture of the State Forest Administration, Beijing 100091, China.

⑨Using PCR Technology, the gene stability of transgenic *Popu—lus nigra* with *Bacillus thuringiensis* (BT) …

①　　②　　③　　④　　⑤

⑥　　⑦　　⑧　　⑨

(4) ①**3016** ②FU, D. L.; TISSERAT, N. A.; XIAO, Y. M.; LIANG, G. H. ③**Genetically modified turfgrass: a critical review.** ④In Recent Research Development in Genetics & Breed-

ing. Vol. 1, part Ⅱ ⑤[Edited by Pandalai, S. G.] ⑥Trivandrum, India; Research Signpost (2004) 317-347 ⑦ISBN 81-7736-218-6 ⑧[En, 234ref.] ⑨Department of Agronomy, Kansas State University, Manhattan, KS 66506-5501, USA, Email: gliang@bear. agron. ksu. edu

⑩Although traditional breeding has been Contributing …

① ② ③ ④ ⑤

⑥ ⑦ ⑧ ⑨ ⑩

2. CABI 各文摘检索实习题

(1)《土壤与肥料》(Soils and Fertilizers)

①辽宁省几种主要类型土壤持水特性研究

②森林土壤中的有机硫化物及其污染

③维生素肥研制及其在多种作物上应用研究

④干旱河谷普通栽培的土壤适宜性研究

⑤氮、磷、钾对苹果品质的影响

(2)《植物病理学评论》(Review of Plant Pathology)

①荧光细菌对纹枯病拮抗作用机制研究

②果树根腐病防治研究

③诱导突变对小麦遗传特性的影响

④玉米对大小斑病的抗性研究

⑤小麦白粉病的危害及防治

(3)《林业文摘》(Forestry Abstracts)

①国内外风景游憩林抚育研究进展

②立体视觉技术在森林资源调查中的应用

③GPS 在森林资源清查中的应用

④东北红豆杉休眠机理与解除技术探讨

⑤采伐对森林土壤的影响

(4)《大田作物文摘》(Field Crop Abstracts)

①水稻无公害栽培的生理学机理及其调控机制研究

②钾高效玉米自交系遗传规律研究

③棉花生长中对硼、锌、铜的吸收需求

④锌元素对大豆生长的影响

⑤水分对马铃薯生长的影响

(5)《园艺学文摘》(Horticulture Abstracts)

①葡萄栽培的土壤适宜性研究

②砧木对西瓜果实糖代谢及相关酶活性的影响

③梅花花色色素种类和含量的初步研究

④设施园艺覆盖材料保温性能研究

⑤苹果冷藏技术

(6)《农业昆虫学评论》(Review of Agricultural Entomology)

①棉花病虫害综合防治技术研究

②玉米螟对玉米生长的影响及防治措施

③小麦蚜虫的危害及防治

④白菜害虫的化学防治

⑤昆虫对有毒化学物质的分子适应及其机理

(7)《植物育种文摘》(Plant Breeding Abstracts)

①应用转基因技术进行水稻的高产、优质、抗病虫及抗逆的研究

②优质、抗病、丰产早熟陆地棉新品种选育

③马铃薯良种繁育和优质高效生产技术研究

④高粱杂交育种技术

⑤小麦耐寒性品种的选育

3.4.2 《BA》实习题

1. 牛血浆中游离钙的研究
2. 豆科植物虫害的生物防治
3. 小麦水分渗透胁迫研究
4. 梨组织培养方法
5. 农药对土壤呼吸强度的影响
6. 豆奶加工新工艺
7. 中国豚草化学成分的研究

3.4.3 《EI》实习题

1. 旋转式滚筒干燥器中谷物的运动学分析
2. 耕种机在动力传送中的损失
3. 脱水农产品的比较
4. 农产品的干燥
5. 富含硒的蔬菜中干燥条件对硒含量的影响
6. 渗透脱水对水果颜色和着色特性的影响
7. 电力系统智能控制
8. 温室结构设计可靠性研究
9. 节水灌溉技术
10. 电子计算机在食品工业中的应用
11. 农业机械维修
12. 农业自动化系统研制与开发

第 4 章　国内数据库

【实习目的、要求】了解数据库收录文献的内容范围，掌握数据库提供的检索功能，并能熟练的根据需要从数据库中准确、高效的检索到相关文献，独立地完成检索课题。

4.1　中文科技期刊数据库

《中文科技期刊数据库》源于重庆维普资讯有限公司 1989 年创建的《中文科技期刊篇名数据库》，是目前国内数据量最大的综合性全文库。收录数据起始于 1989 年，1999 年以前收录期刊 7 000 种，且以科技期刊、题录数据为主；2000 年后收录期刊达 12 000 多种，并且增加了全文的数据。几乎包括国内全部期刊，另外还收录部分港台期刊(其中还包括一些中文期刊的英文版，如：《中华创伤杂志英文版》、《世界胃肠病学杂志英文版》、各大学学报的英文版等)。学科范围涵盖自然科学、工程技术、农业科学、医药卫生、经济、教育和图书情报等，刊载 1 400 多万篇文献，并以每年 300 万篇的速度递增。

进入“维普资讯网”(http://neu.cqvip.com/index.asp)首页(图 4-1)，《中文科技期刊数据库》全文版的主要检索方式有：快速检索、传统检索、高级检索、分类检索、期刊导航。

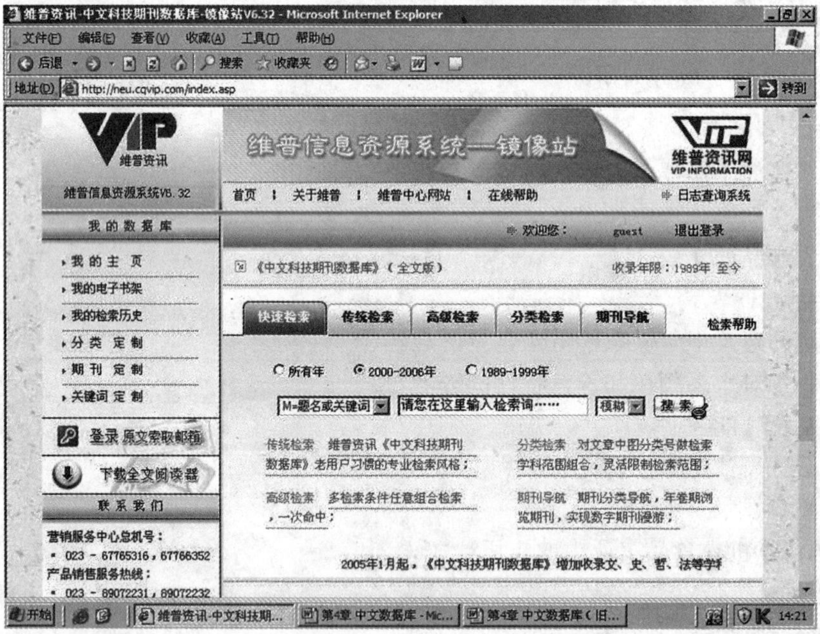

图 4-1　维普资讯网首页

4.1.1　快速检索

登录“维普资讯网”首页后，直接在文本框中输入需要检索的内容，单击搜索即可，操作过程简单快捷。以检索“番茄反季节栽培”为例，在输入框中输入检索词“番茄”，确定检索年限“2000—2006 年”，选择检索字段“题名或关键词”，点击搜索(图 4-2)。

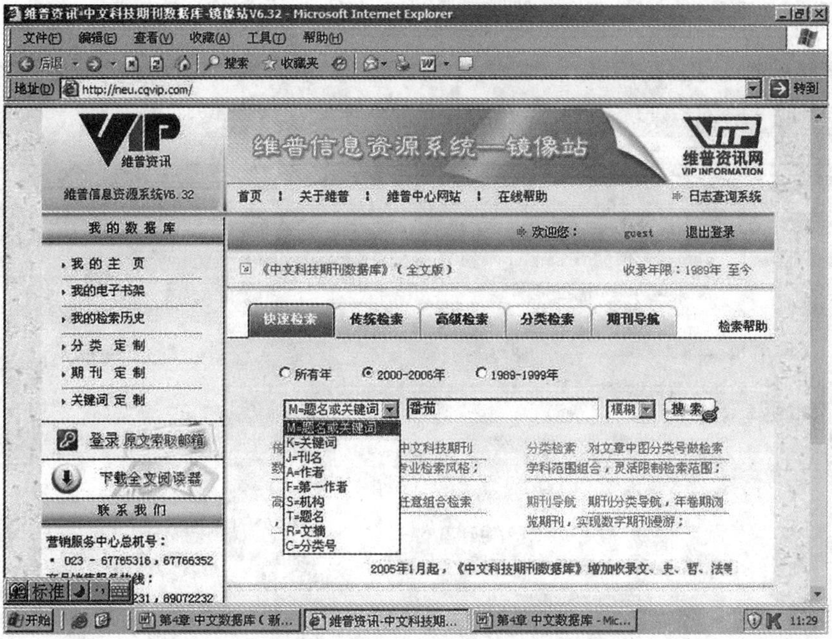

图 4-2　检索举例之步骤一

在结果显示页面，显示检索到的文章列表。可实现文摘、全文的查看或下载功能。还可以在下面选择重新检索、在结果中检索、在结果中添加、在结果中去除等二次检索项。如：在“番茄”的结果中搜索“反季节”，可在检索框中输入“反季节”，选中“在结果中搜索”，点击“搜索”（图 4-3）。

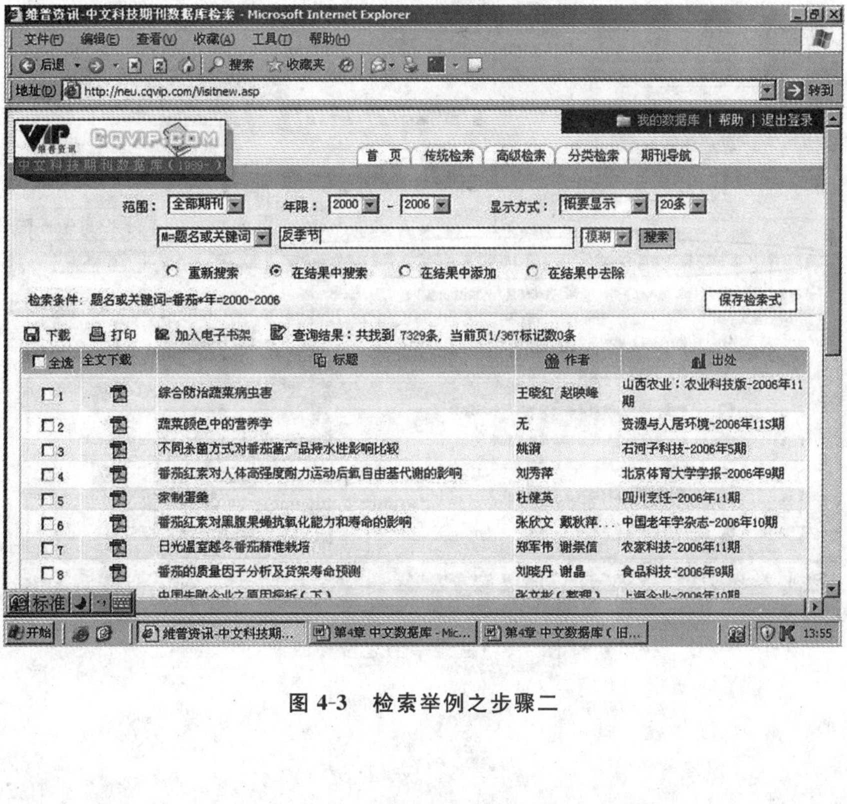

图 4-3　检索举例之步骤二

得到“番茄反季节”查询结果 38 条，再“在结果中搜索”——“栽培”(图 4-4)。

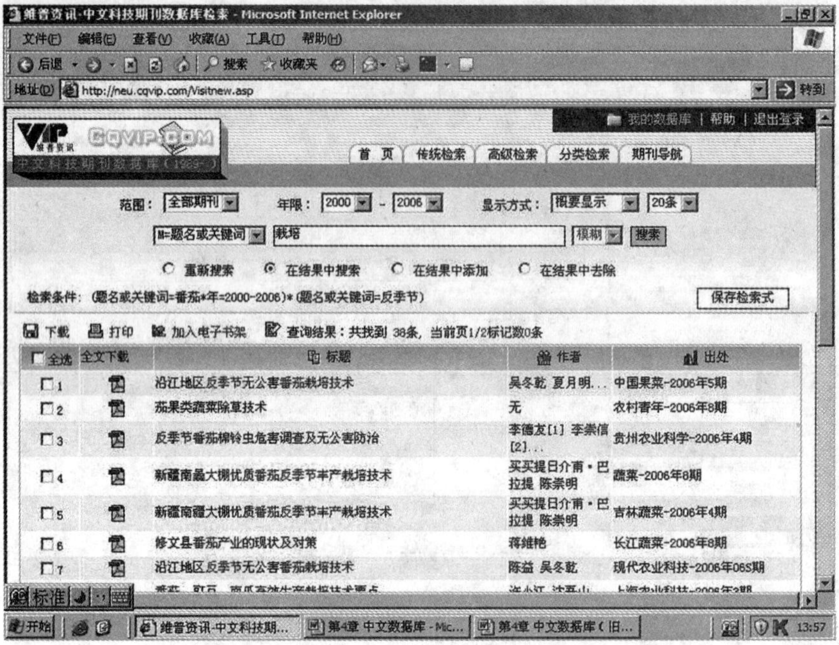

图 4-4　检索举例之步骤三

得到“番茄反季节栽培”的查询结果 31 条(图 4-5)。

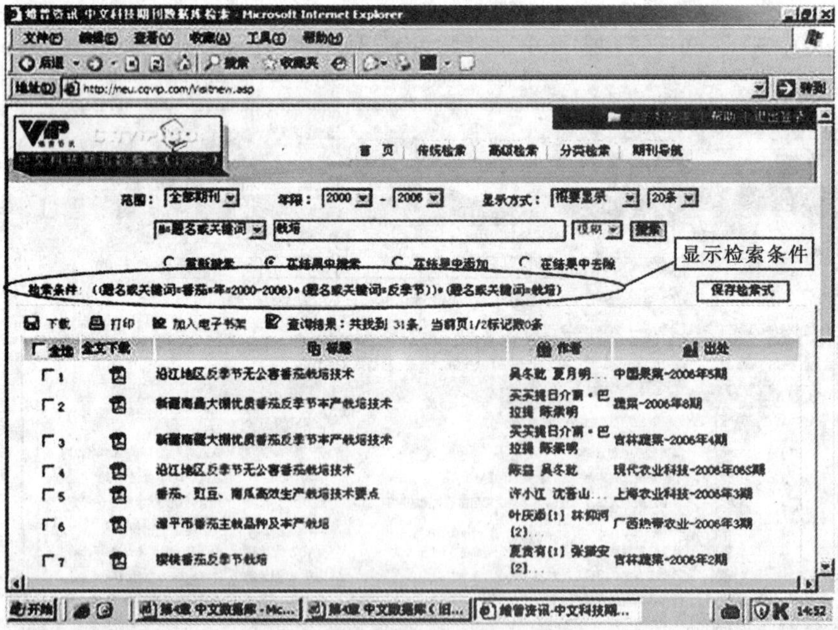

图 4-5　检索举例之步骤四

4.1.2　传统检索

传统检索是《中文科技期刊数据库》老用户习惯的专业检索界面(图 4-6)。

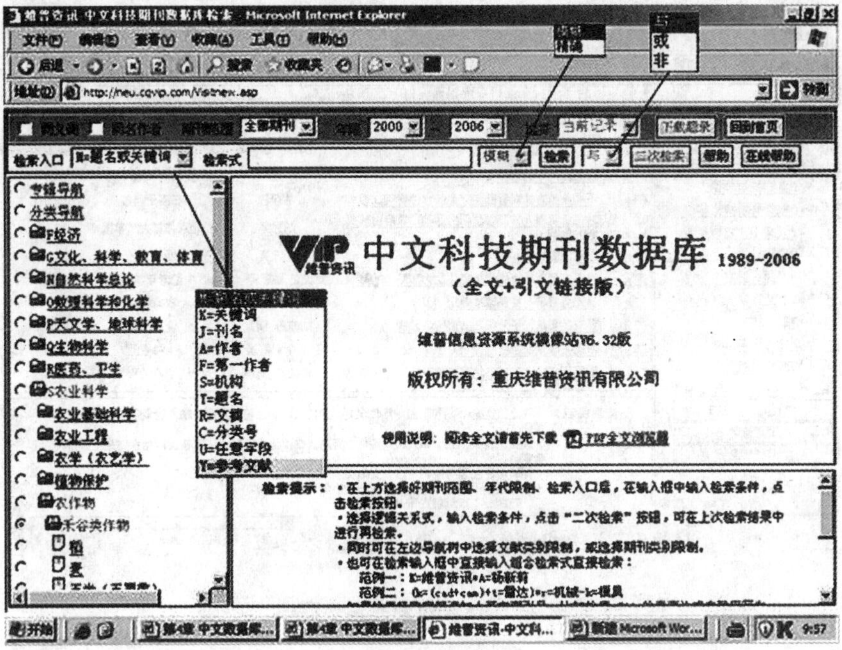

图 4-6　传统检索

(1)选择检索入口:传统检索提供 10 种检索入口:题名或关键词、关键词、刊名、作者、第一作者、机构、题名、文摘、分类号、任意字段,用户可根据自己的实际需求选择检索入口、输入检索式进行检索。

(2)限定检索范围

①学科类别限制:专辑导航——专辑导航以数据库七大专辑为树形结构展开,用户可根据需求将检索范围限定在某一特定专辑;分类导航——参考《中国图书馆分类法》(第四版)进行分类,每一个学科分类都可以按树形结构展开,利用导航缩小检索范围,进而提高查准率和查询速度。例:查找“水稻”的文献,可以在“农业科学”→“农作物”→“禾谷类作物”→“稻”类中进行查找。

②数据年限限制:数据收录年限从 1989 年至今,检索时可进行年限选择限制(如:选择从 1989 年到 2004 年)。

③期刊范围限制:包括全部期刊、核心期刊和重要期刊 3 种,用户可以根据检索需要来设定合适的范围以获得更加精准的数据。

(3)匹配方式:在选择关键词、作者、第一作者、分类号字段时可选择模糊或者精确检索。

(4)二次检索:用户一次检索的检索结果中可能会遇到检索结果不理想的情况,这时就可以考虑采用二次检索。二次检索是在一次检索的检索结果中运用“与”、“或”、“非”进行再限制检索,以得到理想的检索结果。

如:检索番茄反季节栽培,首先在检索入口菜单中选择题名或关键词,在检索式输入框中输入番茄,然后点击检索(图 4-7)。

图 4-7 传统检索举例步骤一

在番茄 7329 条检索结果中，输入“反季节”，选择逻辑“与”，点击二次检索，查到 38 条结果（图 4-8）：

图 4-8 传统检索举例步骤二

在“番茄反季节”的结果中，再二次检索“栽培”，查到 31 条“番茄反季节栽培”检索结果(图 4-9)。

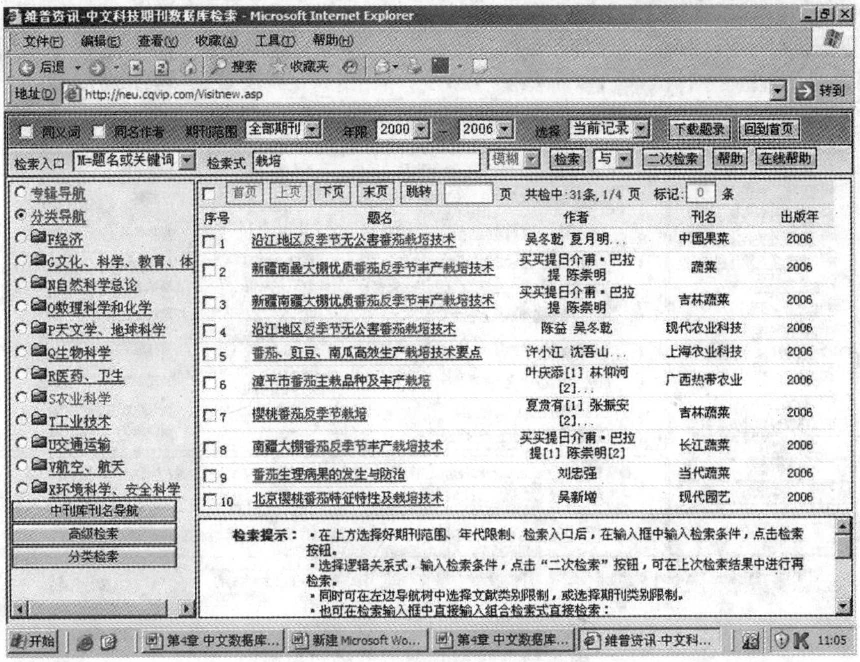

图 4-9 传统检索举例步骤三

(5)逻辑组配：在检索中可运用“与”、“或”、“非”进行限制检索，其目的是缩小或者扩大检索范围，最终得到期望的检索结果。在维普数据库中，“与＝ *”、“或＝ ＋”，但是“非”不能用“—”，因为它易与英文的连字符混淆，可以采用二次检索来实现逻辑非的功能。

如：检索番茄反季节栽培，首先在检索入口菜单中选择题名或关键词，在检索式输入框中输入检索式：番茄 * 反季节 * 栽培，然后点击检索。得到 31 条检索结果，与使用二次检索逐步限定得到的检索结果相同(图 4-10)。

传统检索还支持不同字段的逻辑组配，如图 4-11 所示，查找作者是夏月明的番茄反季节栽培文章，在检索词前需加字段代码，即在检索式输入框中输入：A＝夏月明 * M＝番茄 * M＝反季节 * M＝栽培。

(6)同义词：如图 4-12 所示，勾选页面左上角的同义词，输入检索式“番茄”，点击“搜索”，即可找到番茄的同义词或近义词，再勾选西红柿，点击确定，系统即进行“番茄＋西红柿”的检索。

得到 8 366 条检索结果，比只输入番茄的检索结果 7 329 条获得了更多的检索结果(图 4-13)。

(7)同名作者：如图 4-14 所示，勾选页面左上角的同名作者，选择检索入口为作者，输入检索式“李天来”，点击搜索，即可找到以李天来为作者名的作者单位列表，用户可以选择作者单位来限制同名作者范围。为了保证检索操作的正常进行，系统对该项进行了一定的限制，最多勾选数据不超过 5 个。

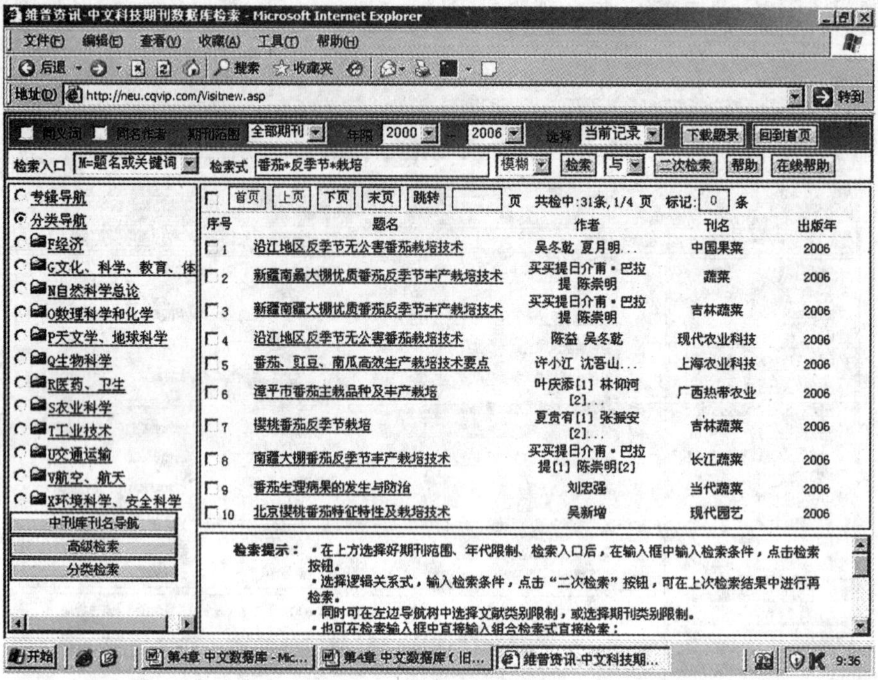

图 4-10 传统检索中的逻辑组配

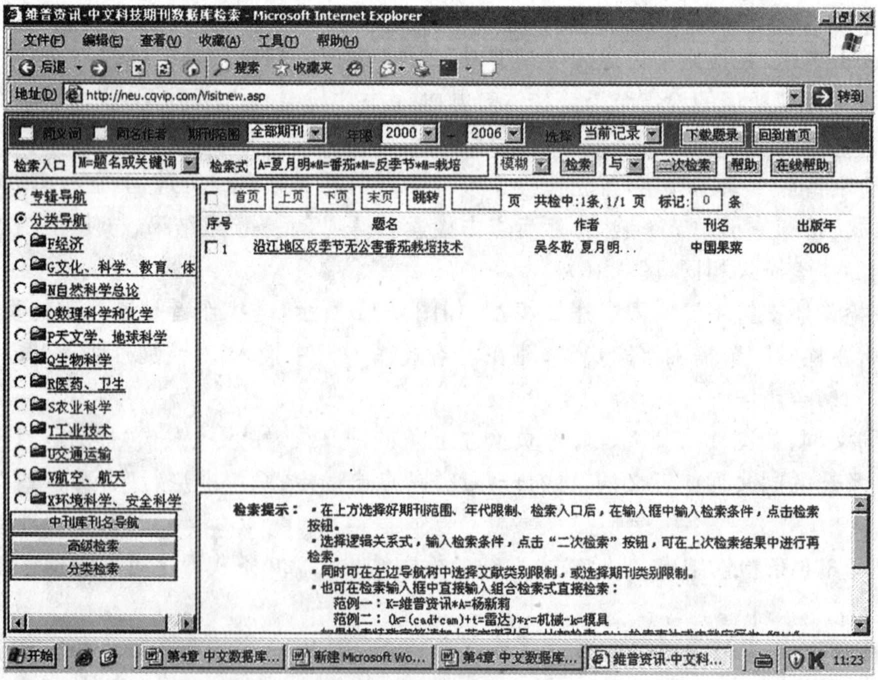

图 4-11 传统检索中的不同字段的逻辑组配

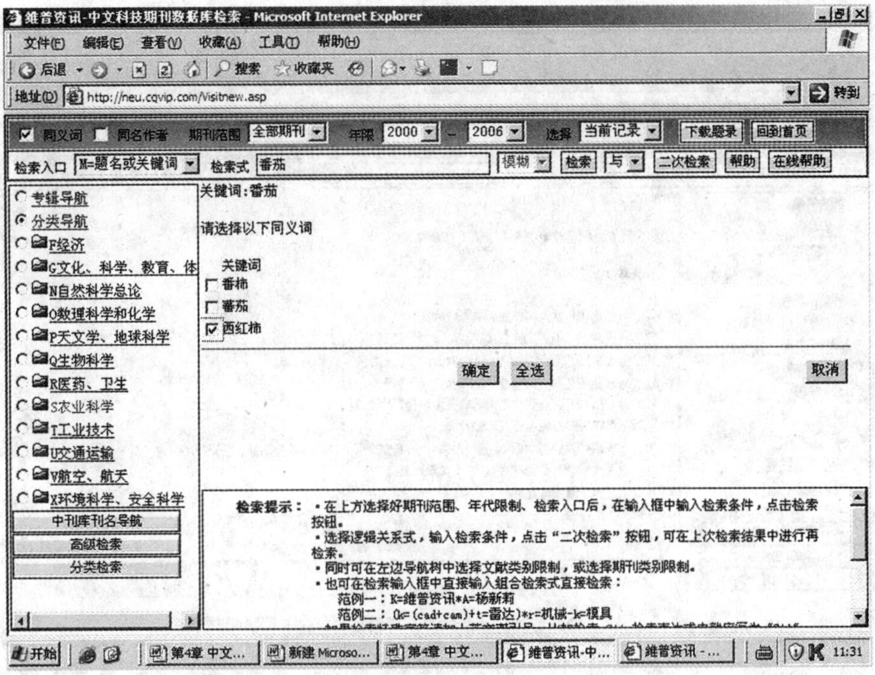

图 4-12 传统检索中的同义词检索

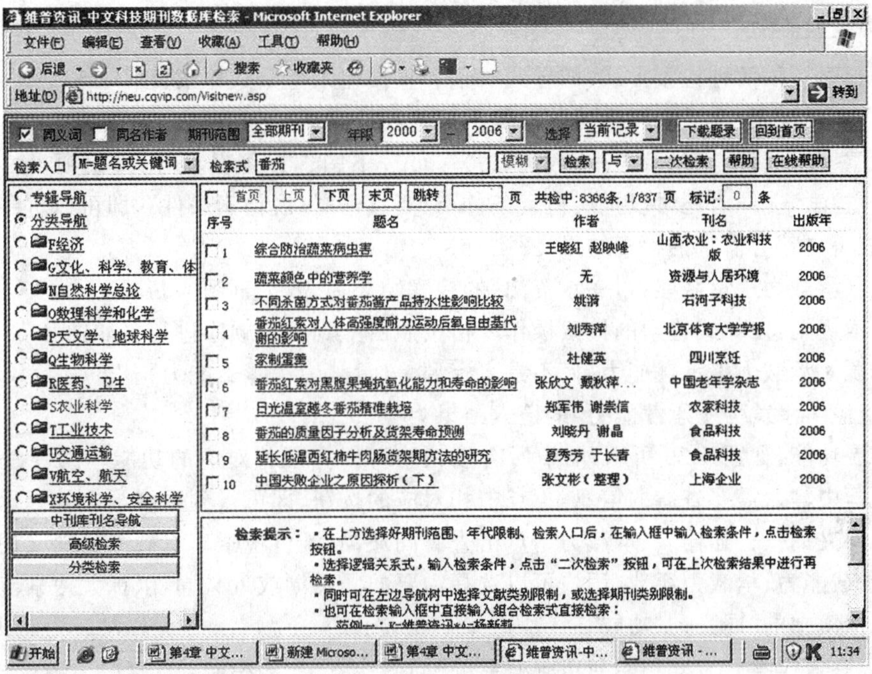

图 4-13 传统检索中的同义词检索结果示例

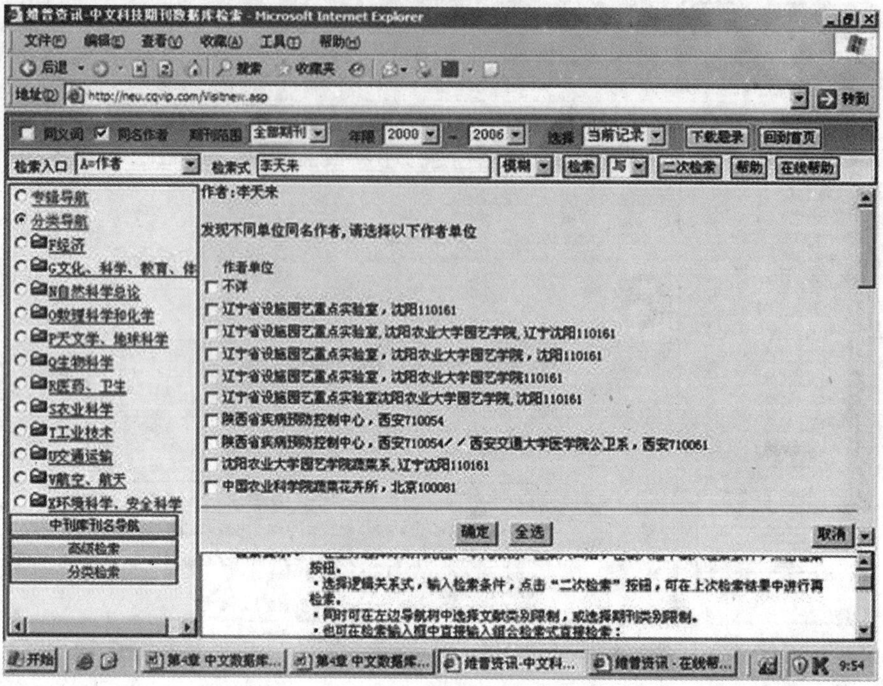

图 4-14 传统检索中的同名作者检索

4.1.3 高级检索

高级检索提供两种检索方式:向导式检索和直接输入检索式检索(图 4-15)。

(1)向导式检索:向导式检索为读者提供分栏式检索词输入方法。

如检索:“水资源 *(承载力+承载能力)”,可按下图选择逻辑算符、检索项,输入检索词,然后点击“检索”。同时还可以扩展检索条件,只要点击“扩展检索条件”,即可以进一步减小搜索范围,获得更符合需求的检索结果(图 4-16)。

得到“(承载力+承载能力) * 水资源”的检索结果为 381 条(图 4-17)。

①检索规则:向导式检索的检索操作严格按照由上到下的顺序进行。如图 4-18 的运算顺序为水资源 * 承载力+承载能力,而不是水资源 *(承载力+承载能力)。

“水资源 * 承载力+承载能力”的检索结果为 1 891 条。

②扩展功能:如图 4-20 所示,图中所有按钮均可以实现相对应的功能。读者只需要在前面的输入框中输入需要查看的信息,再点击相对应的按钮,即可得到系统给出的提示信息。

查看同义词——如输入“承载力”,点击查看同义词,既可检索出承载力的同义词:承接力、承压力、承载能力、承载力系数,用户可以选择需要的同义词或近义词,以扩大搜索范围。此功能同传统检索中的“同义词”功能。

同名/合著作者——此功能与传统检索的“同名作者”功能相同。

查看分类表——用户可以直接点击按钮,会弹出分类表页,操作方法同“分类检索”。

查看相关机构——如输入“沈阳农业大学”,点击查看相关机构,即可显示与沈阳农业大学相关的机构名称列表。为了保证检索操作的正常进行,系统对该项进行了一定的限制:最多勾

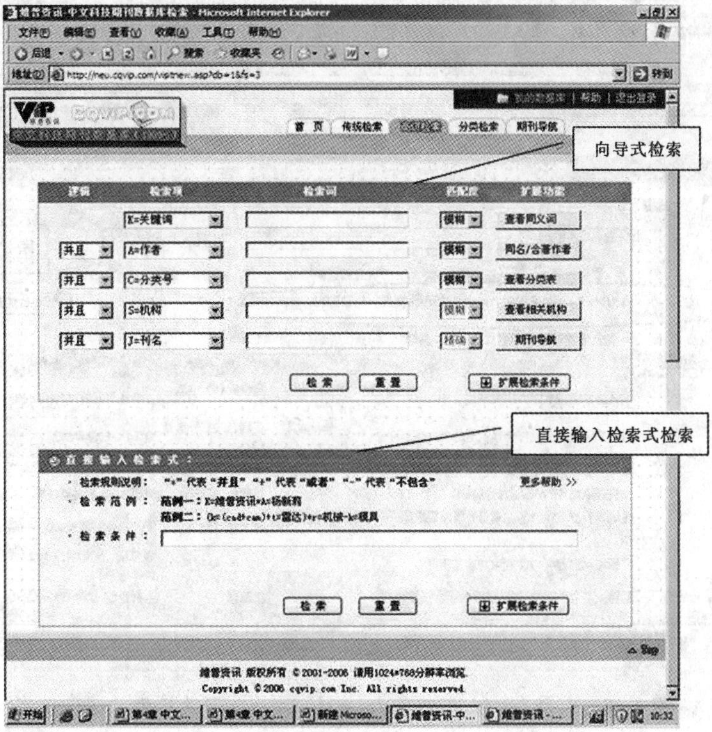

图 4-15　高级检索

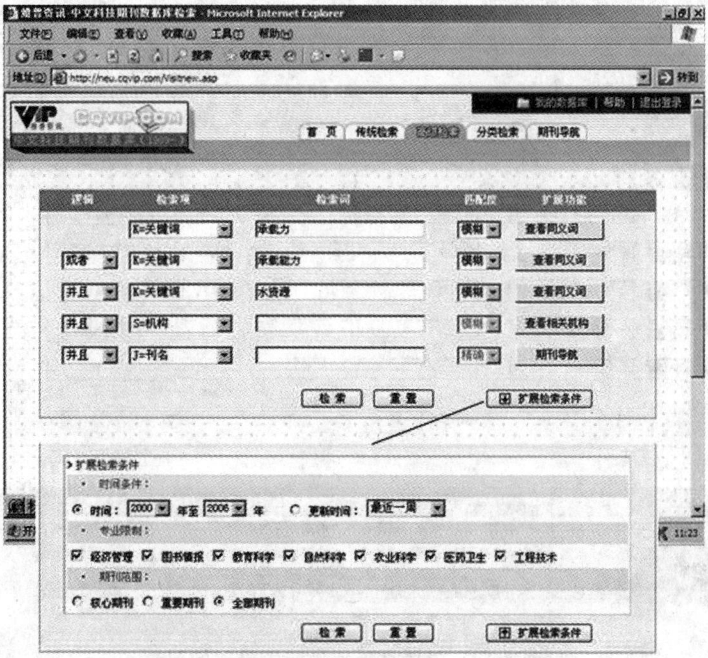

图 4-16　向导式检索

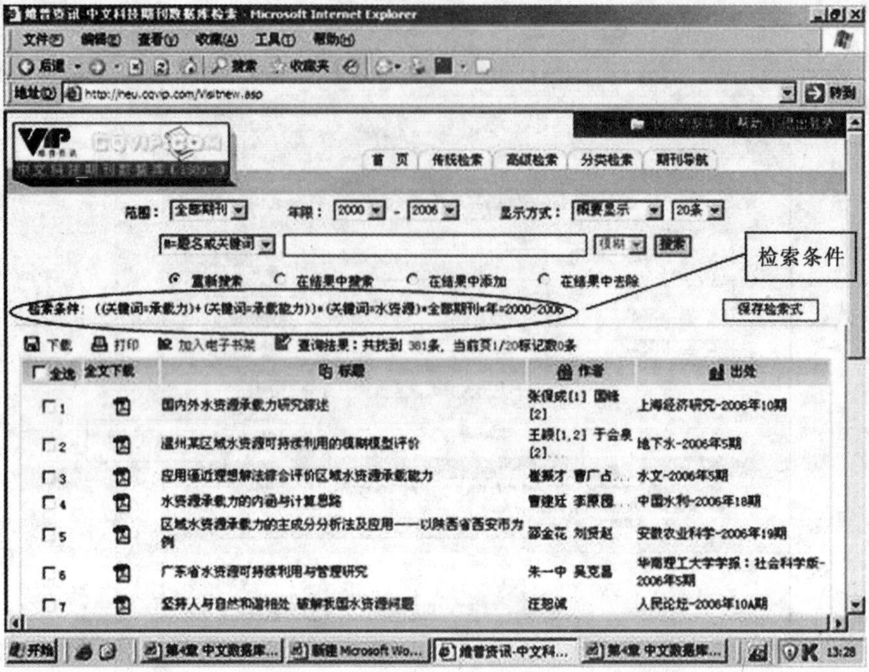

图 4-17 “(承载力+承载能力)＊水资源”向导式检索结果示例

图 4-18 向导式检索的检索操作顺序

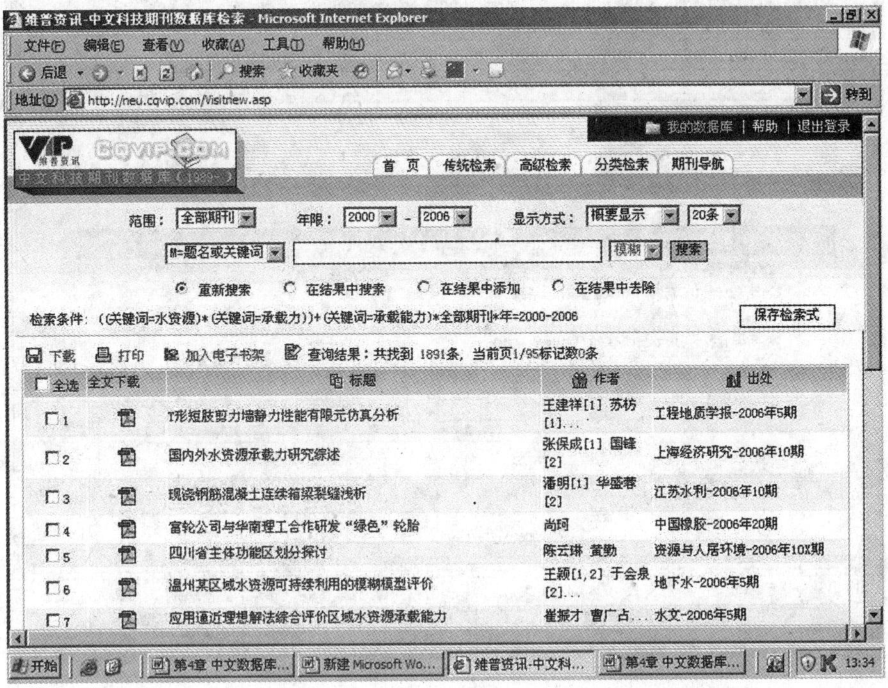

图 4-19　“水资源 * 承载力＋承载能力”向导式检索结果示例

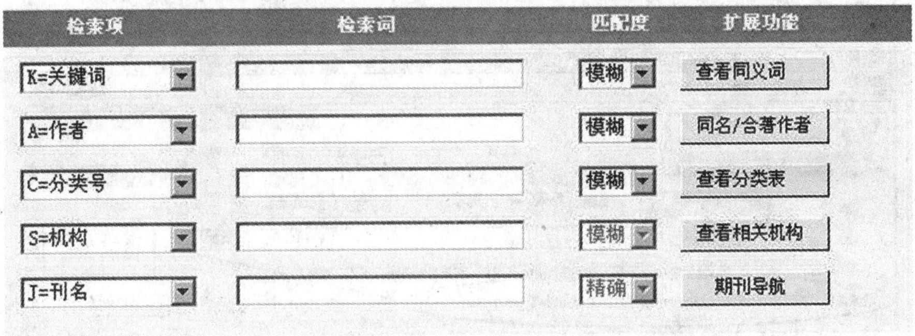

图 4-20　向导式检索的扩展功能

选数据不超过 5 个。

期刊导航——用户可以直接点击按钮，进入期刊导航检索页面，操作方法同“4.1.5 期刊导航”。

(2)直接输入检索式检索：用户可在检索框中直接输入逻辑运算符、字段标识等，点击“扩展检索条件”，并对相关检索条件进行限制后，点击“检索”按钮即可。如检索“水资源承载力”的文献，可在检索条件输入框中输入检索表达式：K＝水资源 *（承载力＋承载能力），然后点击检索(图 4-21)。

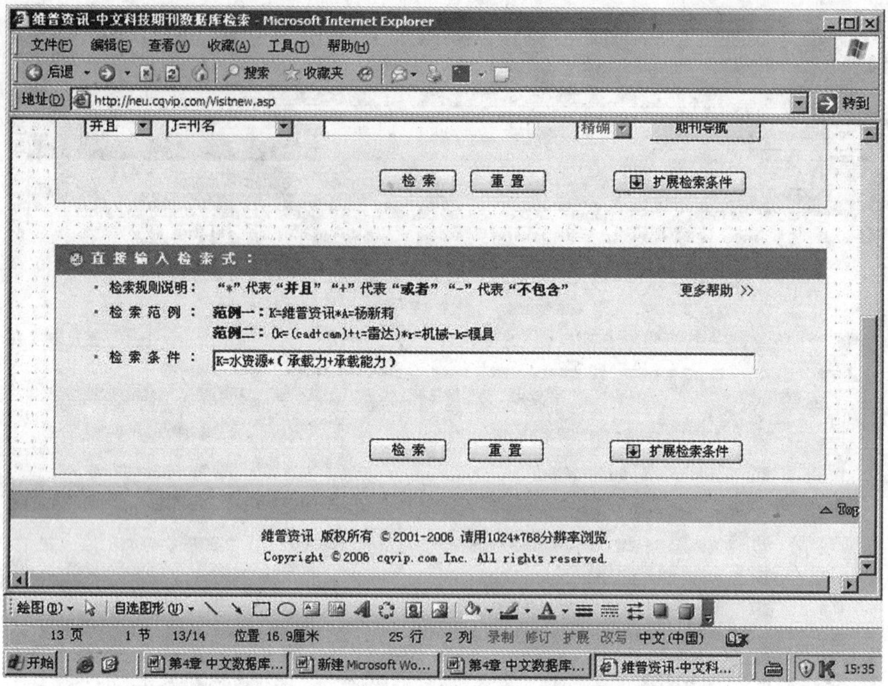

图 4-21 直接输入检索式检索

与图 4-17"(承载力＋承载能力)＊水资源"的检索结果完全相同(图 4-22)。

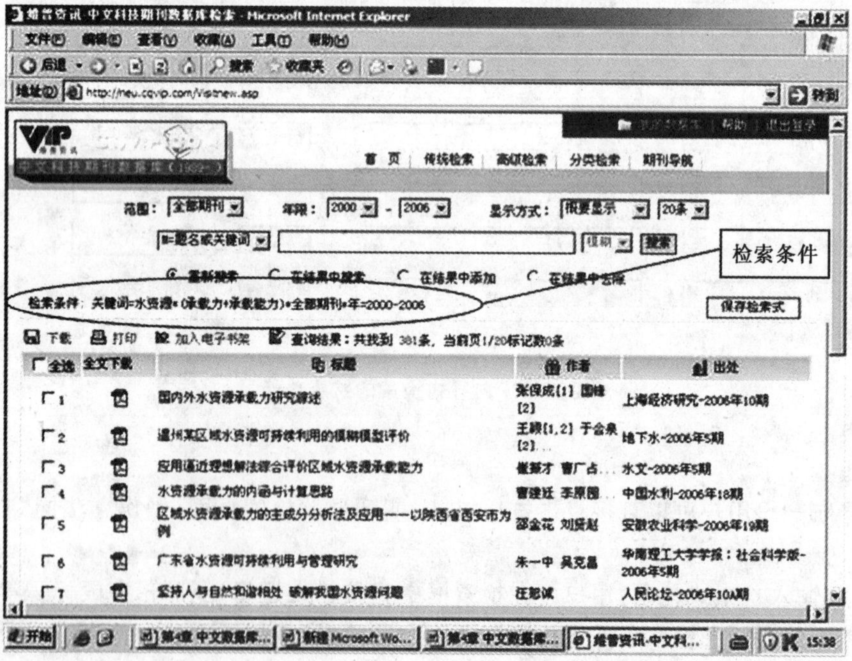

图 4-22 "(承载力＋承载能力)＊水资源)"直接输入检索式检索结果示例

在直接输入检索式检索中，检索的优先级别是：先括号内后括号外，括号“()”不能作为检索词进行检索。无括号时逻辑与“ * ”优先。

当检索式输入有错时，检索后会出现“查询表达式语法错误”的提示，看见此提示后请使用浏览器的【后退】按钮返回检索界面，重新输入正确的检索表达式。

4.1.4　分类检索

分类检索相当于提前对搜索结果做个限制，用户在搜索前可以对文章所属性质做限制。

如在植物保护中，检索有关基因的文献。首先点击“S 农业科学”，可扩展出若干下位类，勾选“S4 植物保护”，点击添加删除按钮中的 >> ，即可将“S4 植物保护”添加到页面右侧的“所选分类”之中 。如果要取消所选的分类，可使用双击或添加删除按钮中的 << 来删除不需要的分类限制。然后在页面下方的搜索框中输入关键词“基因”，点击搜索，页面自动跳转到检索结果页(图 4-23)。

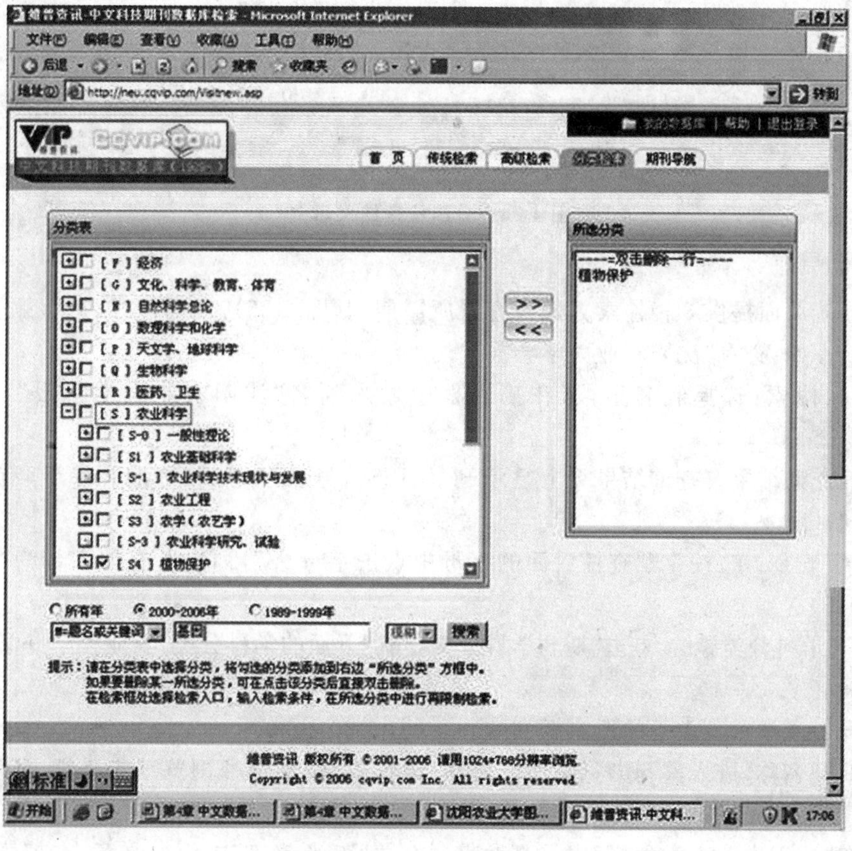

图 4-23　分类检索

检索结果如图 4-24 所示。

分类检索与传统检索中的分类导航的区别在于，分类检索可以同时选择几个类目，所选择的类目之间做逻辑或运算。而分类导航检索只能选择一个类目。

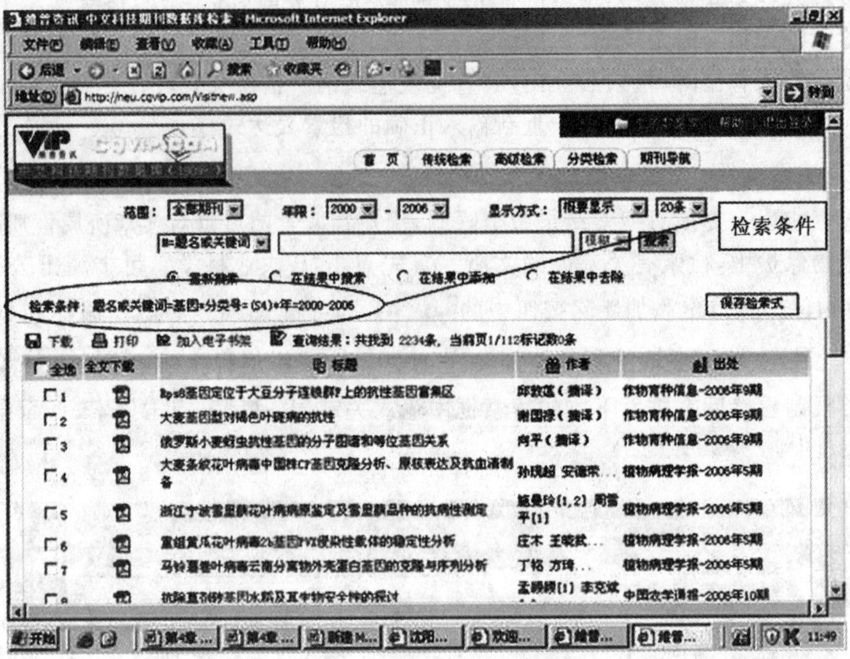

图 4-24 分类检索结果示例

4.1.5 期刊导航

期刊导航页面提供 3 种检索方式来查看所需期刊(图 4-25):期刊搜索、按字顺查、期刊学科分类导航。如:查看“沈阳农业大学学报”。

(1)期刊搜索:选择刊名字段,在输入框中输入刊名“沈阳农业大学学报”,点击查询(图 4-26)。

得准确查询结果。查询结果页上显示刊名、ISSN 号、CN 号、核心期刊标记(有★标记的为核心期刊)(图 4-27)。

(2)按字顺查:在“按字顺查:”后面的字母中点击字母“S”,列出所有首字母为“S”的期刊名称(图 4-28)。

(3)期刊学科分类导航:点击“期刊学科分类导航”下面的学科分类:农业科学→学报及综合类(图 4-29)。

即可列出该学科分类下的所有期刊的刊名(图 4-30)。

点击期刊名称,进入整刊浏览页面。可在“浏览本刊”中选择浏览某年某期,或者直接“在本刊中检索”(图 4-31)。

如查询“沈阳农业大学学报”中是否发表过有关“玉米栽培”方面的文章,在搜索框中输入“玉米栽培”,点击检索(图 4-32)。

得检索结果如图 4-33 所示。

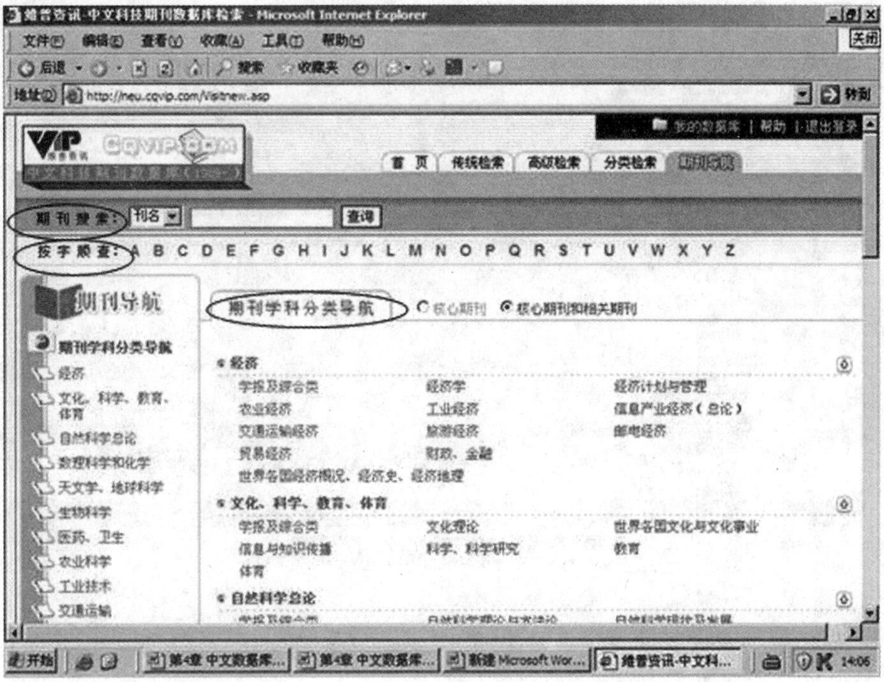

图 4-25　期刊导航

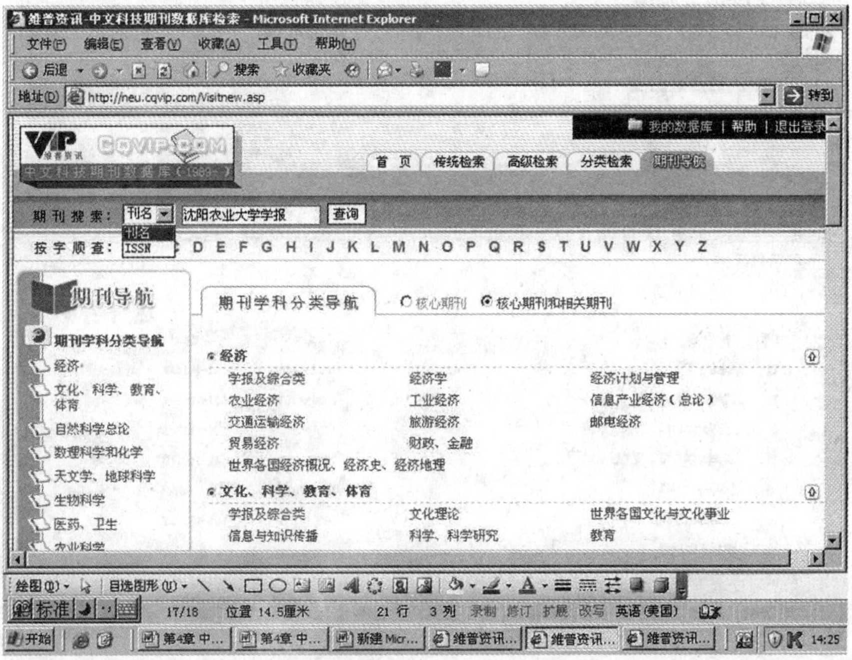

图 4-26　期刊搜索界面

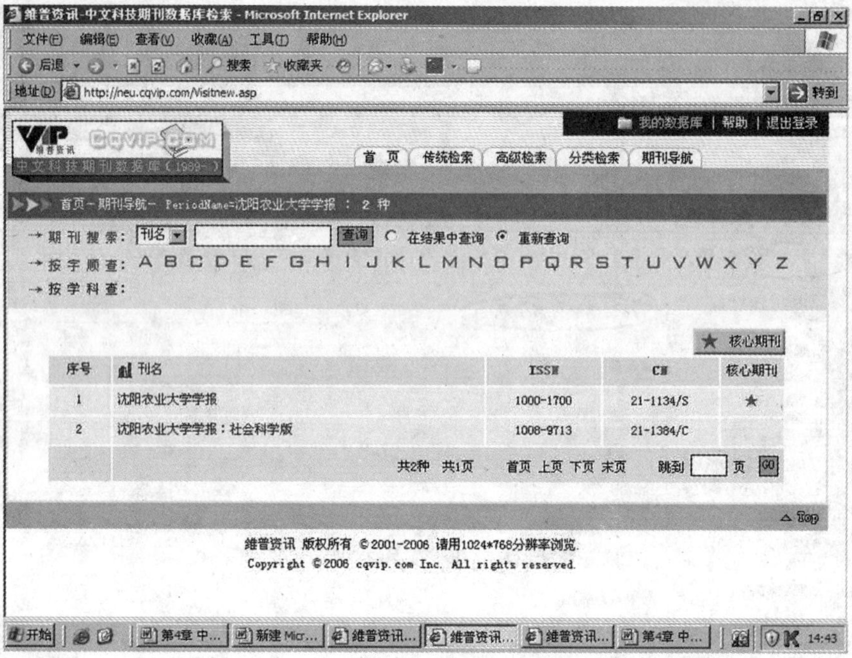

图 4-27 期刊搜索结果示例

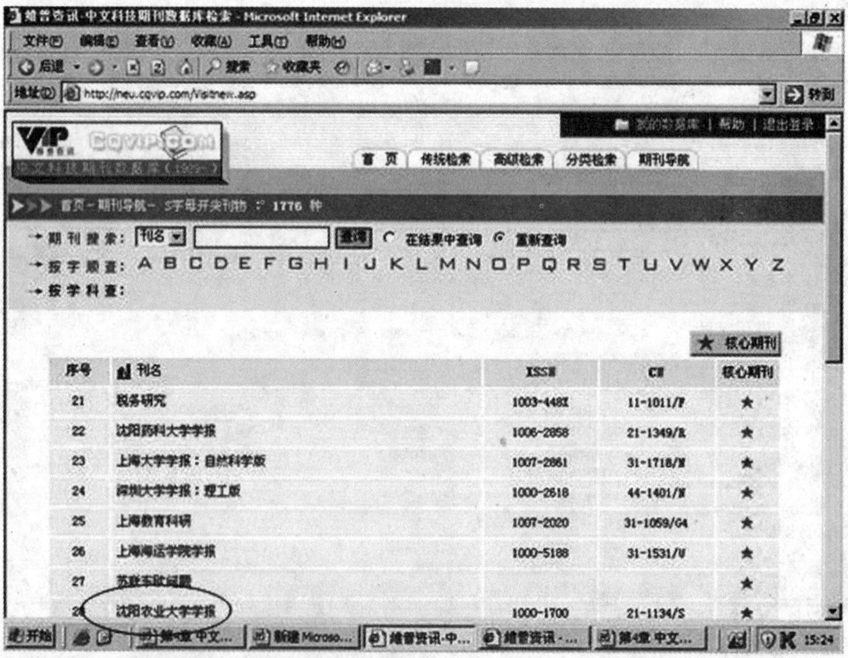

图 4-28 按字顺查界面

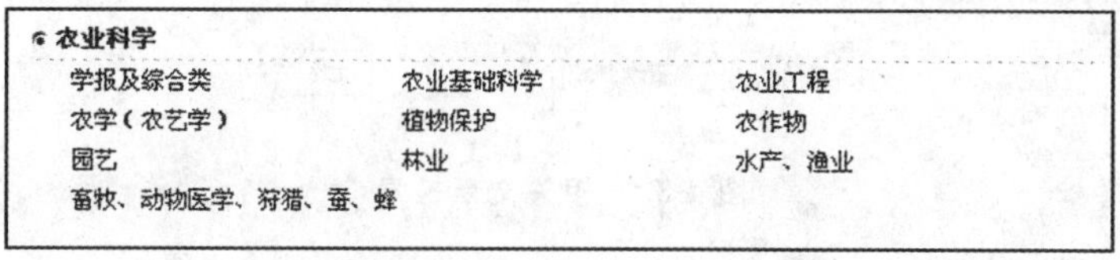

图 4-29 期刊学科分类导航检索

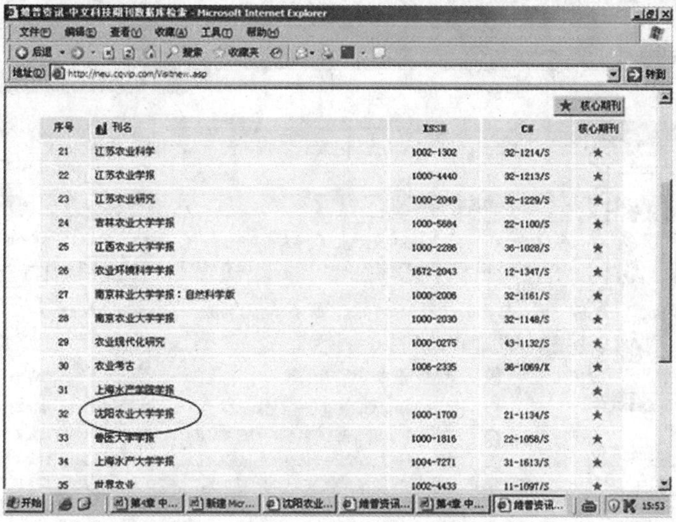

图 4-30 期刊学科分类导航检索结果示例

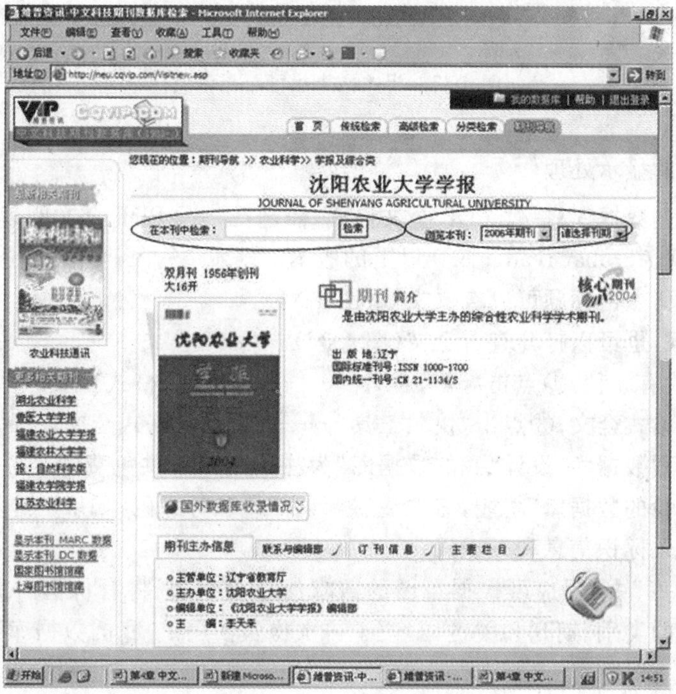

图 4-31 整刊浏览页面

图 4-32 相关文章检索

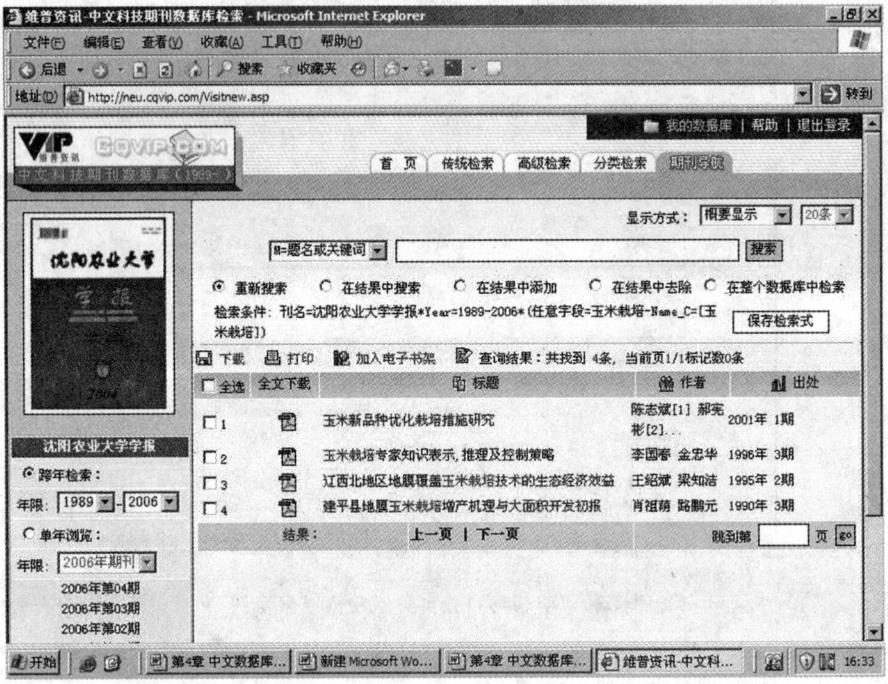

图 4-33 相关文章检索结果示例

4.1.6 检索结果的显示处理

《中文科技期刊数据库》提供 PDF 全文格式，需选择下载 PDF 全文阅读器，可以在维普资讯网下载中心下载 Acrobat reader 5.0 以上的版本。

在检索结果页，点击标题可以查看文摘(图 4-34)。

点击全文下载，也可以打开查看全文(图 4-35)。

全文保存方式有 3 种：①点击“保存副本”——保存 PDF 格式全文；②点击“文本选择工具”——保存文本格式全文；③点击“快照工具”——保存图片格式全文。

《中文科技期刊数据库》设计“我的数据库”为注册用户提供免费的个性化服务(图 4-36)。如果第一次使用“我的数据库”功能，需先注册标识信息和标识码；如果已经注册过标识信息和标识码，可直接登录标识信息和标识码。

在“我的数据库”中，用户可根据自己的需求保存检索式、将有价值的文章保存到电子书架、定制自己常用的类别、期刊和关键词，便于再次检索使用。“我的数据库”包括“我的电子书架”、“我的检索历史”、“分类定制”、“期刊定制”、“关键词定制”服务(图 4-37)。

①我的电子书架：保存的是在检索结果页面勾选的“加入电子书架”中的文章。勾选 1、3，点击“加入电子书架”(图 4-38)。

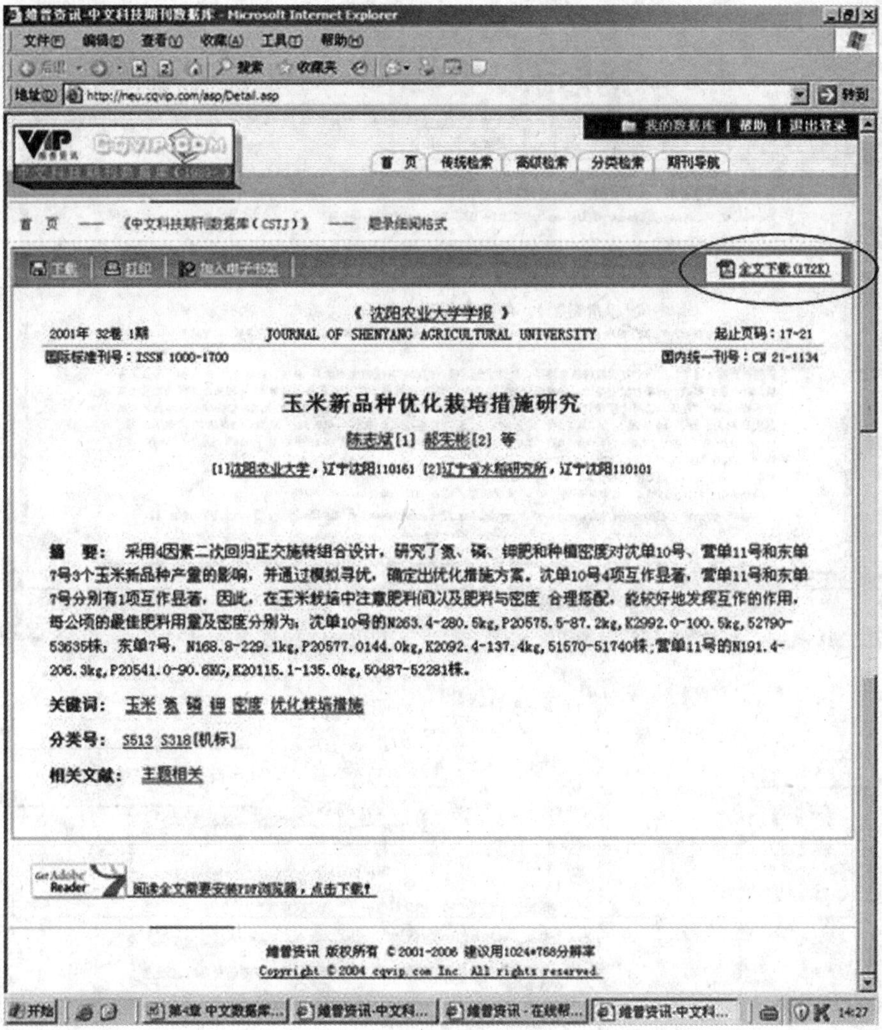

图 4-34　检索结果页面

"我的电子书架"中最多能保存 100 条信息，电子书架中保存的文章可整理、删除(图 4-39)。

②我的检索历史：在检索结果页面，点击"保存检索式"，可将检索式保存在"我的检索历史"中(图 4-40)。

"我的检索历史"最多只能保存 50 条检索式，检索式可进行重新检索、删除等操作(图 4-41)。

③分类定制：在"我的数据库"中点击"分类定制"，在分类表中选择要定制的类目，如"S4 植物保护"、"S6 园艺"。用户只要在我的主页中点击分类"S6 园艺"或"S4 植物保护"，即可检索出相关分类中的文章(图 4-42)。

分类定制最多只能定制 20 个类别，若要更换定制的类别，用户可以回到分类定制表中删除不想保留类目。

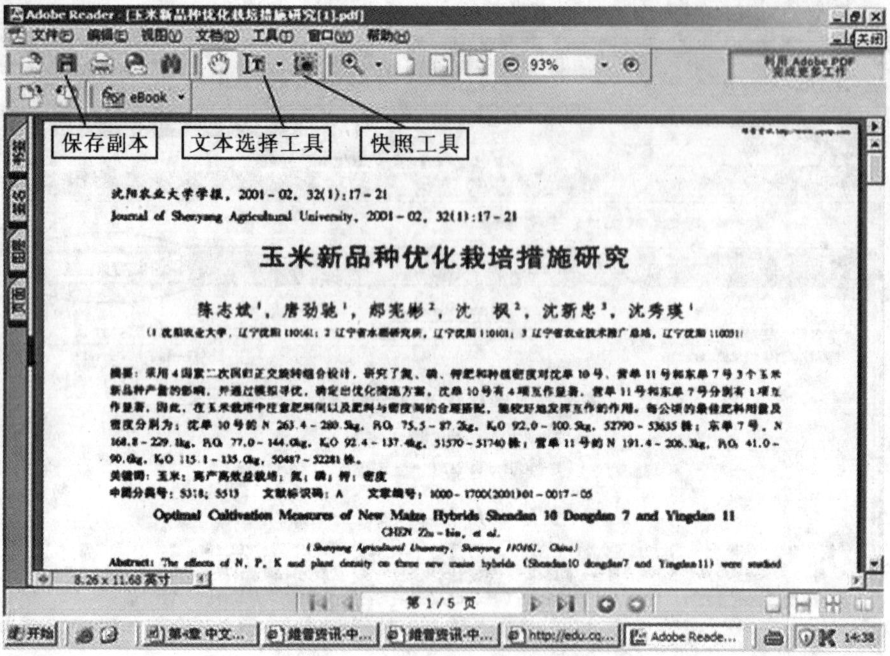

图 4-35 全文下载阅读全文

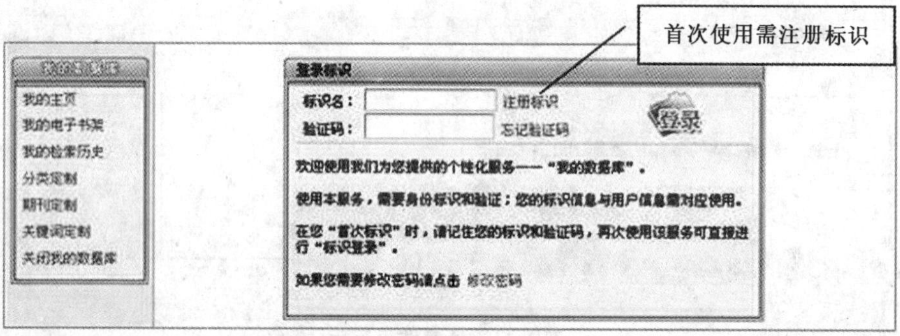

图 4-36 我的数据库登录界面

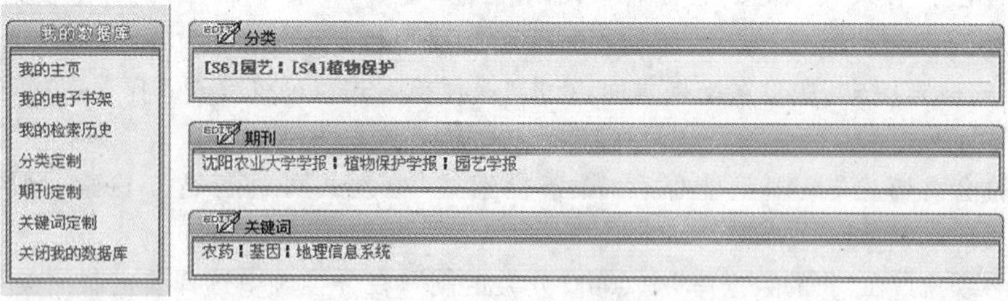

图 4-37 "我的数据"服务

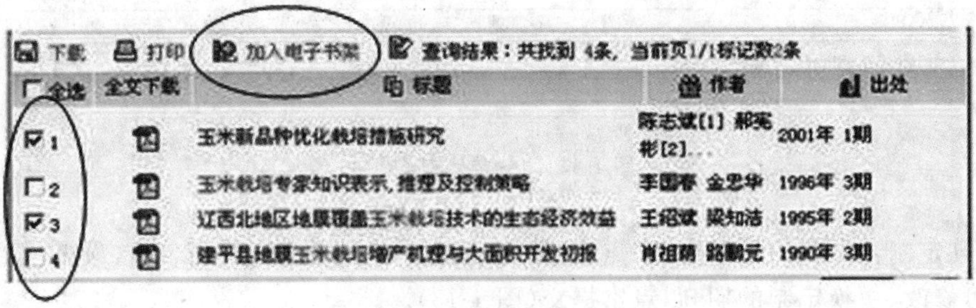

图 4-38　加入电子书架

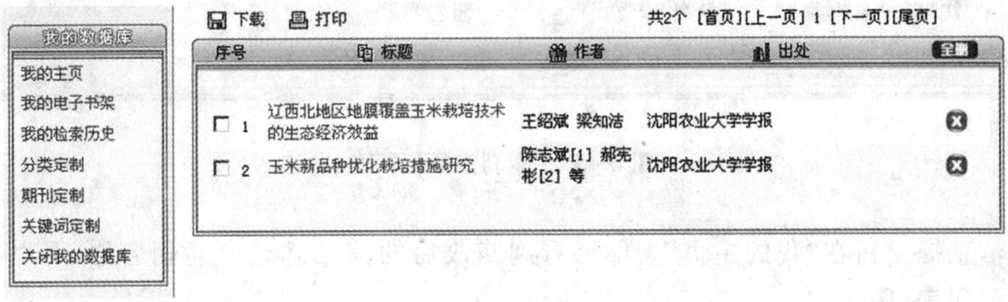

图 4-39　“我的电子书架”界面

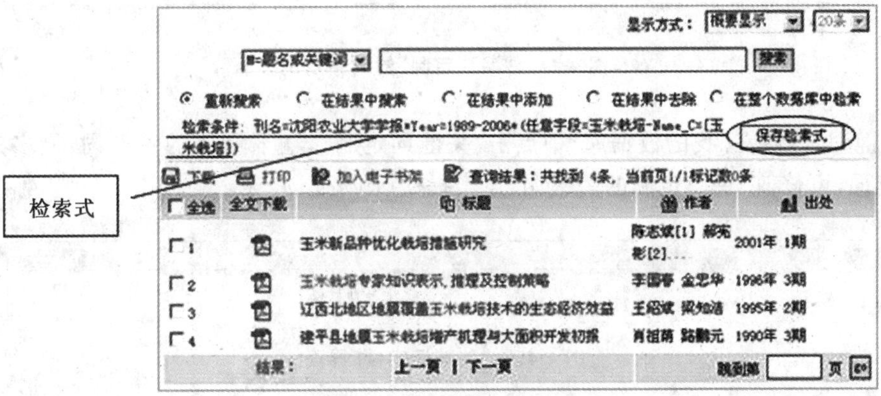

图 4-40　保存检索式

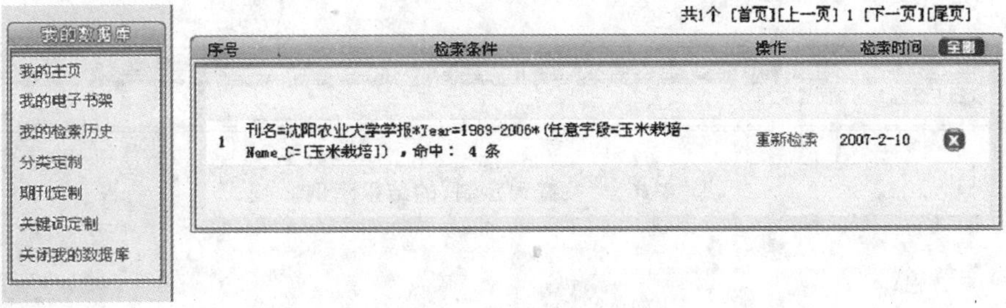

图 4-41　“我的检索历史”界面

图 4-42 “分类定制”界面

④期刊定制:在“我的数据库”中点击“期刊定制”,输入需要的期刊名称,最多只能定制 20 个期刊,可修改、更换定制的期刊,点击提交(图 4-43)。

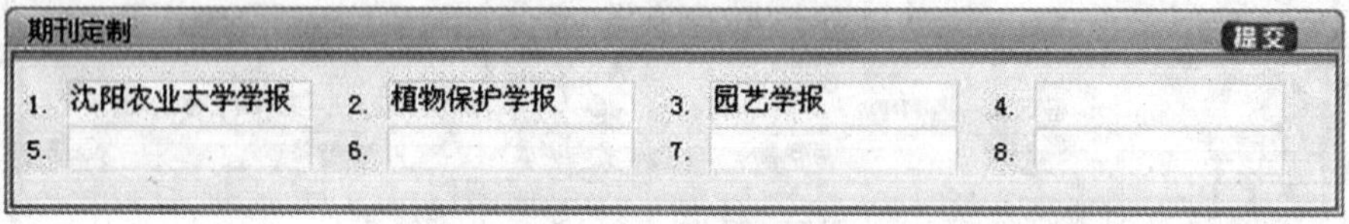

图 4-43 “期刊定制”界面

修改信息提交后在“我的主页”上能够看到修改后的信息。点击期刊名称,可以得到该刊所有的文章列表(图 4-44)。

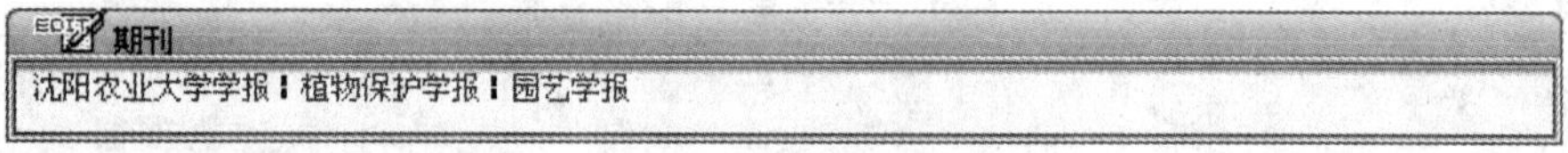

图 4-44 “期刊定制”的结果示例

⑤关键词定制:在“我的数据库”中点击“关键词定制”,输入需要的关键词,最多只能定制 20 个关键词,可修改、更换定制的关键词,点击提交(图 4-45)。

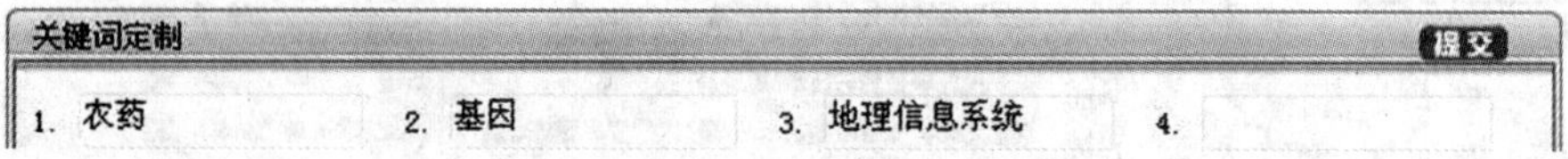

图 4-45 “关键词定制”界面

修改信息提交后在“我的主页”上能够看到修改后的信息。点击关键词,可以得到以该词为关键词的所有检索结果(图 4-46)。

图 4-46 “关键词定制”的结果示例

4.2　万方数据资源系统

万方数据股份有限公司是中国第一家以信息服务为核心的股份制高新技术企业。在互联网领域，集信息资源产品、信息增值服务和信息处理方案为一体的综合信息服务提供商。

万方数据集数十年的信息采集经验，汇聚中国学位论文、会议文献、科技成果、专利技术、标准文献、法律法规、数字化期刊、科技机构、科技名人等近百个数据库，上千万条数据资源，为广大用户提供最丰富、最权威的科技信息。

4.2.1　检索系统介绍

登录万方数据标准镜像系统(http://ln.Wanfangdata.com.cn/)，进入万方首页页面(图 4-47)。

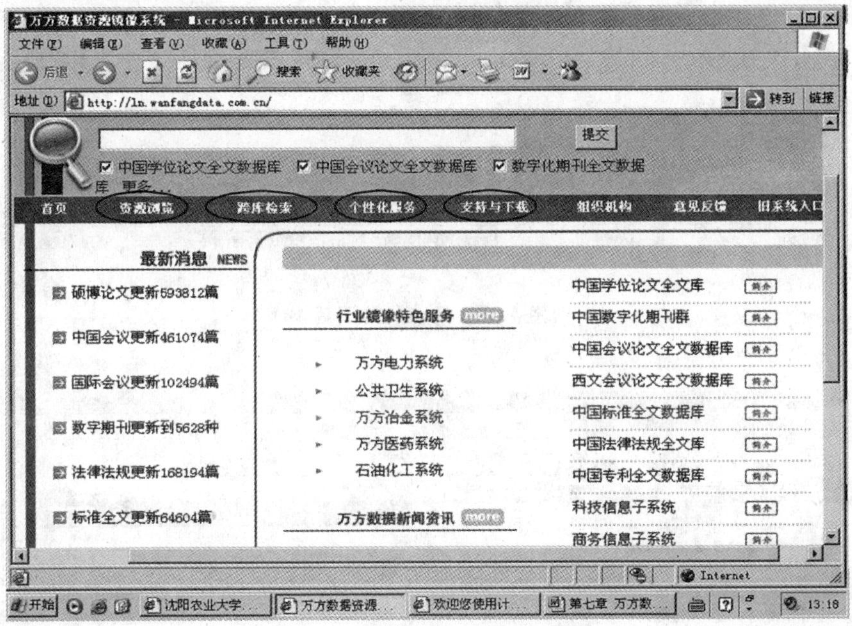

图 4-47　万方数据资源镜像系统首页

(1)下载阅读器：登录万方首页，点击“支持与下载→下载专区”，如图 4-48 所示。

点击下载，将软件下载到本地，双击进行安装(图 4-49)。

(2)个性化服务：可以帮助用户将查找和筛选的结果保存下来，以便再次访问的时候，可以通过自己的个性化主页找到自己感兴趣的资源和经常使用的检索功能。例如：建立“我的收藏室”，登录万方首页，点击“个性化服务→我的收藏室”进入图 4-50 所示页面。

点击“添加文件夹”，在输入框中输入新建节点的名称，点击“重命名”，即可建立新的收藏夹。在数据库中可以点击收藏图标，将资源放入收藏室。其他功能及具体步骤参看“帮助”。

(3)万方数据资源：登录万方首页，点击“资源浏览”即可列出万方数据系统所有数据库资源和数据库资源的分类信息。将这些资源组织成了 5 个视图——数据库浏览视图、学科浏览视图、行业浏览视图、地区浏览视图、期刊浏览视图。用户可以根据自己的需求选择不同的浏览方式。

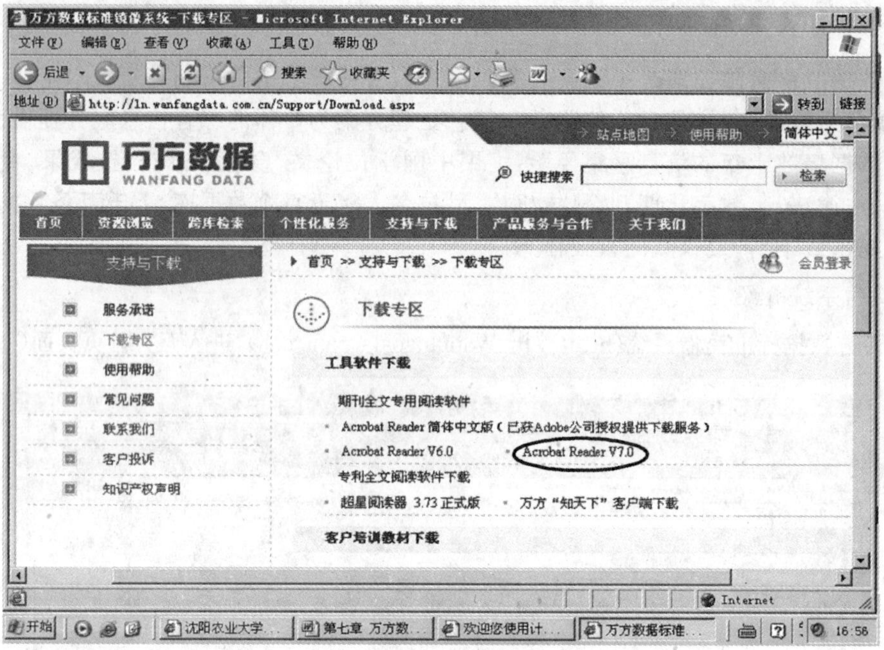

图 4-48 阅读器的下载

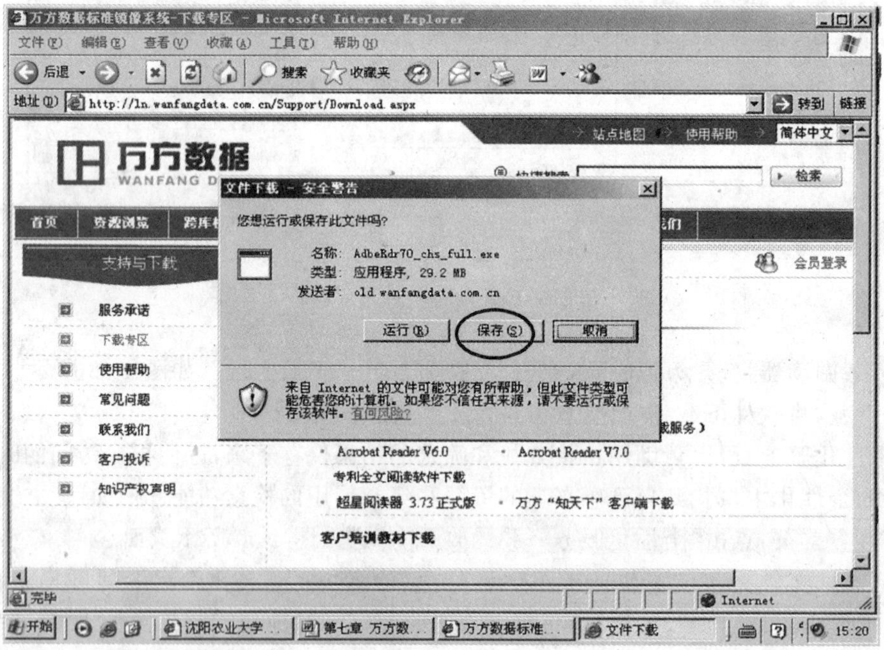

图 4-49 阅读器的安装

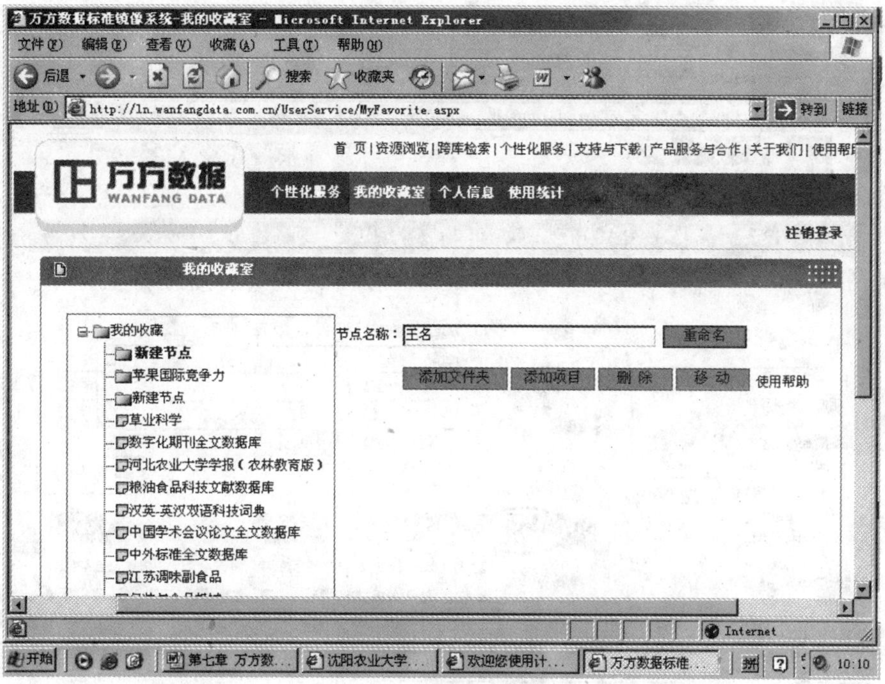

图 4-50　个性化服务

4.2.2　单库检索

登录万方首页浏览各数据库的名称，根据所需文献类型，选择相应的数据库进行检索。以下介绍部分数据库的检索方法。

1. 中国学位论文全文库

在万方首页上点击“中国学位论文全文库”，进入学位论文全文库检索页面，如图 4-51 所示。

万方数据资源各数据库的页面构成一般分两个区域，左侧为资源浏览区，右侧为检索区，如图 4-51 所示。

左侧为“资源浏览”区，用户可以根据需要，选择浏览方式：可以点击所选浏览方式题名或勾选数据库名称前的复选框，即可确定浏览方式和范围；右侧为检索区，检索界面根据左侧所选择的浏览方式进行相应的切换。

中国学位论文全文数据库提供两种检索界面：经典检索；分类检索。

现以检索有关“鲜食玉米栽培技术”方面的文献为例，介绍各种检索界面的检索方法和文件保存方式。

(1)经典检索界面：如图 4-52 所示，经典检索的检索步骤如下：

第一步：选择字段。

字段项包括“全文”字段、“作者”字段、“授予单位”……“论文标题”等字段，各个数据库的选择字段项根据数据库收录的文献类型而设置。点击字段项拉开字段列表，可以根据需要选择相应字段。其中“全文”字段包括字段项所罗列的所有字段。

图 4-51　学位论文全文库检索页面

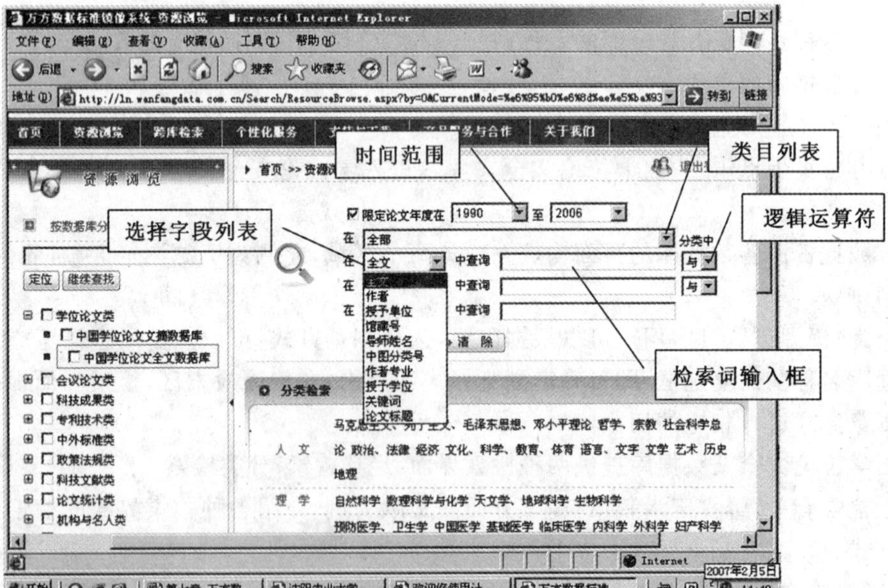

图 4-52　经典检索界面

第二步：输入关键词。

根据选择的字段项，在关键词输入框输入相应的关键词。

第三步：选择逻辑运算符。

逻辑运算项包括“逻辑与”、“逻辑或”、“逻辑非”，根据输入框中输入关键词之间的逻辑关系，合理选择“与”、“或”、“非”。

例如：检索“沈阳农业大学，导师为史振声教授的学位论文”，可以进行如图 4-53 所示输入。

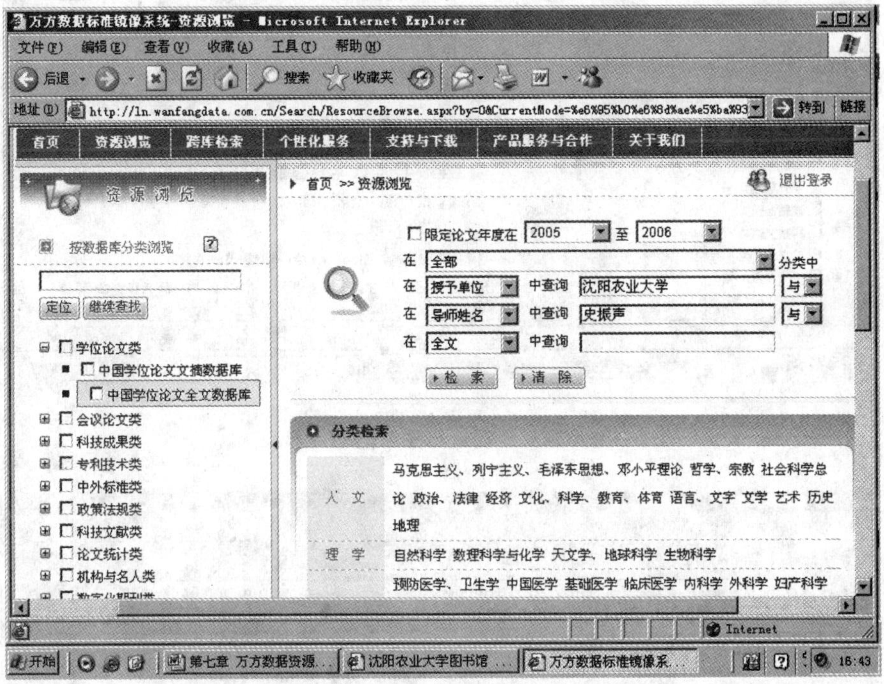

图 4-53　选择字段与关键词输入

若输入的检索词之间同时具有“逻辑与”、“逻辑或”的关系，应先输入“逻辑或”。例如：水资源 *（承载力＋承载能力），输入顺序如图 4-54 所示。

第四步：选择检索范围和时间范围。

检索范围：包括分类选项中 22 个大类的全部内容以及各大类的一、二级类目，点击分类选项拉开类目列表，选择所需类目。

时间范围：限定论文年度为 1977—2006 年，根据需要勾选限定年限范围前的复选框，点击年限下拉列表框，即可以选择论文的起始年份（只有当数据库中有“年”这个字段时，选择年限的复选框才可用）。如图 4-55 所示。

第五步：检索。

确定了所有选择项并且输入相应的关键词，如图 4-56 所示。

点击“检索”按钮，进入检索结果页面，命中 9 条，如图 4-57 所示。

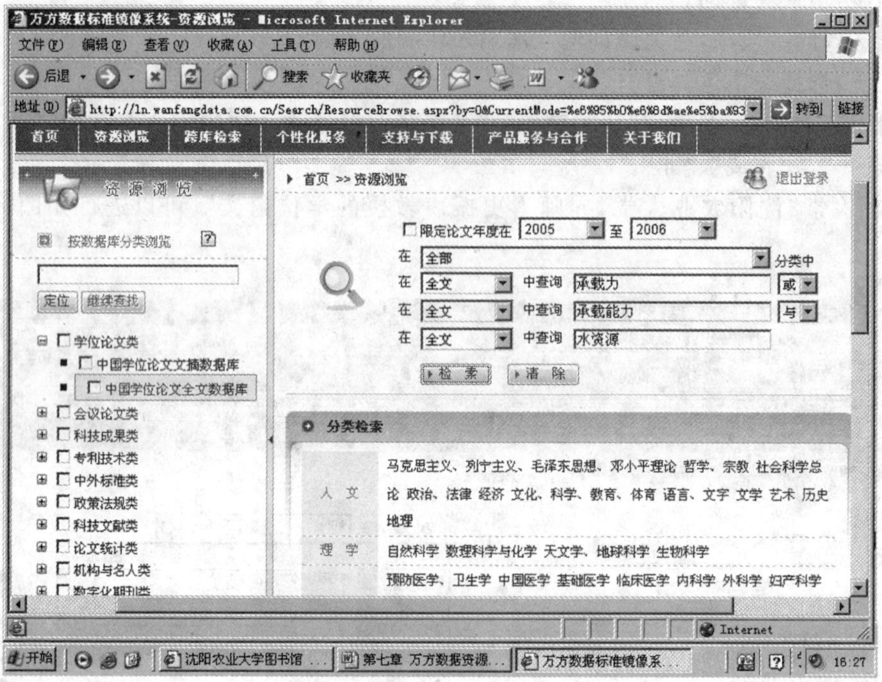

图 4-54 逻辑运算关系的输入界面

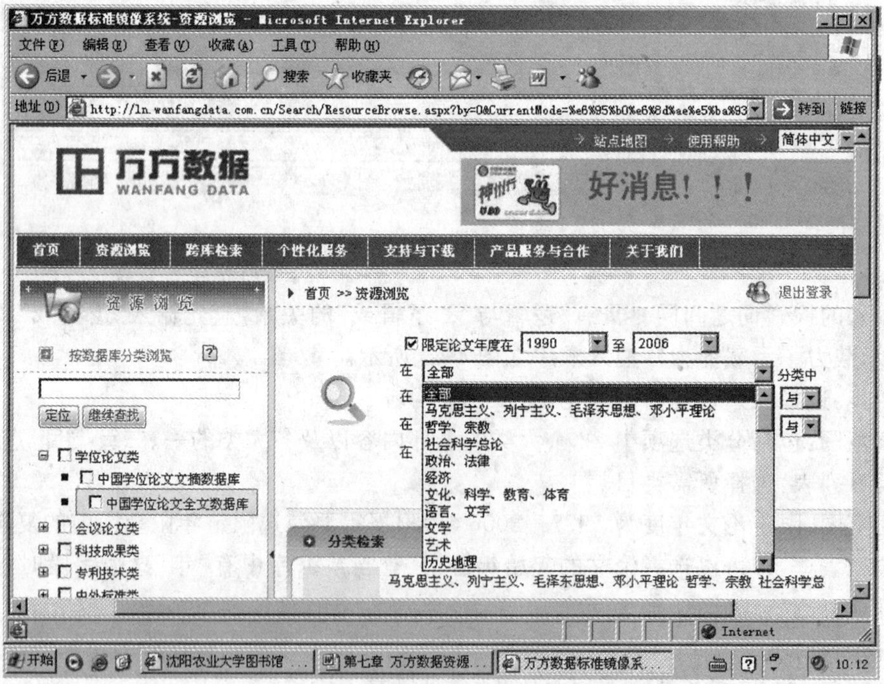

图 4-55 检索范围和时间范围的选择

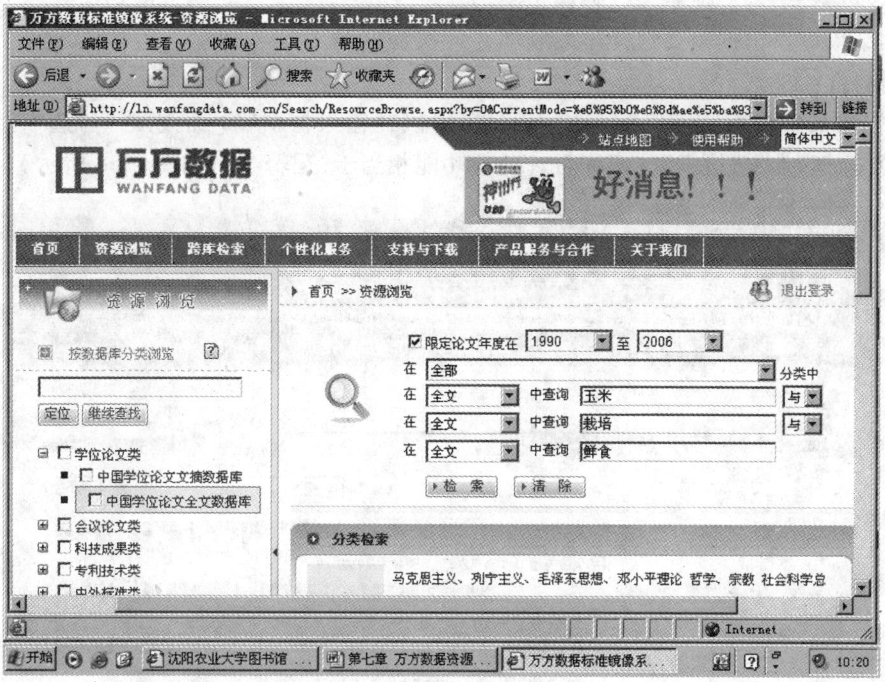

图 4-56　检索界面

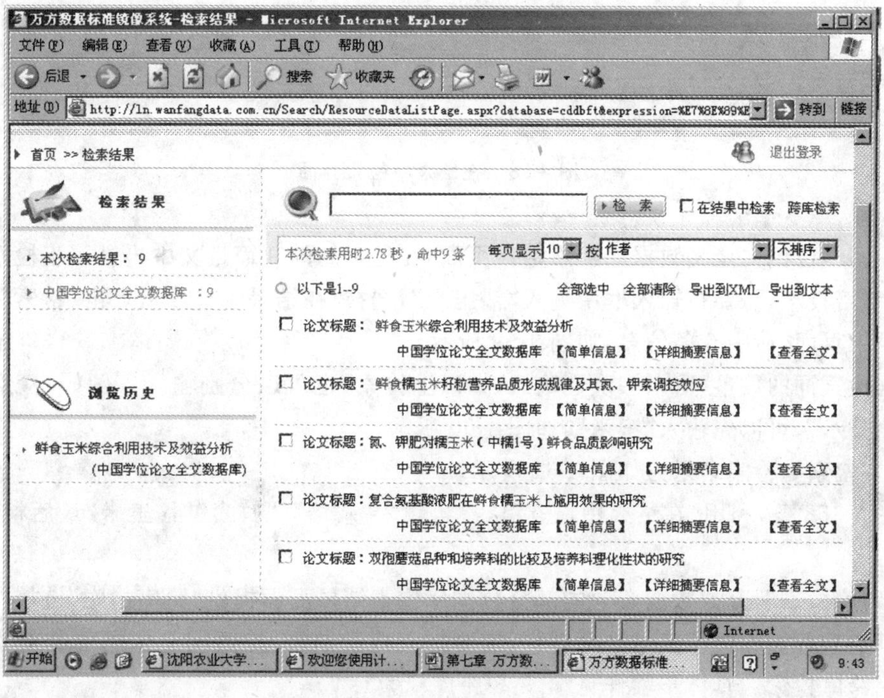

图 4-57　检索结果页面

第六步："在结果中检索"或"跨库检索"。

检索结果可以根据需要选择排列顺序。此次检索命中 9 条信息。若检索结果不理想，可以根据需要继续检索。

①"在结果中检索"：若要缩小检索结果，可以在输入框中输入检索词，勾选"在结果中检索"前的复选框，点击"检索"按钮即可。此项功能相当于"逻辑与"，如图 4-58 所示。

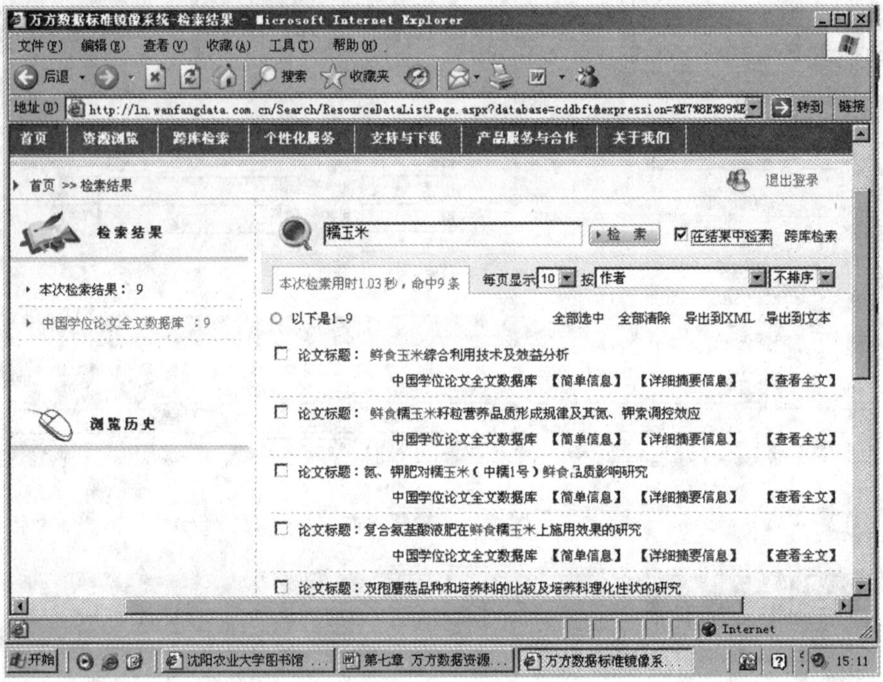

图 4-58 在结果中检索界面

在中国学位论文全文数据库检索结果页面，在检索到的 9 篇论文中再进一步检索鲜食"糯玉米"的栽培技术，需要在输入框中输入"糯玉米"，选择"在结果中检索"，点击"检索"进入下面的检索结果页面，命中 6 条信息，如图 4-59 所示。

根据检索词的数量，可以一次性输入，如以上检索，也可以分别输入。例如：检索"鲜食玉米的栽培技术"，可以先输入"玉米"，如图 4-60 所示。

点击"检索"，检索结果为如图 4-61 所示。

命中 3 158 条，利用"在结果中检索"依次再输入"栽培"、"鲜食""糯玉米"最后检索结果为 6 条。

②"跨库检索"：万方数据资源的部分数据库检索结果页面提供"跨库检索"链接功能，若在某一文献类型数据库中检索结果不理想，需要扩大检索结果，检索同一主题的其他类型文献，可以使用跨库检索。具体步骤详见"4.2.3 跨库检索"。

第七步：查看原文及其他信息。

检索结果默认为每页 10 条为标准分页，每条检索结果记录显示有："论文标题"、"数据库名称"、"简单信息"、"详细提要信息"、"查看全文"（依数据库类型而定）。用户可以根据需要，

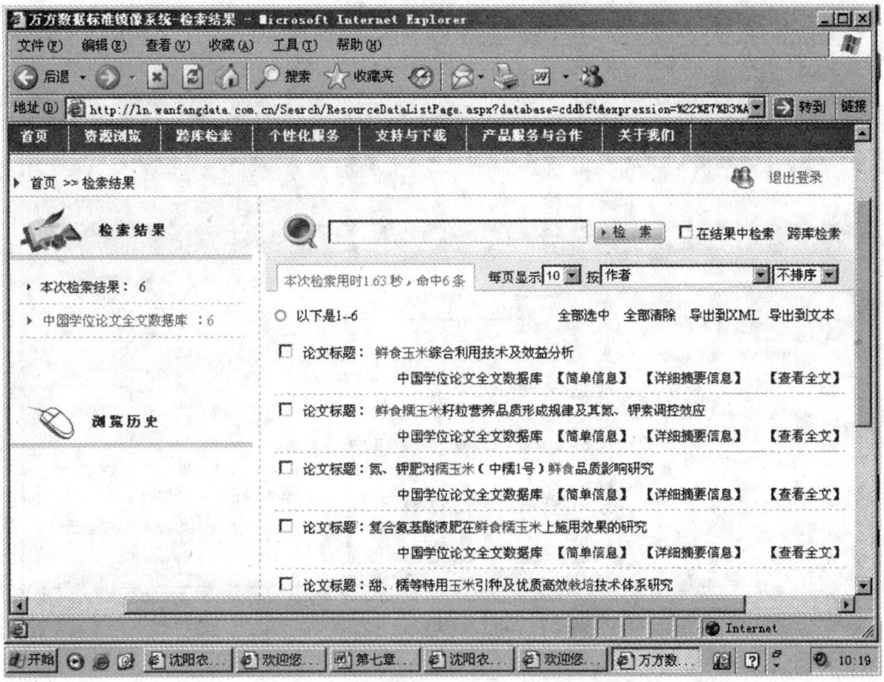

图 4-59　在结果中检索的检索结果页面

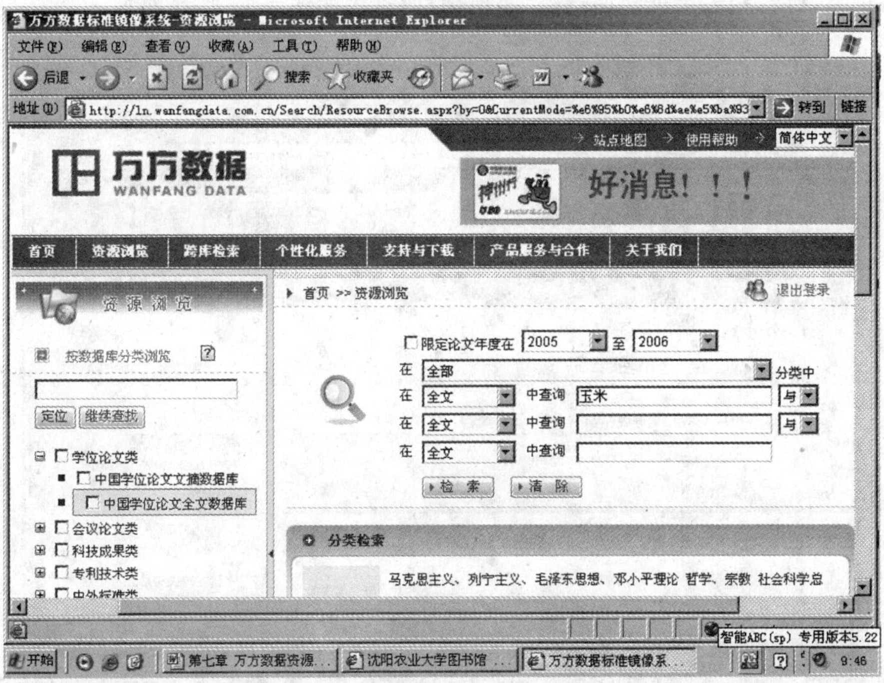

图 4-60　分别输入检索词的界面

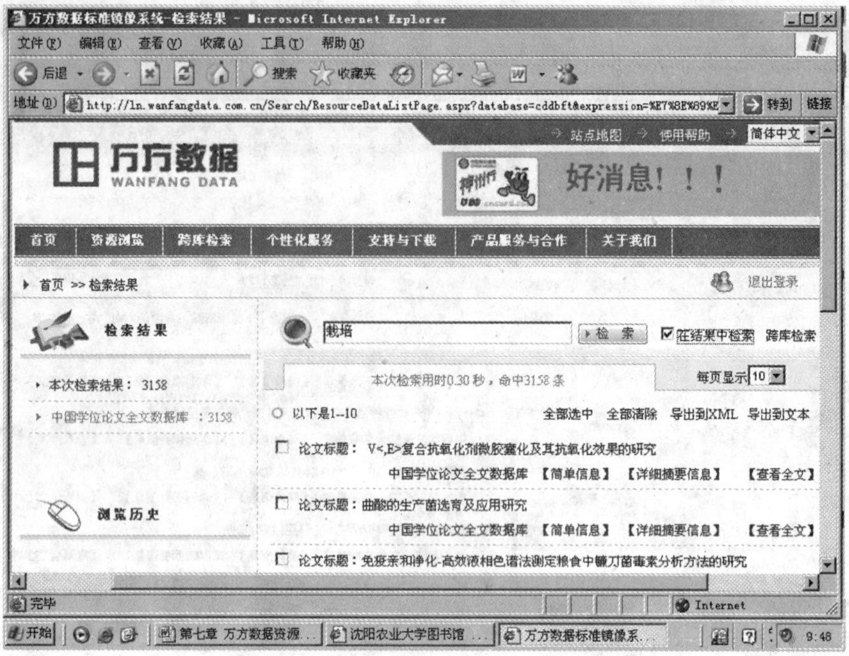

图 4-61 分别输入检索词的结果界面

选择所需记录，查看相关信息。如点击“简单信息”进入如图 4-62 所示页面。

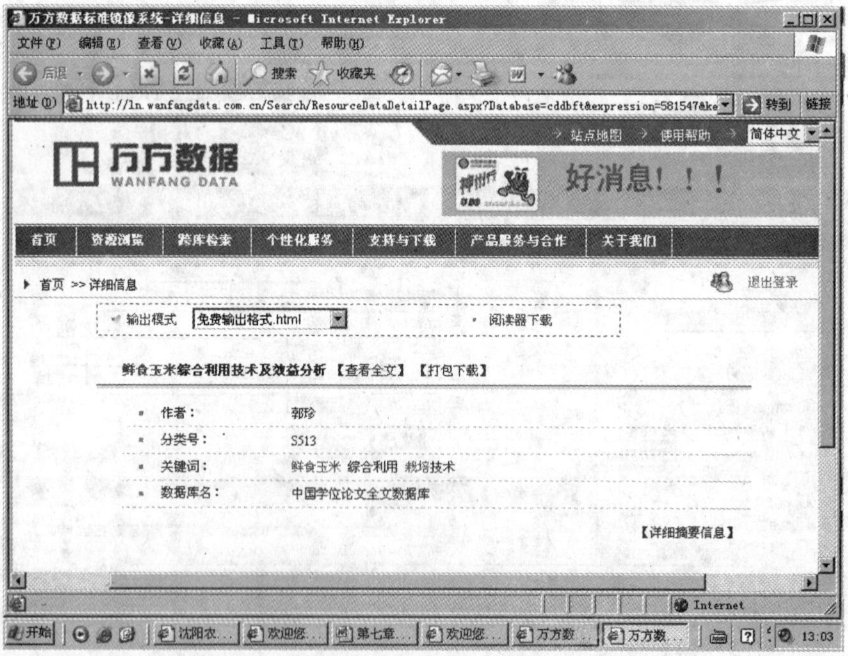

图 4-62 简单信息界面

点击“详细摘要信息”进入如图 4-63 所示页面。

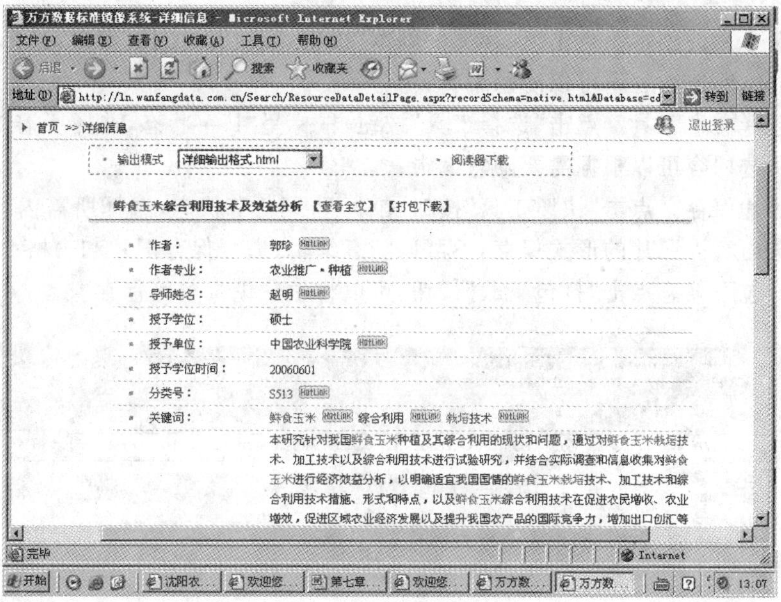

图 4-63　详细摘要信息界面

图 4-63 页面设有链接字段，点击热链按钮，即可链接到相关内容的文献。点击“打包下载”，可以保存整篇论文。点击“查看全文”，进入学位论文全文页面：左侧为论文目录，点击所需部分，右侧则切换相应内容。如图 4-64 所示。

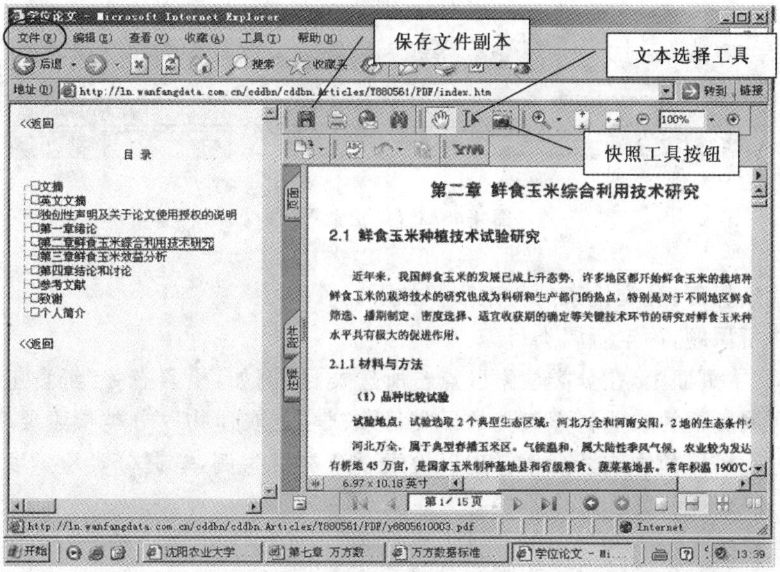

图 4-64　查看全文界面

第八步：文件保存。

中国学位论文全文数据库的原文保存分4种形式。

第一种：保存文件副本。点击“保存文件副本”按钮，或拉开“文件”菜单，选择“另存为”，保存文件当前部分，所选内容不可以随意编辑；

第二种：选择文本工具。点击“选择工具”按钮，鼠标呈“I”字状态，选择所需内容复制粘贴到相应文档，所选内容可以根据需要随意编辑；

第三种：照片保存。点击“快照工具”按钮，鼠标呈“十”字状态，选择所需内容复制粘贴到相应文档，所选内容以照片的形式保存，不可以随意编辑，适合保存图片和表格；

第四种：打包下载。点击“打包下载”按钮，可以将学位论文整篇保存。

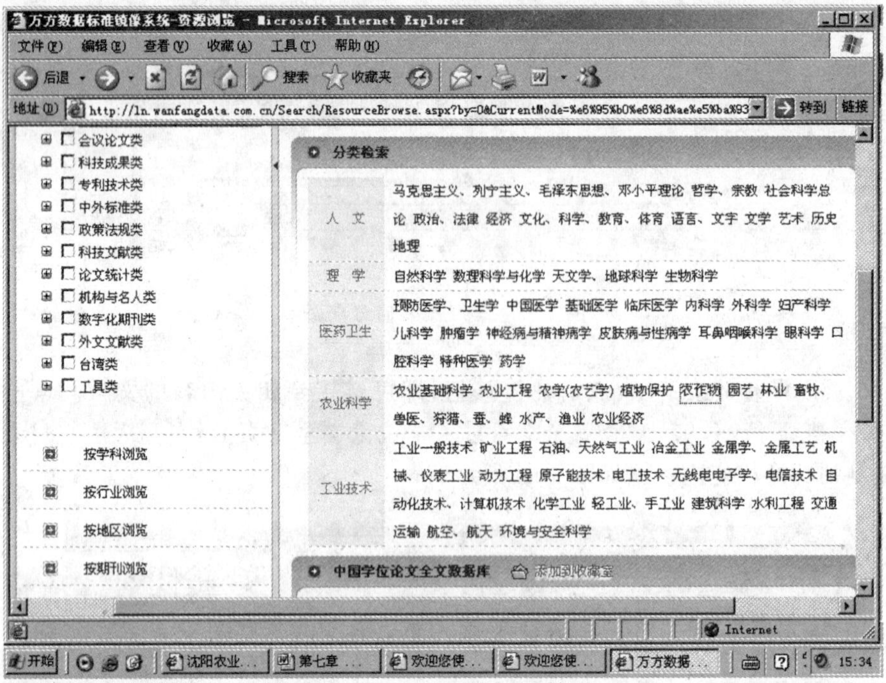

图4-65 分类检索界面

(2)分类检索界面：分类检索的检索步骤如下。

第一步：分析课题，确定所属类目。

在学位论文主页面上，在分类检索区点击所选类目，例如：检索有关“鲜食玉米栽培技术”的文献，确定所属类目为农业科学大类的子类目“农学”、“农作物”，分类检索要求将课题所涉及的类目考虑周全，以免影响查全率。现以检索一个类目为例，掌握分类检索要领。点击“农作物”，进入图4-66所示页面。

第二步：在结果中检索。

在分类检索结果页面上，命中6 786条记录。根据需要在输入框输入检索词，如输入“玉米”，勾选“在结果中检索”前的复选框，点击“检索”按钮，进入图4-67所示页面。

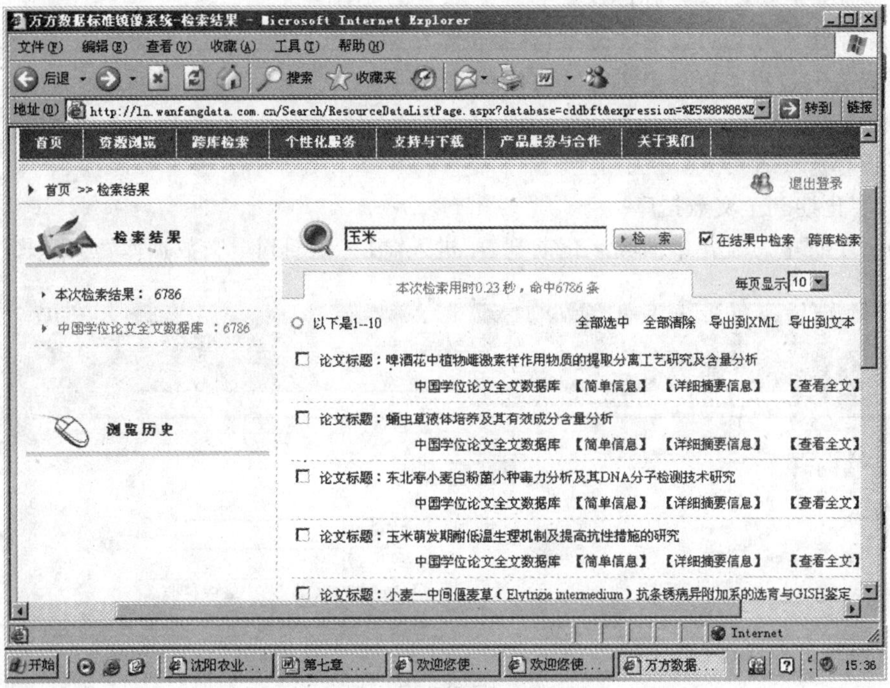

图 4-66　类目检索

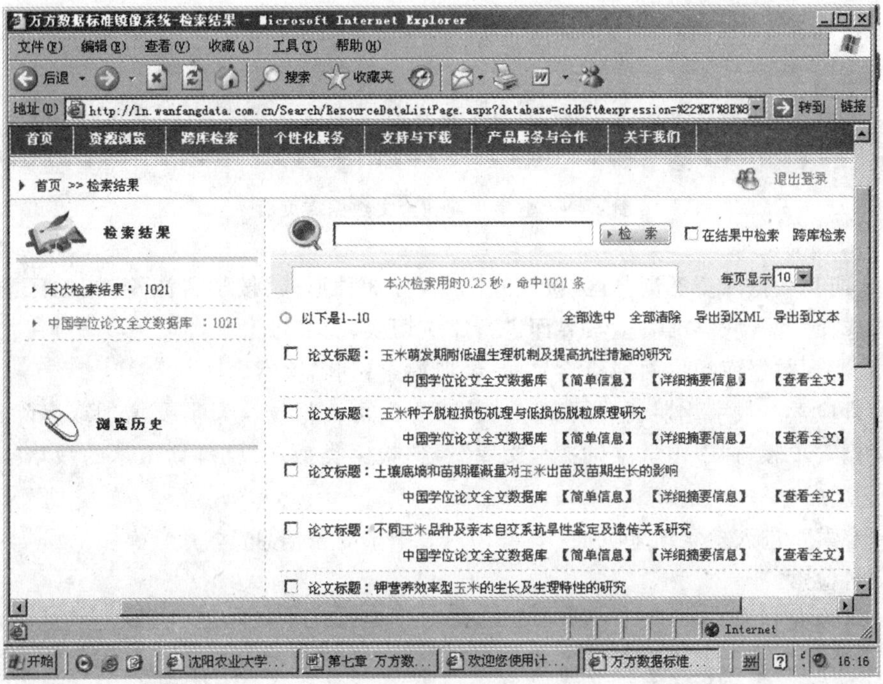

图 4-67　在结果中检索的界面

第三步:查看原文及其他信息。

若检索结果不理想可以继续检索,直至检索结果满意为止。分类检索实际是分类与主题相结合完成检索过程。查看全文及其他信息方法同上。

第四步:文件保存。

文件保存分 4 种形式,方法同上。

2. 数字化期刊全文数据库

在万方主页上,点击“中国数字化期刊群”进入“数字化期刊全文数据库”页面(图 4-68)。

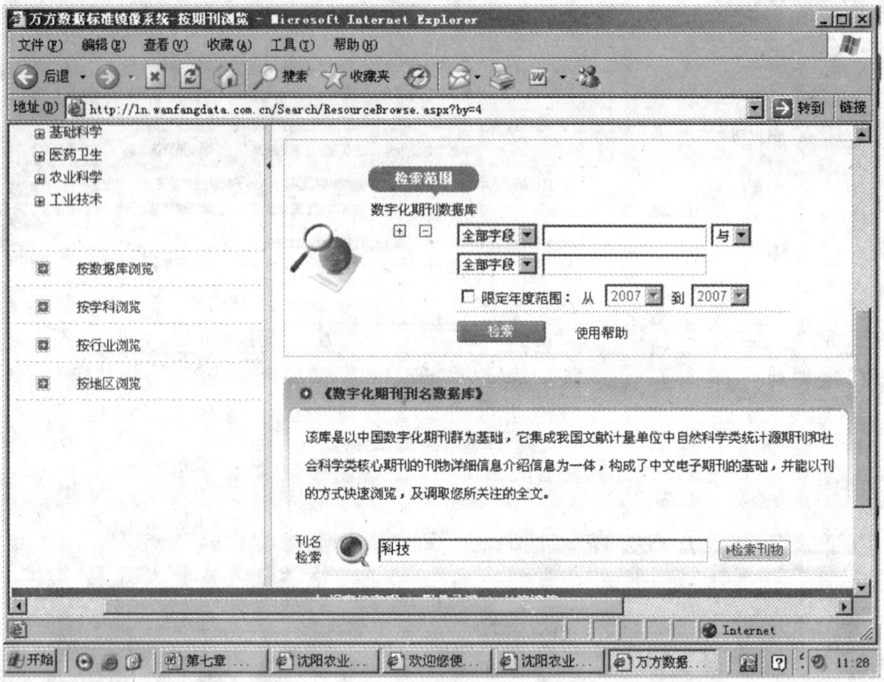

图 4-68 数字化期刊全文数据库页面

数字化期刊数据库资源浏览区“按期刊浏览”分 3 种形式:按学科浏览;按地区浏览;按首字母浏览,选择所需浏览方式,检索界面进行相应切换。

数字化期刊数据库提供两种检索界面:经典检索;刊名检索。

(1)经典检索。数字化期刊数据库经典检索界面可以根据检索需要增加或删除检索条件输入框,其检索步骤与“中国学位论文全文库”经典检索类似。以“鲜食玉米的栽培技术”为例(图 4-69)。

点击“检索”,进入检索结果页面(图 4-70),命中 188 条信息。

(2)刊名检索。

第一步:输入刊名。

在刊名检索的输入框中输入所需刊物名称,例如:如图 4-68 所示,输入“科技”,点击“检索刊物”按钮,进入检索结果页面,命中 347 条(图 4-71)。

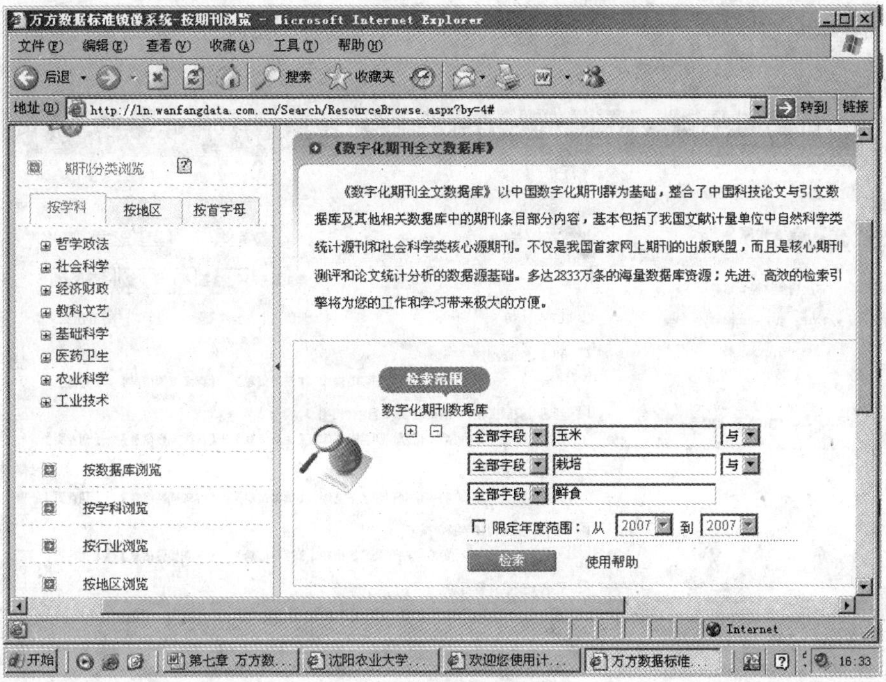

图 4-69　经典检索界面

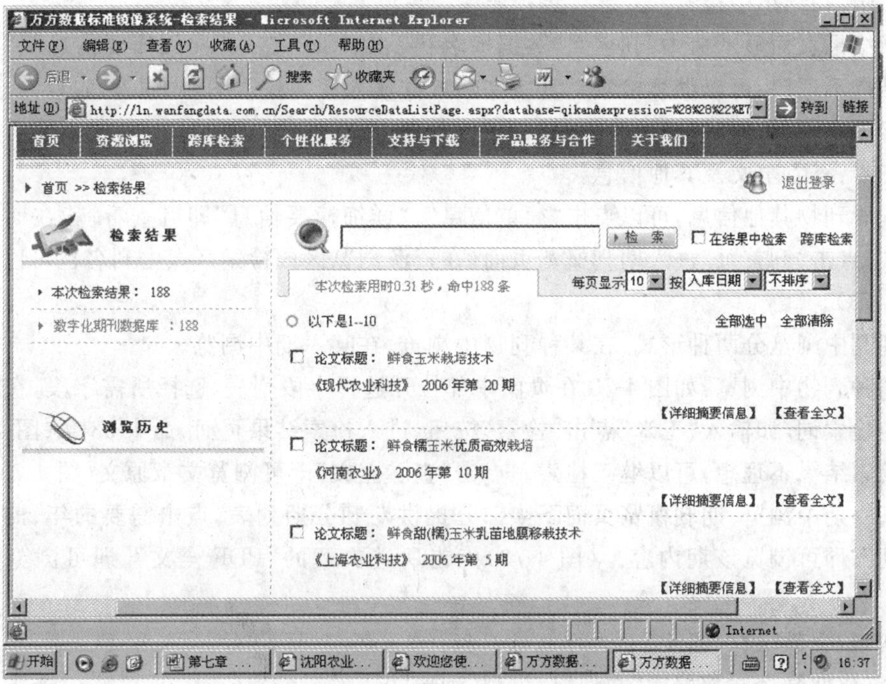

图 4-70　检索结果页面

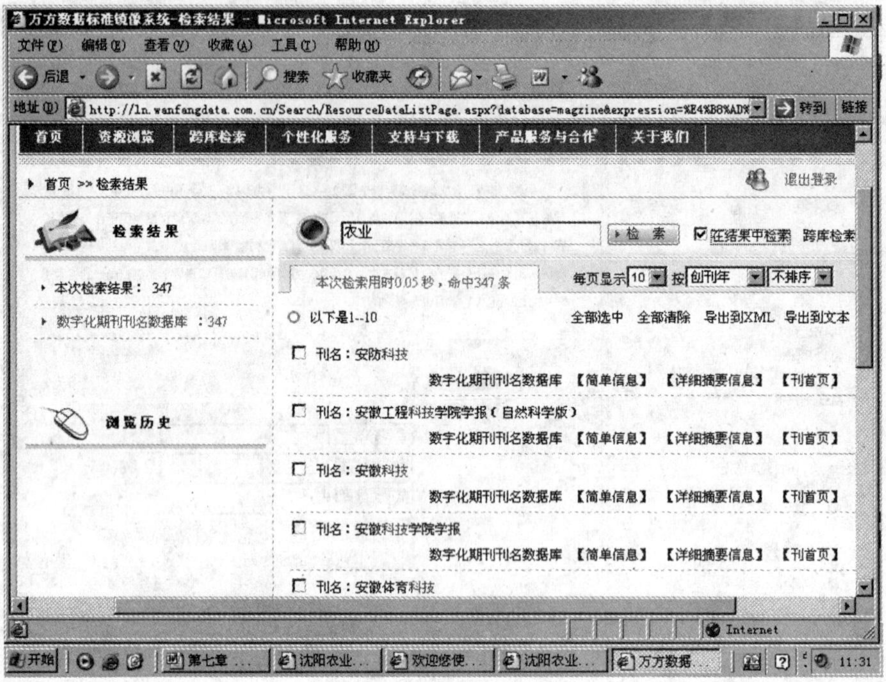

图 4-71 在结果中检索页面

第二步：在结果中检索。

检索结果页面显示命中“刊名”、“数据库名称”、“简单信息”、“详细摘要信息”、“刊首页”。若检索结果不理想，可以继续检索。直接在输入框输入所需检索词，如输入“农业”，选中“在结果中检索”，点击“检索”按钮进入检索结果页面，命中 33 条（图 4-72）。

第三步：查看全文及其他信息。

若查看刊物其他信息，可以点击“简单信息”、“详细摘要信息”即可查看；若在期刊中浏览文章全文，点击“刊首页”进入期刊概览页面（在资源浏览区或检索区点击刊名也可以进入此页面）（图 4-73）。

在期刊中浏览分两种形式：在某种刊物中浏览；在某一期中浏览。

在某种刊物中浏览：如图 4-73 在页面中部拉开选择字段列表，选择所需字段，在输入框中输入相应检索词，如输入“玉米”点击“检索”按钮，进入检索结果页面，命中 33 条（图 4-74）。

若检索结果不理想，可以继续检索。点击“查看全文”即可浏览文章原文（图 4-75）。

在某一期中浏览：期刊概览页面下半部分提供期刊分期列表，点击需要的年、期，如“2006 年第 4 期”，即可浏览该期内容。（图 4-73）点击所选文章的“PDF 全文”，即可浏览文章全文（图 4-76）。

第四步：文件保存（图 4-75）。

“数字化期刊全文数据库”文件保存分 3 种形式。

第一种：保存文件副本。点击“保存文件副本”按钮，或拉开“文件”菜单，选择“另存为”，保存文件当前部分，所选内容不可以随意编辑。

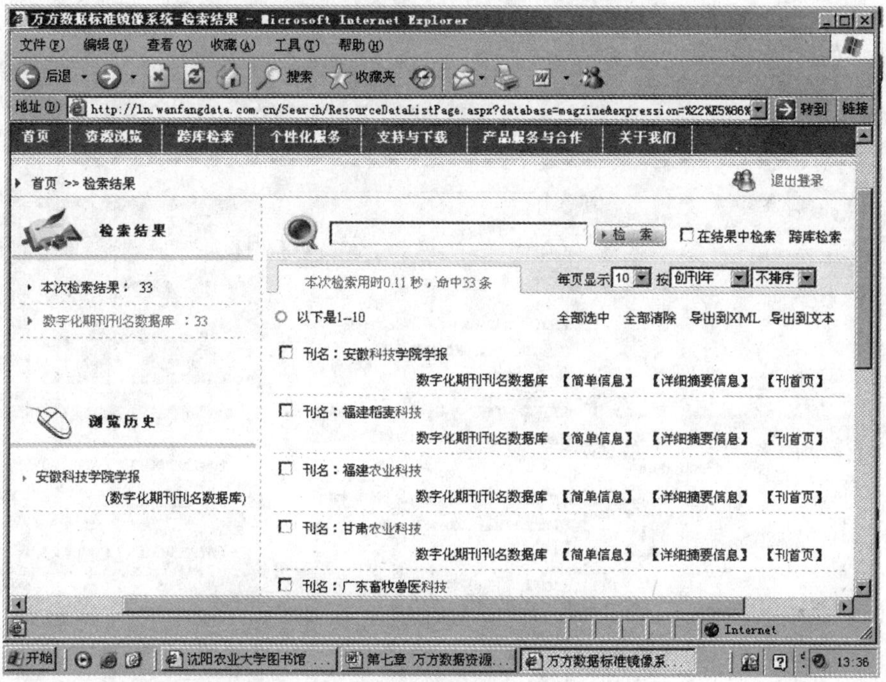

图 4-72　检索结果页面

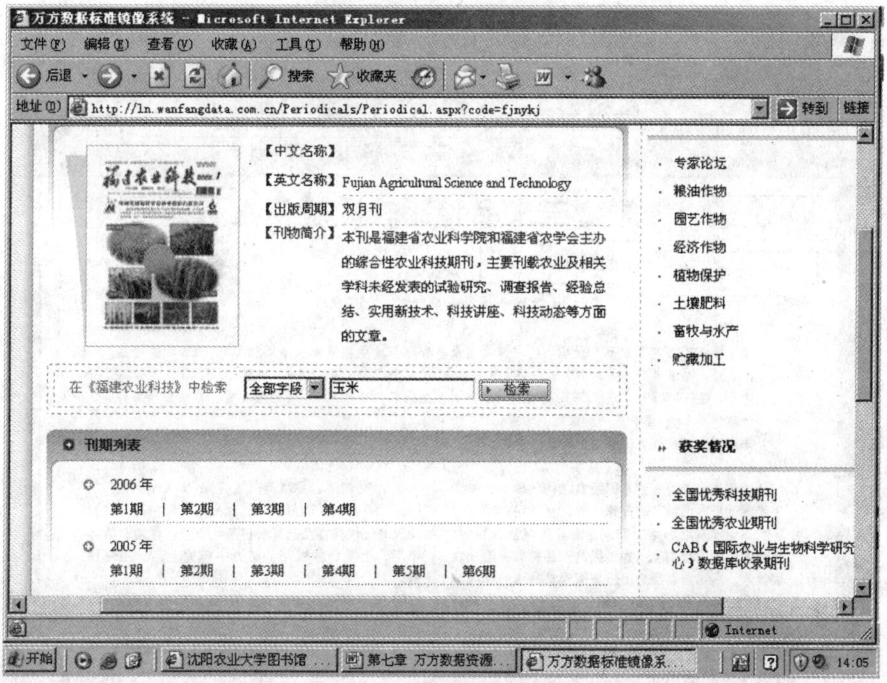

图 4-73　期刊概览页面

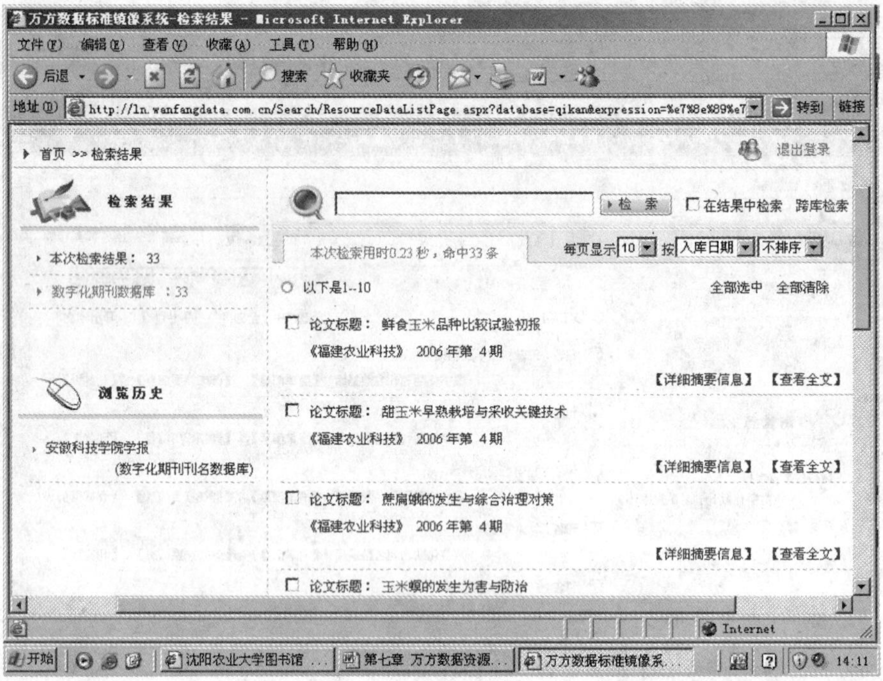

图 4-74 检索结果页面

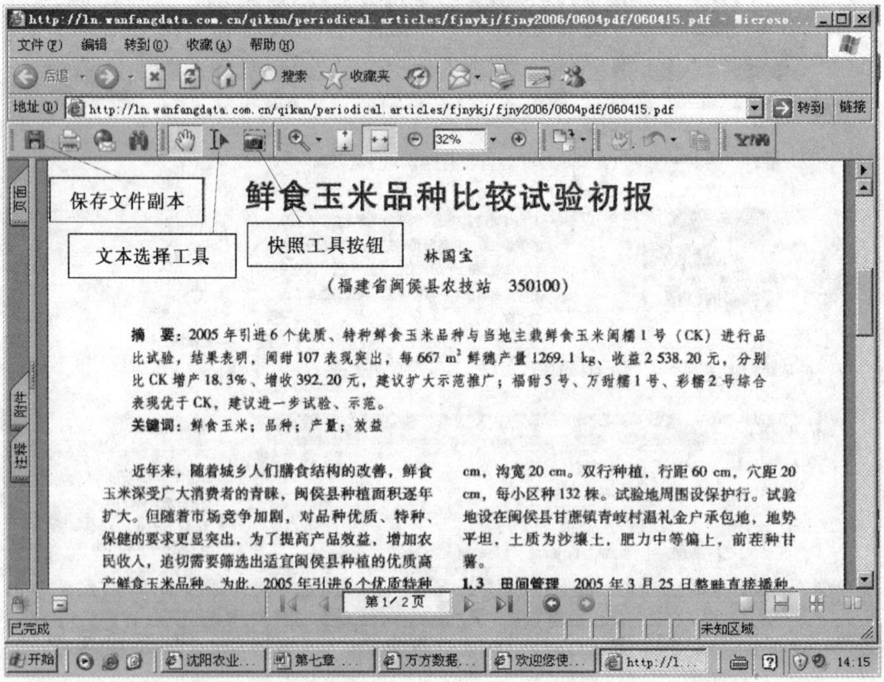

图 4-75 原文浏览页面

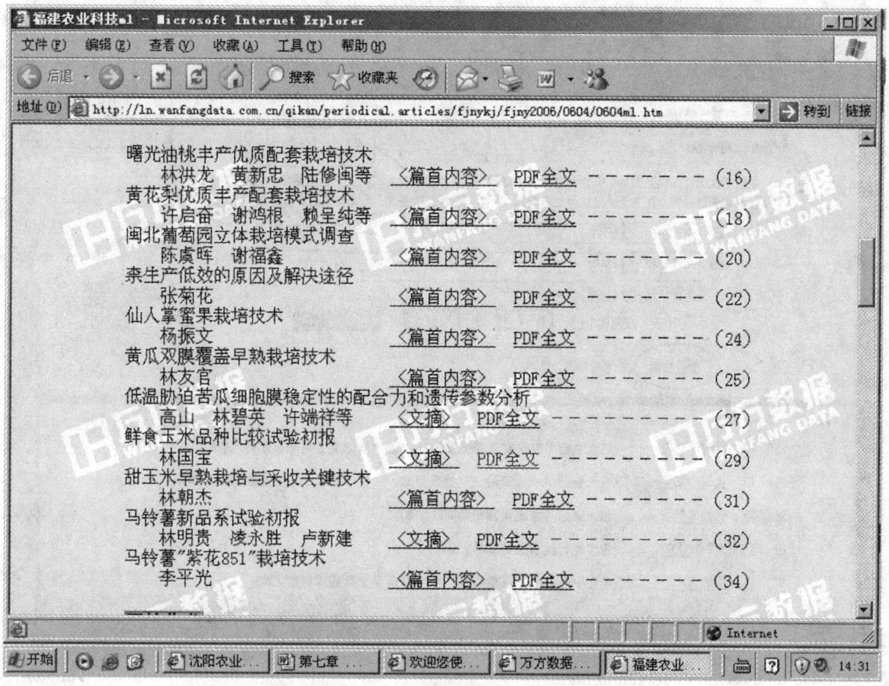

图 4-76　某一期期刊的目录页面

第二种:选择文本工具。点击“选择工具”按钮,鼠标呈“I”字状态,选择所需内容复制粘贴到相应文档,所选内容可以根据需要随意编辑。

第三种:照片保存。点击“快照工具”按钮,鼠标呈“十”字状态,选择所需内容复制粘贴到相应文档,所选内容以照片的形式保存,不可以随意编辑,适合保存图片和表格。

3. 其他数据库

“中国会议论文全文数据库”、“西文会议论文全文数据库”、“中国标准文献数据库”、“科技信息子系统”等数据库经典检索界面与“数字化期刊全文数据库”经典检索界面类似,其检索步骤与“数字化期刊全文数据库”类似;“中国法律法规全文库”、“中国专利全文库”经典检索界面与“中国学位论文全文库”经典检索界面类似,其检索步骤与之类似,故此略之。

4.2.3　跨库检索

登录万方首页,可以在系统首页的检索入口中输入检索词进行跨库检索,也可以进入跨库检索页面,选择检索范围后进行跨库检索:点击页面上方“跨库检索”或者点击某数据库检索结果页面上的“跨库检索”,进入图 4-77 所示跨库检索界面。

页面上半部为检索区,分为经典检索和专业检索;下半部检索范围选择区,将万方数据库资源分为若干大类,用户在进行检索前需要先选择所需数据库。根据需要勾选大类前面的复选框,选择所需数据库,检索区页面根据所选的数据库进行切换。

(1)经典检索:如图 4-77,在经典检索界面,可以根据检索需要增加或删除检索条件框,在输入框中输入相应检索词,匹配各检索词之间的关系,点击“检索”按钮,进入检索结果页面(图 4-78)。

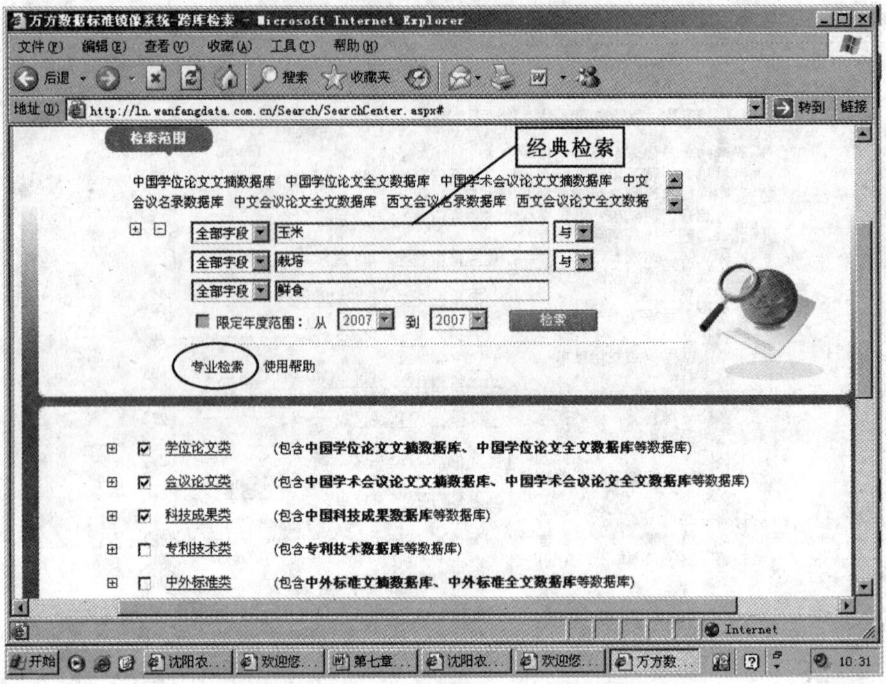

图 4-77 跨库检索界面

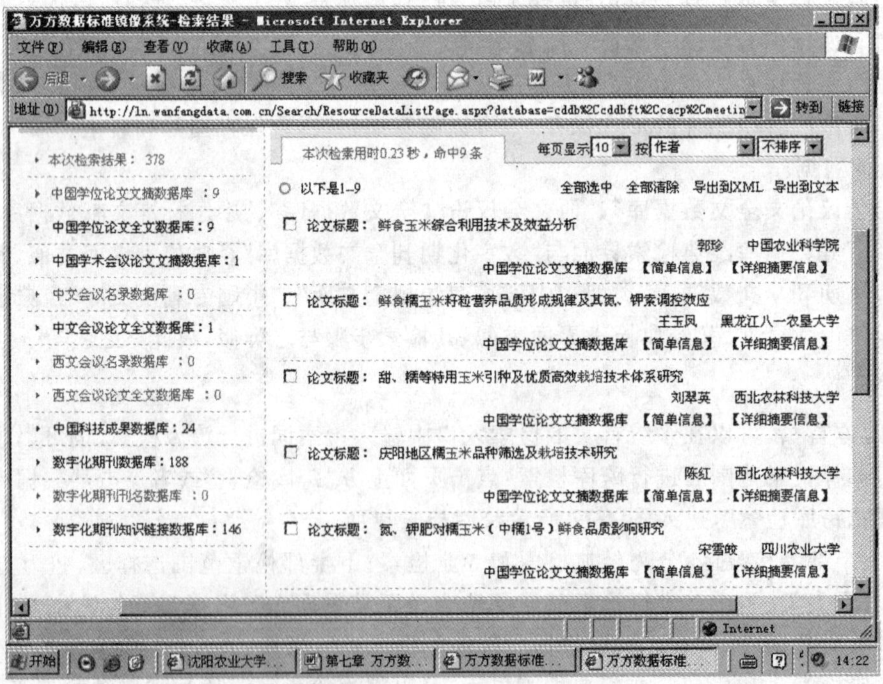

图 4-78 检索结果页面

检索结果页面左侧显示本次检索命中的信息总条数以及分布在各个数据库的命中信息条数，右侧则显示相应数据库命中信息的论文标题、著者等信息。如图 4-78，右侧显示"中国学位论文文摘数据库"命中的 9 条信息。若点击左侧"数字化期刊数据库"，右侧即显示该数据库命中的 188 条信息。如图 4-79，命中结果与单库检索结果相同。

图 4-79　跨库检索结果页面

(2)专业检索：在跨库检索界面，点击"专业检索"进入专业检索界面。在输入框中输入检索表达式，点击"检索"按钮，即可完成专业检索(图 4-80)。

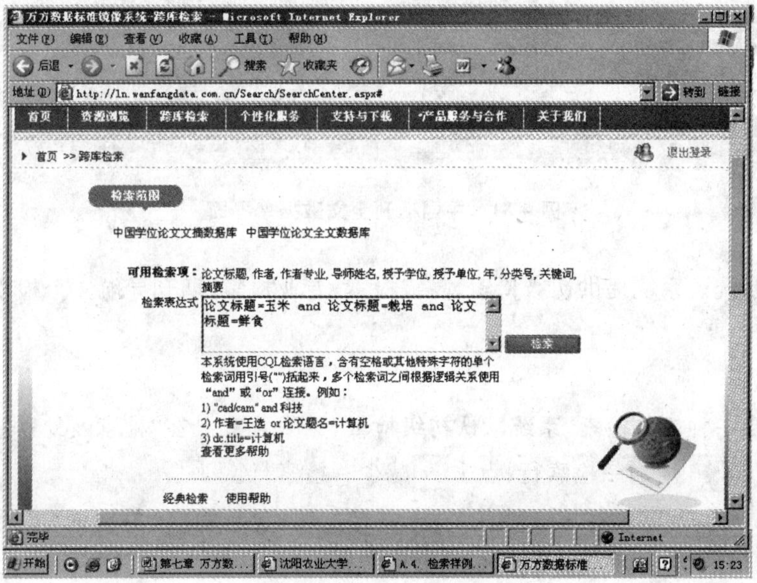

图 4-80　专业检索界面

4.3 中国期刊全文数据库(农业专辑)

《中国期刊全文数据库》(China Journal Full-text Database,CJFD)是目前世界上最大的连续动态更新的中国期刊全文数据库。收录国内 8 200 多种重要期刊,以学术、技术、政策指导、高等科普及教育类为主,同时收录部分基础教育、大众科普、大众文化和文艺作品类刊物,内容覆盖自然科学、工程技术、农业、哲学、医学、人文社会科学等各个领域,全文文献总量 2 200 多万篇。产品分为十大专辑:理工 A、理工 B、理工 C、农业、医药卫生、文史哲、政治军事与法律、教育与社会科学综合、电子技术与信息科学、经济与管理。十个专辑下分为 168 个专题和近 3 600 个子栏目。收录年限:1994 年至今(部分刊物回溯至创刊)。

输入用户名、密码后,点击“登录”(图 4-81)。

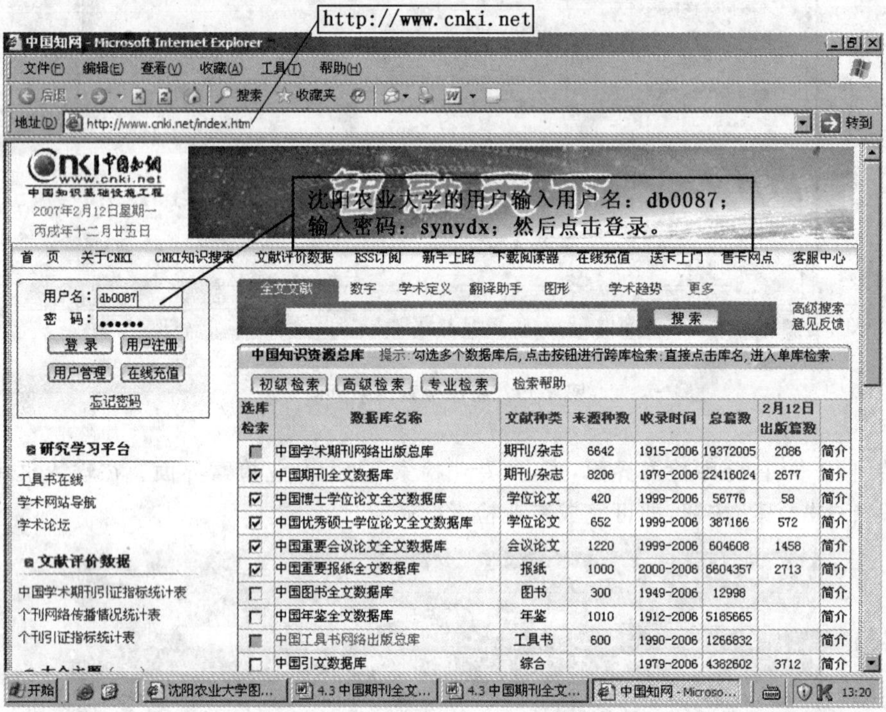

图 4-81 中国期刊全文数据库界面

进入检索系统。系统提供初级检索、高级检索、专业检索、期刊导航 4 个检索功能入口(图 4-82)。

4.3.1 初级检索

初级检索是一种简单检索,系统默认初级检索,见图 4-82。在“检索及检索限制区”中:

①逻辑:点击 增加一检索行;点击 减少一检索行。

②检索项:检索项名称在下拉列表中显示,有主题(包含篇名、关键词、摘要)、篇名、关键词、摘要、作者、第一作者、单位、刊名等 16 个检索项。

③词频:词频指检索词在相应检索项中出现的频次。词频为空,表示至少出现 1 次,如果为数字,例如 3,则表示至少出现 3 次,依此类推。

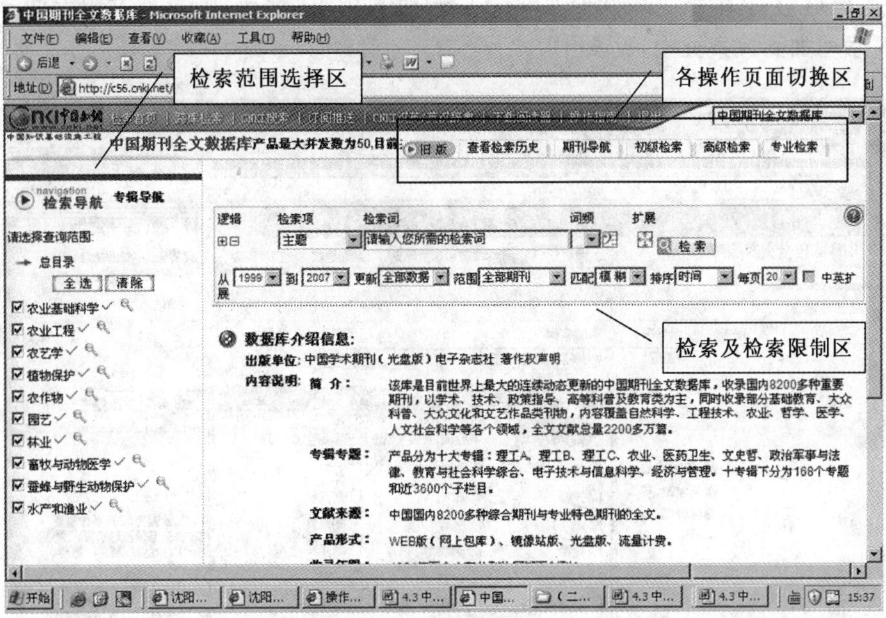

图 4-82　检索功能页面

④最近词:点击图标 ,将弹出一个窗口,记录最近输入的 10 个检索词。点击您所需要的检索词,则该检索词自动进入检索框中(图 4-83)。

图 4-83　最近词的选择

⑤扩展:点击图标 ,将弹出一个窗口,显示以输入词为中心的相关词。

在弹出窗口中,点击一个相关词前的 ,再点击“确定”按钮,则该相关词自动以“逻辑与”的关系增加到检索框中。

在弹出窗口中，点击多个相关词前的□，再点击“确定”按钮，则该多个相关词之间以“逻辑或”的关系增加到检索框中，见图 4-84，

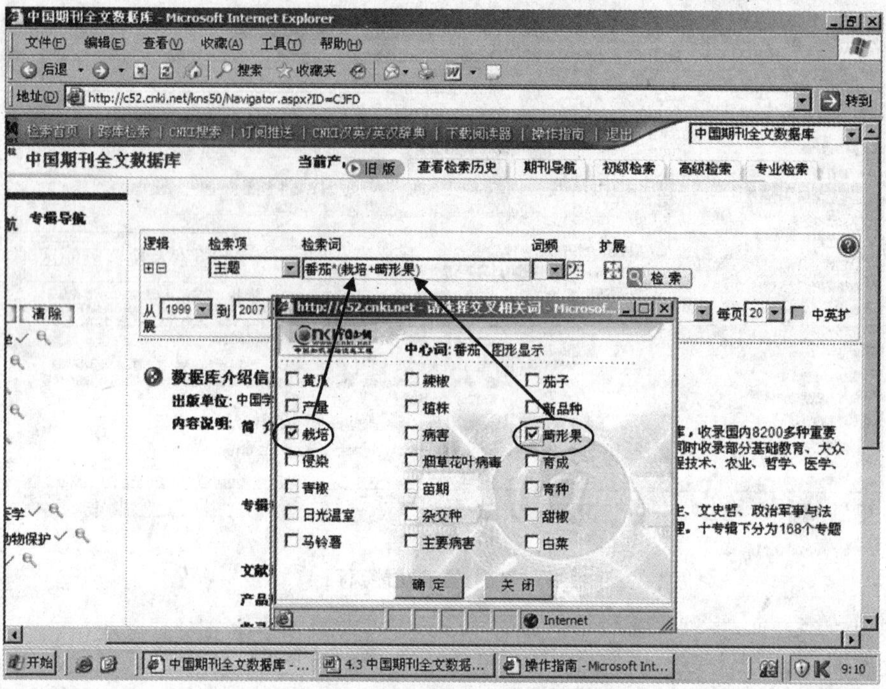

图 4-84 在检索框添加多个相关词的检索

在弹出窗口中，点击所需要的相关词，则该相关词自动进入检索框并取代原先所输入词所需要的检索词。

⑥更新

全部数据——数据库现有全部的数据；

最近一月——最近 1 个月入库的数据；

最近一周——最近 1 周入库的数据；

最近三月——最近 3 个月入库的数据；

最近半年——最近半年入库的数据。

⑦范围

全部期刊——库中收录的全部期刊；

EI 来源期刊——库中收录的期刊中被 EI 收录的部分；

SCI 来源期刊——库中收录的期刊中被 SCI 收录的部分；

核心期刊——库中收录的期刊中被《中文核心期刊要目总览》中收录的部分。

⑧匹配

精确——检索结果完全等同或包含与检索字/词完全相同的词语；

模糊——检索结果包含检索字/词或检索词中的词素。

⑨排序

时间——按文献入库时间逆序输出；

无——按文献入库时间顺序输出；

相关度——按词频、位置的相关程度从高到低顺序输出。

⑩每页：在此选择检索结果页面所要显示的记录条数，提供 5 种值：10，20，30，40，50。

⑪中英扩展：在匹配方式选择“精确”时可用。如输入检索词番茄，选中中英扩展，可扩展检索到含有“番茄”和“tomato”的文献。

(1)检索示例。以“番茄反季节栽培”为例，介绍检索过程，见图 4-85。

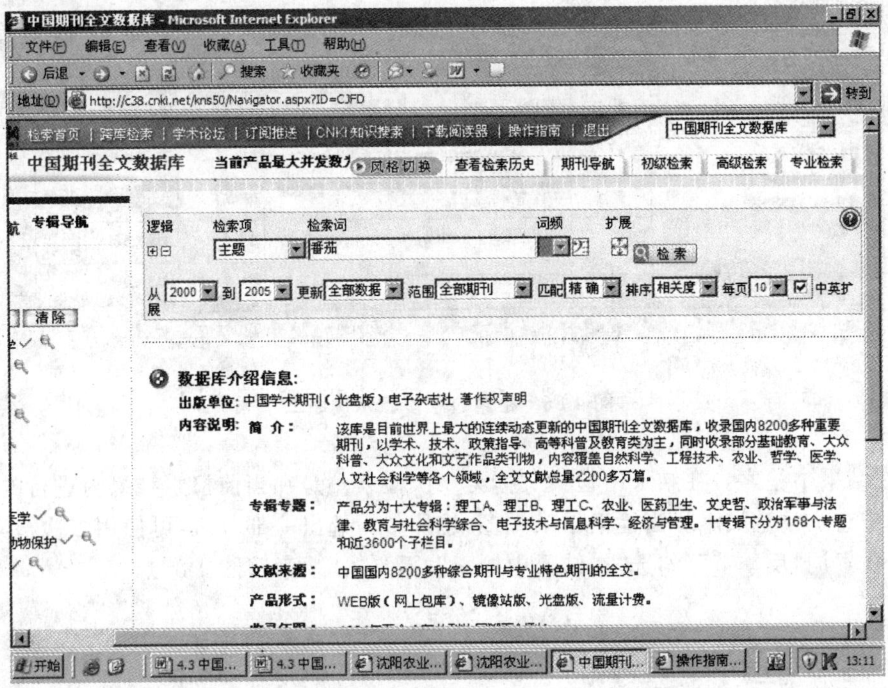
中国期刊全文数据库 - Microsoft Internet Explorer
文件(F) 编辑(E) 查看(V) 收藏(A) 工具(T) 帮助(H)
地址(D) http://c38.cnki.net/kns50/Navigator.aspx?ID=CJFD
中国期刊全文数据库
逻辑 检索项 检索词 词频 扩展
主题 番茄
检索
从 2000 到 2005 更新 全部数据 范围 全部期刊 匹配 精确 排序 相关度 每页 10 中英扩展
数据库介绍信息：
出版单位：中国学术期刊（光盘版）电子杂志社 著作权声明
内容说明：简 介：
该库是目前世界上最大的连续动态更新的中国期刊全文数据库，收录国内8200多种重要期刊，以学术、技术、政策指导、高等科普及教育类为主，同时收录部分基础教育、大众科普、大众文化和文艺作品类刊物，内容覆盖自然科学、工程技术、农业、哲学、医学、人文社会科学等各个领域，全文文献总量2200多万篇。
专辑专题：
产品分为十大专辑：理工A、理工B、理工C、农业、医药卫生、文史哲、政治军事与法律、教育与社会科学综合、电子技术与信息科学、经济与管理。十专辑下分为168个专题和近3600个子栏目。
文献来源：
中国国内8200多种综合期刊与专业特色期刊的全文。
产品形式：
WEB版（网上包库）、镜像站版、光盘版、流量计费。

图 4-85 检索过程步骤示例之一

第一步：输入检索词——番茄。

第二步：做检索限制选择。

①检索项——选择主题，即在篇名、关键词、摘要字段中同时检索。

②时间——2000—2005，即检索 2000—2005 年之间发表的文献。

③范围——全部期刊。

④匹配——精确。

⑤排序——相关度。

⑥每页——10 条。

⑦选中“中英扩展”。

第三步：点击检索，得检索结果 6 087 条。即凡在篇名或关键词或摘要中出现的“番茄”、“tomato”一词的文献共有 6 087 篇被检中。这个检索结果太多，需进行二次检索(图 4-86)。

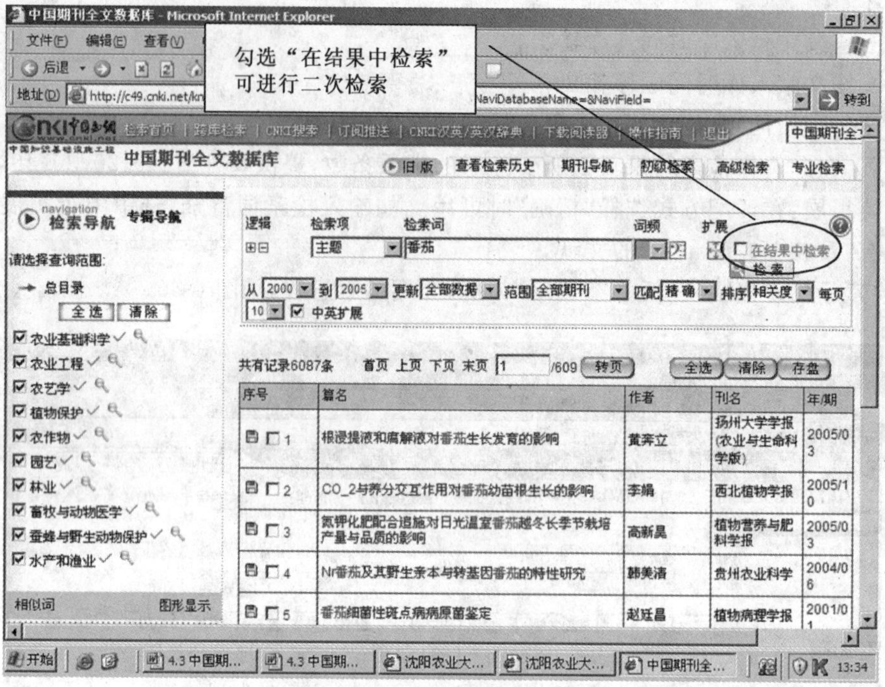

图 4-86 检索过程步骤示例之二

(2)在结果中检索。在结果中检索又称为二次检索。是在当前检索结果内进行的检索,主要作用是进一步精选文献。当检索结果太多,想从中精选出一部分时,可使用二次检索。

输入检索词"反季节",勾选"在结果中检索",再点击"检索"(图 4-87)。

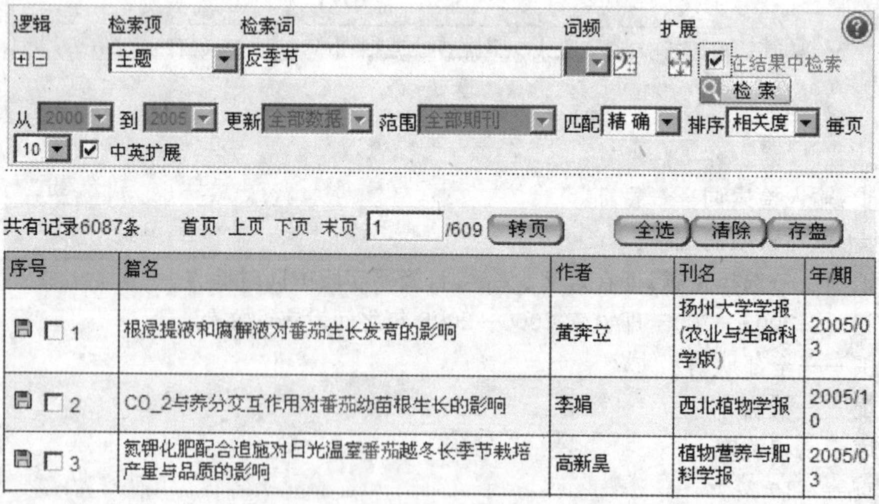

图 4-87 二次检索

检索结果为 41 条。再次进行二次检索，输入检索词“栽培”，勾选“在结果中检索”，点击“检索”(图 4-88)。

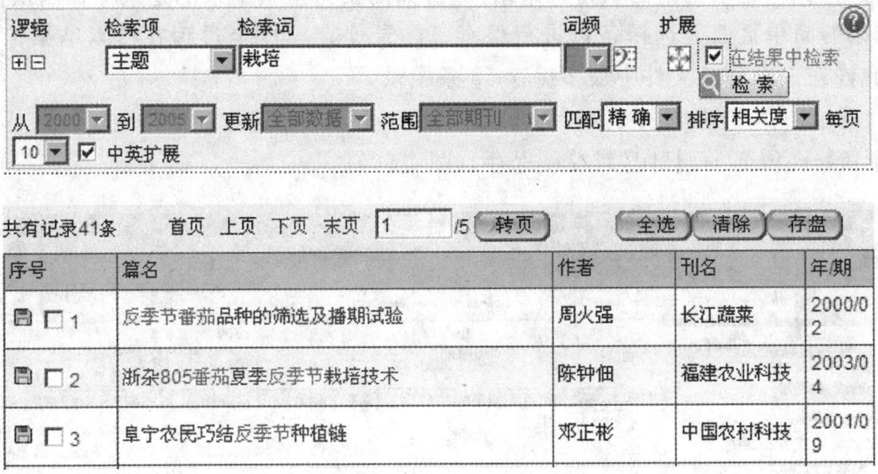

图 4-88　二次检索结果示例

最后查到“番茄反季节栽培”的文献 33 篇，这与我们想要的检索结果非常相关(图 4-89)。

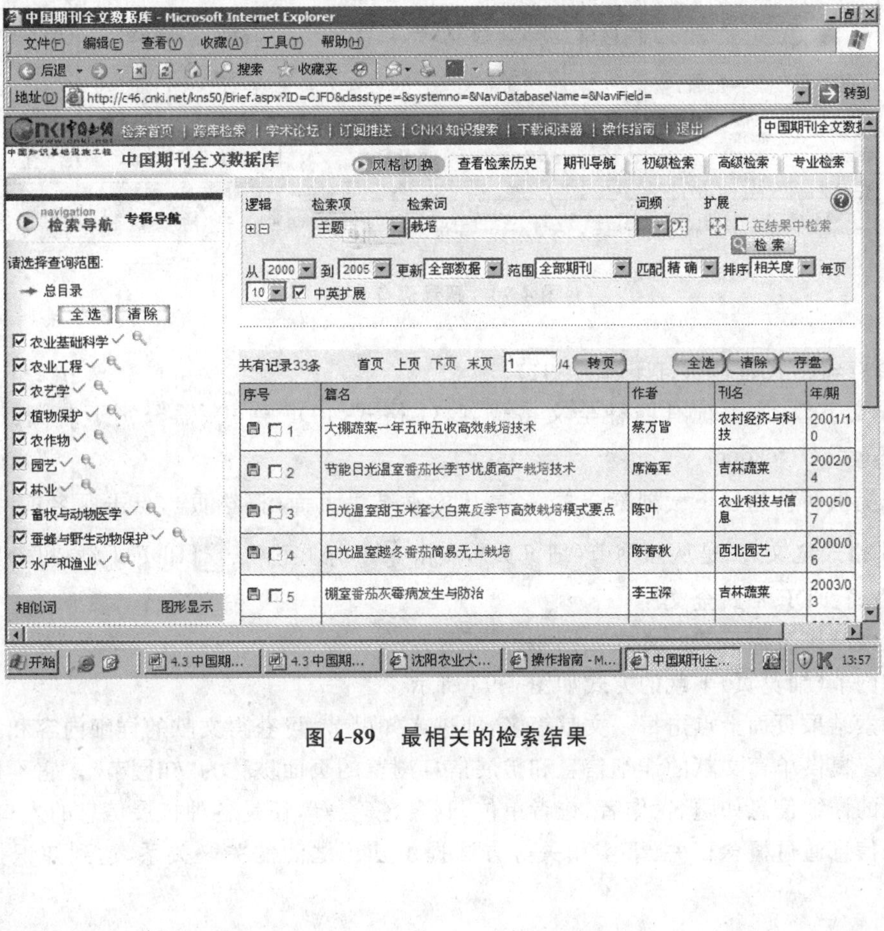

图 4-89　最相关的检索结果

(3)检索结果的保存下载。

①题录保存:“题录”是指文献的基本信息,包括题名、作者、关键词、作者机构、文献来源、摘要等。选择保存题录是指当获得检索结果后,如需要将检索结果的题录保存以供他用时,可在检索结果的简单页面上选择条目进行保存。题录保存操作全过程在检索结果简单页面完成,系统允许在一个题录文件中最多保存 50 条题录。

保存题录操作步骤:选择题录(全选或单选)→ 存盘 → 选择存盘格式(简单、详细、引文、自定义、查新)→ 预览 → 打印(或复制保存)(图 4-90)。

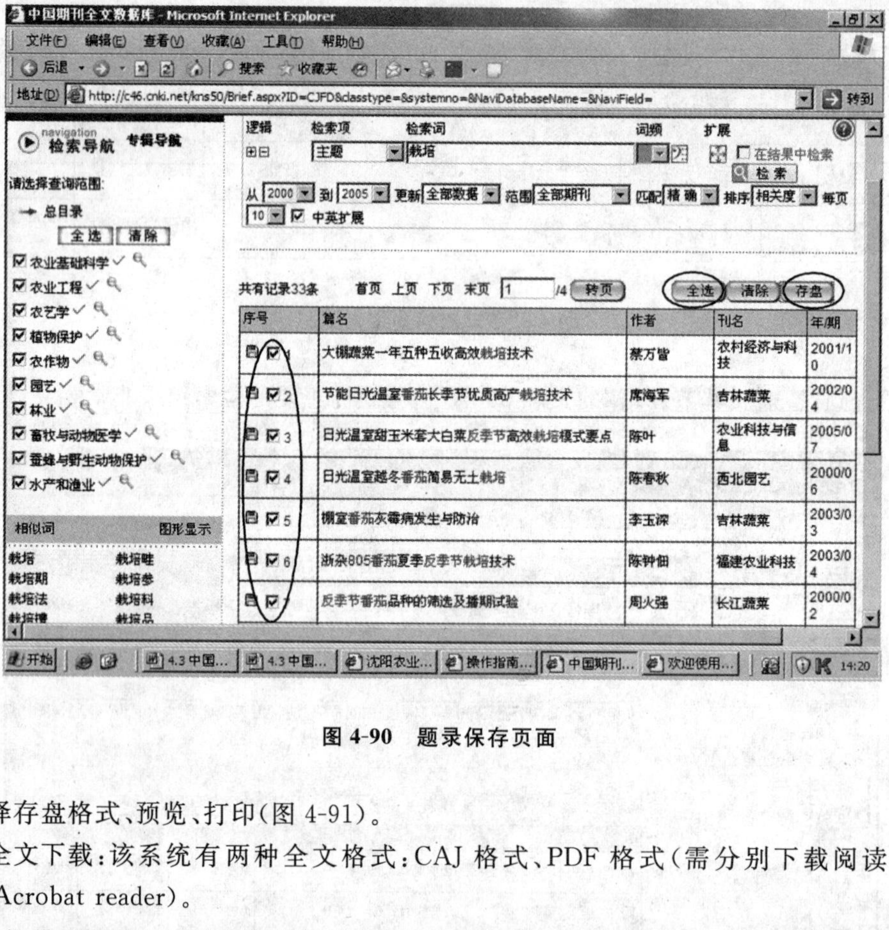

图 4-90　题录保存页面

选择存盘格式、预览、打印(图 4-91)。

②全文下载:该系统有两种全文格式:CAJ 格式、PDF 格式(需分别下载阅读器 CAJViewer、Acrobat reader)。

系统提供两种途径下载浏览全文:一是从检索结果页面(概览页),点击题名前的下载浏览 CAJ 格式全文;二是从知网节(细览页),点击 CAJ 下载、PDF 下载,可分别下载浏览 CAJ 格式、PDF 格式全文。

从检索结果页面下载的方式如图 4-92 所示。

从知网节(细览页)下载的方式如图 4-93 所示。

在检索结果页面上点击每一文献篇名,即进入知网节,可获得文献的详细内容和相关文献信息链接。提供单篇文献的详细信息和扩展信息浏览的页面被称为“知网节”。它不仅包含了单篇文献的详细信息如题名、作者、作者单位、刊名、摘要等,还是各种扩展信息的入口汇集点。这些扩展信息通过概念相关、事实相关等方法提示知识之间的关联关系,达到知识扩展的目

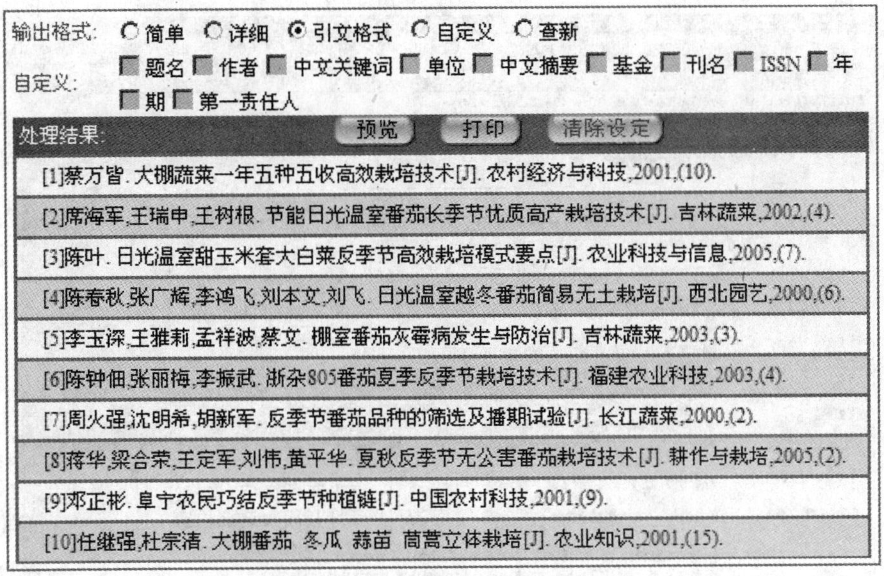

图 4-91 题录的存盘、预览及打印页面

图 4-92 从检索结果页面下载全文的页面

的,有助于新知识的学习和发现,帮助实现知识获取、知识发现。

相关文献信息链接如图 4-94 所示。

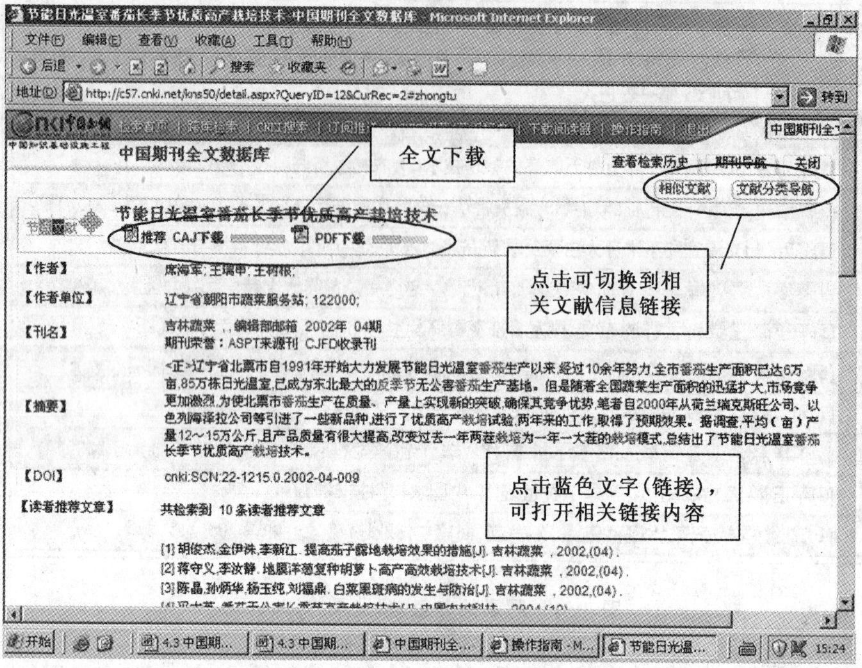

图 4-93　从知网节下载全文的页面

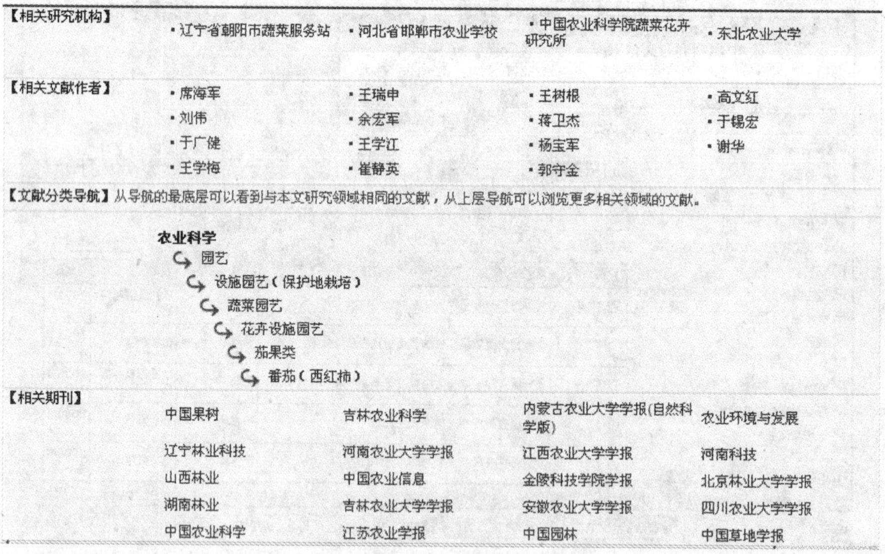

图 4-94　相关文献信息链接页面

4.3.2　高级检索

高级检索是一种比初级检索要复杂一些的检索方式(图 4-95)。

例如,检索 2000—2005 年期间在吉林蔬菜和长江蔬菜上发表的有关“番茄反季节栽培”的文献。

操作步骤如下：

第一步：输入检索词。在前两行分别输入番茄、反季节、栽培；第三行输入吉林蔬菜、长江蔬菜。

第二步：选择检索项。前两行选择主题；第三行选择刊名。

第三步：选择“关系”。三行的项间逻辑关系选择“并且”；第一行两个检索词之间选择“并且”，第三行两个检索词之间选择“或者”。即：(番茄 * 反季节 * 栽培) * (吉林蔬菜＋长江蔬菜)。

第四步：做检索条件限制。时间——2000—2005，范围——全部期刊，匹配——精确，排序——相关度，每页——10 条，选中“中英扩展”。

第五步：点击检索。

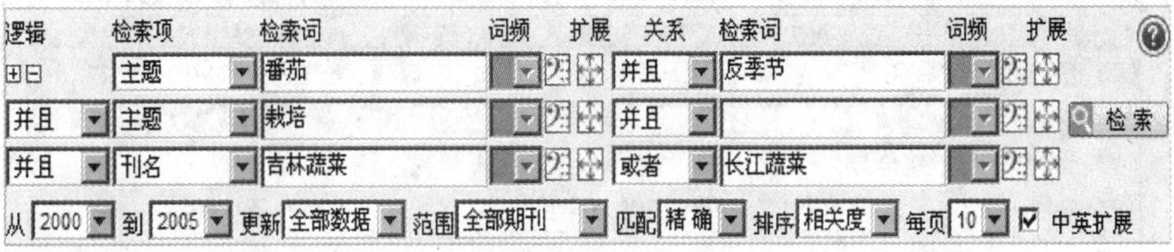

图 4-95　高级检索页面

检索结果：共有 5 条命中文献(图 4-96)。

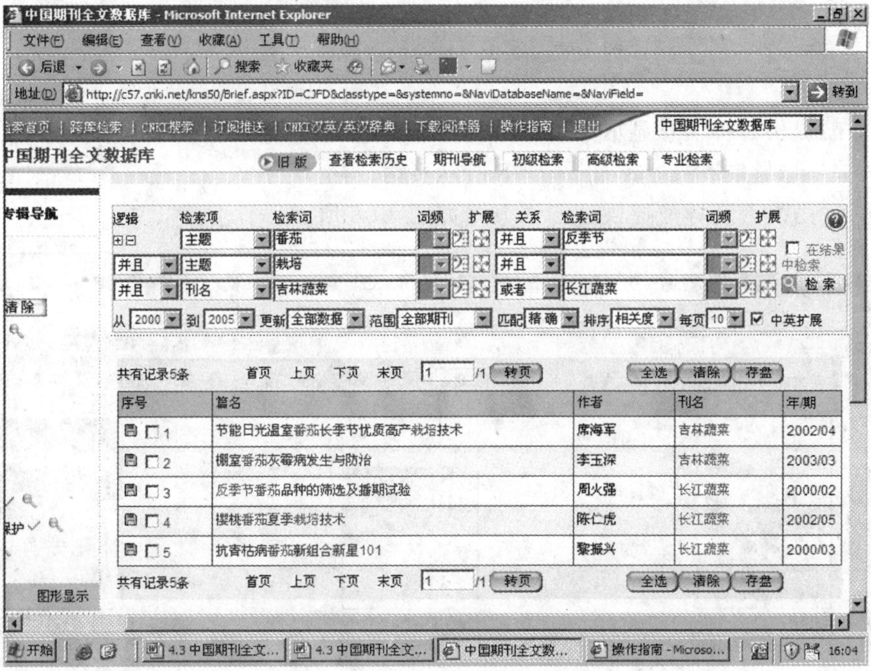

图 4-96　高级检索检索结果页面

4.3.3 专业检索

专业检索比高级检索功能更强大，但需要检索人员根据系统的检索语法编制检索式进行检索。适用于熟练掌握检索技术的专业检索人员，在此不做更多介绍。

4.3.4 期刊导航

期刊导航中提供了多种导航方式，见图 4-97。

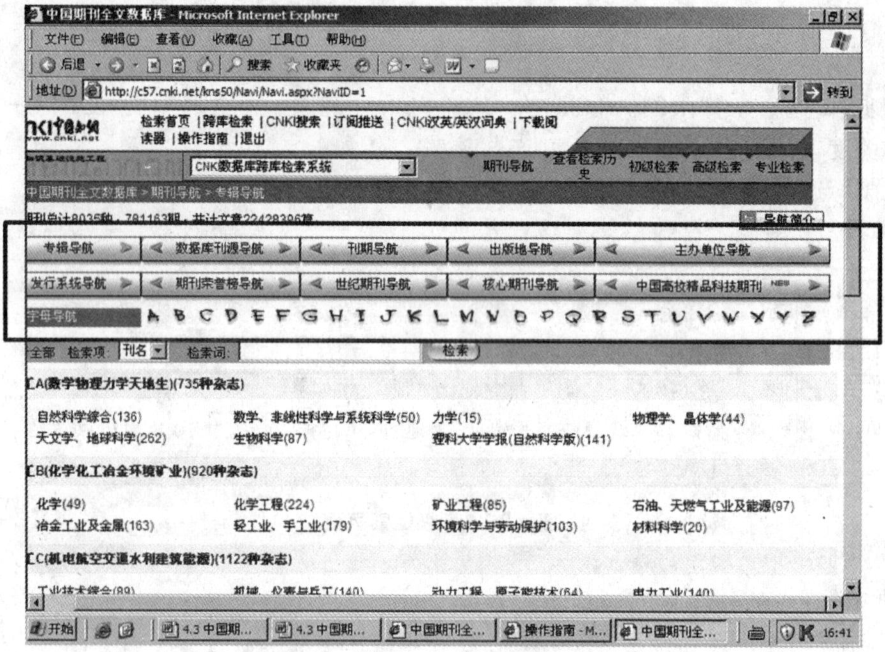

图 4-97 期刊导航中的多种导航方式

期刊导航提供 3 种信息显示方式：图形方式、列表方式、详细方式。

点击“首字母导航”中的“E”得图 4-98 所示页面，得：

(1)图形方式：期刊导航提供的图形方式如图 4-98 所示。

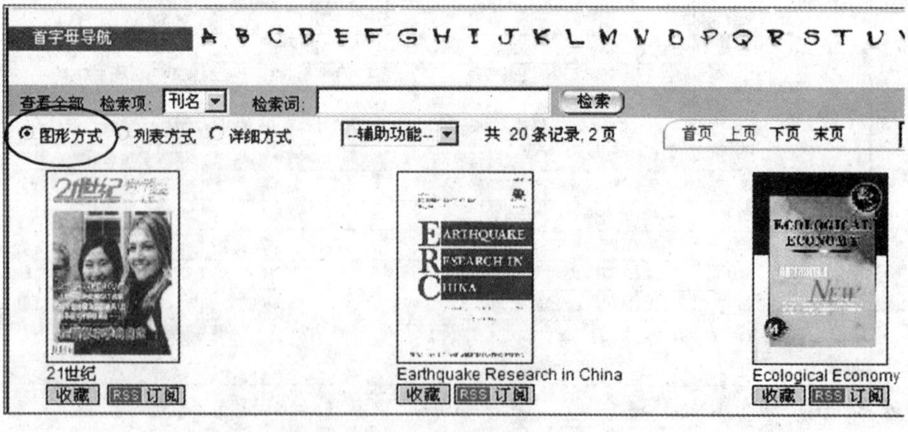

图 4-98 期刊导航的信息显示方式之图形方式

(2)列表方式:期刊导航提供的列表方式如图 4-99 所示。

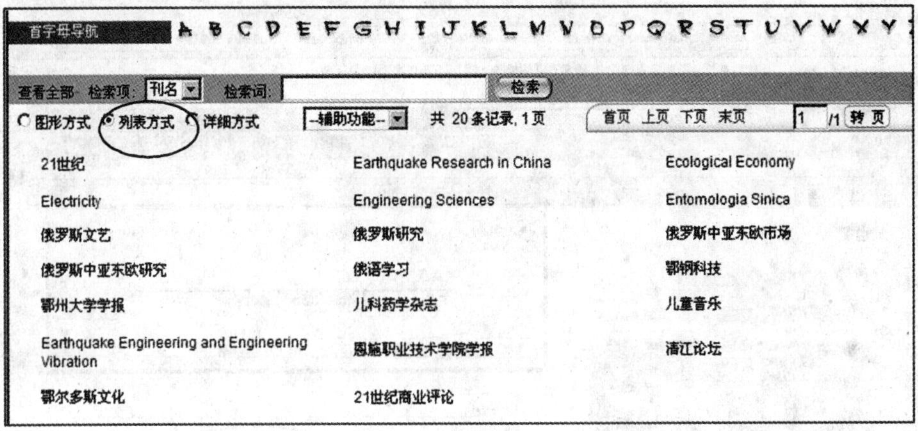

图 4-99　期刊导航的信息显示方式之列表方式

(3)详细方式:期刊导航提供的详细方式如图 4-100 所示。

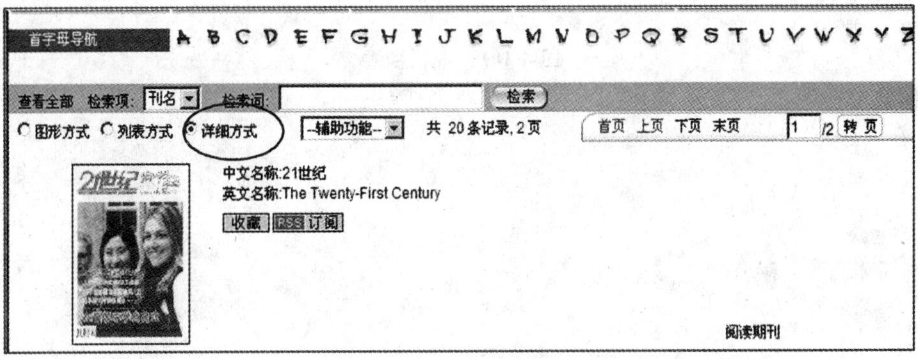

图 4-100　期刊导航的信息显示方式之详细方式

点击刊名"21 世纪",将获得该刊的相关情况以及浏览某年某期上的内容,还可以实现在本刊中检索(图 4-101)。

中国期刊全文数据库_21世纪 - Microsoft Internet Explorer
文件(F) 编辑(E) 查看(V) 收藏(A) 工具(T) 帮助(H)
后退 搜索 收藏夹
地址(D) http://c57.cnki.net/kns50/Navi/item.aspx?NaviID=1&BaseID=SIJI&NaviLink=%e6%8b%bc%e9%9f%b3%e5%88%8a%e5%90%8d
转到
检索首页 |跨库检索 |CNKI搜索 |订阅推送 |CNKI汉英/英汉词典 |下载阅读器 |操作指南 |退出
CNKI数据库跨库检索系统
期刊导航 查看检索历史 初级检索 高级检索 专业检索
中国期刊全文数据库 > 期刊导航 > 专辑导航 > 拼音刊名:E > 21世纪
收藏 RSS 订阅
检索项 刊名 检索词 检索
21世纪
本刊检索
逻辑 检索项 检索词
主题 请输入您所需的检索词 检索
1993 年 00 期 - 2007 年 01 期
刊期
2007年 1999年
2006年 1998年
2005年 1997年
2004年 1996年
2003年 1995年
2007年01期
new最新内容 2007年01期
在美国找律师
小编信箱
开始 4.3 中国期... 4.3 中国期... 中国期刊全... 操作指南 - M... http://c57.cn... 17:14

图 4-101 本刊检索

第 5 章　国外数据库

【实习目的、要求】了解 OVID、ProQuest 检索系统收录文献的范围，通过给定或自定的检索课题，熟悉检索系统提供的各种检索功能，制定和调整检索策略，达到最佳检索效果，并学会处理检索结果。

5.1　OVID 数据库

OVID Technologies，Inc. 是全球著名的数据库提供商，属于 Wolters Kluwer 子公司之一。于 2001 年 6 月与银盘公司(Silver Platter Information) 合并，组成全球最大的电子数据库出版公司，提供人文、社科、科技方面的数据库服务。OVID 将资源集中在单一平台上，并透过资源间的链接使用户能够在同一平台上检索及浏览综合信息方案、数据库、期刊、电子参考书等所有资源。CABI、AGRIS、AGRICOLA 属于 OVID 资源。

CABI、AGRIS、AGRICOLA 是世界三大农业光盘数据库，是当今世界农业文献收录量最大，专业覆盖面最广、利用率最高的农业文献数据库。

OVID 数据库有网络检索和本地镜像两个检索界面。

5.1.1　检索系统介绍

打开 OVID 数据库后，点击各复选框“□”，可选择所要检索的具体数据库，再执行“CONTINUE”操作(图 5-1)，便能打开 OVID 数据库网络检索界面(图 5-2)。

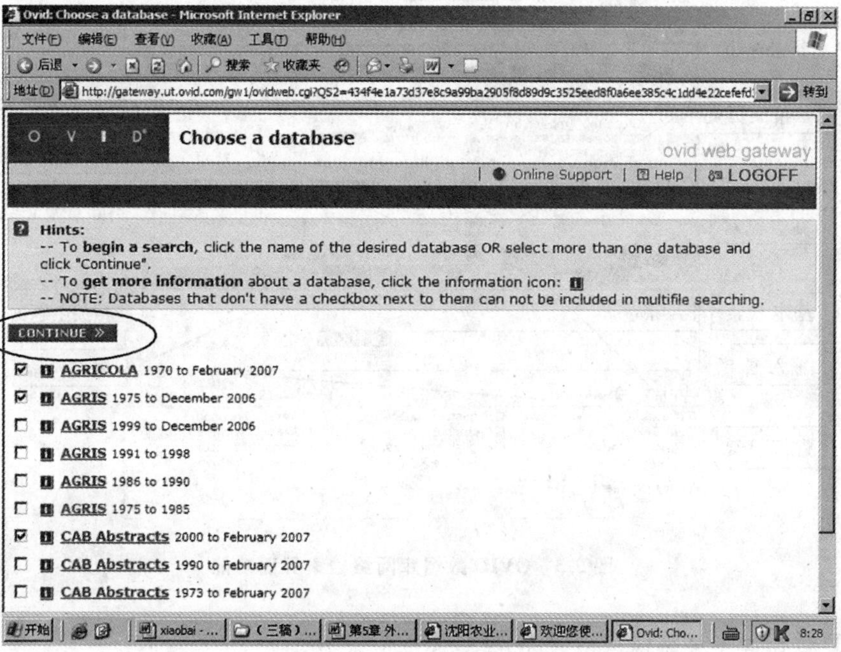

图 5-1　OVID 数据库中具体数据库的选择

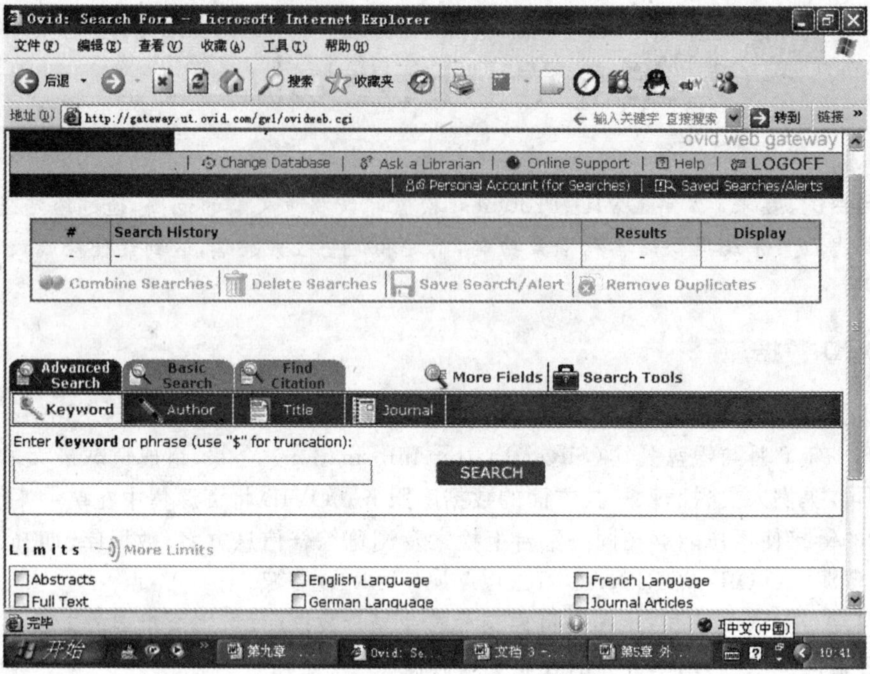

图 5-2 OVID 数据库网络检索主界面

OVID 数据库网络检索界面介绍(图 5-3)。

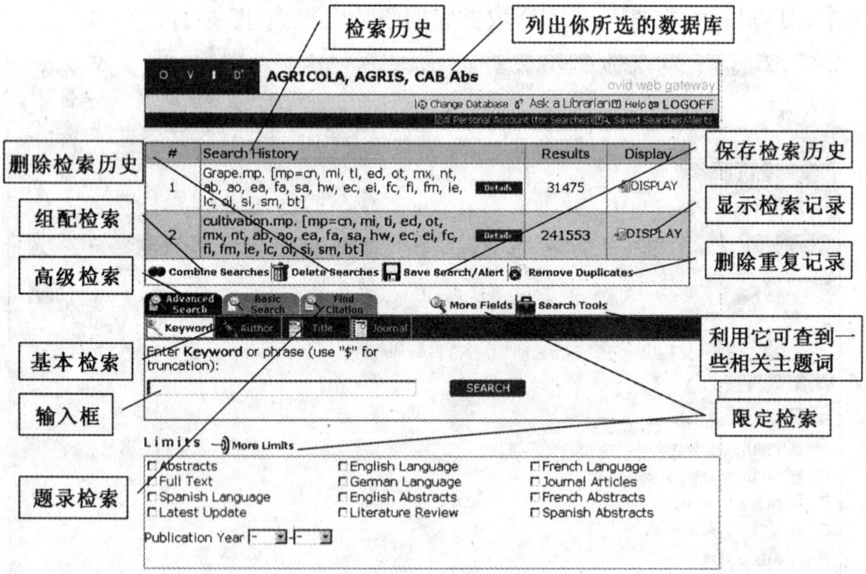

图 5-3 OVID 数据库网络检索界面功能

OVID 数据库本地镜像检索界面介绍(图 5-4)。

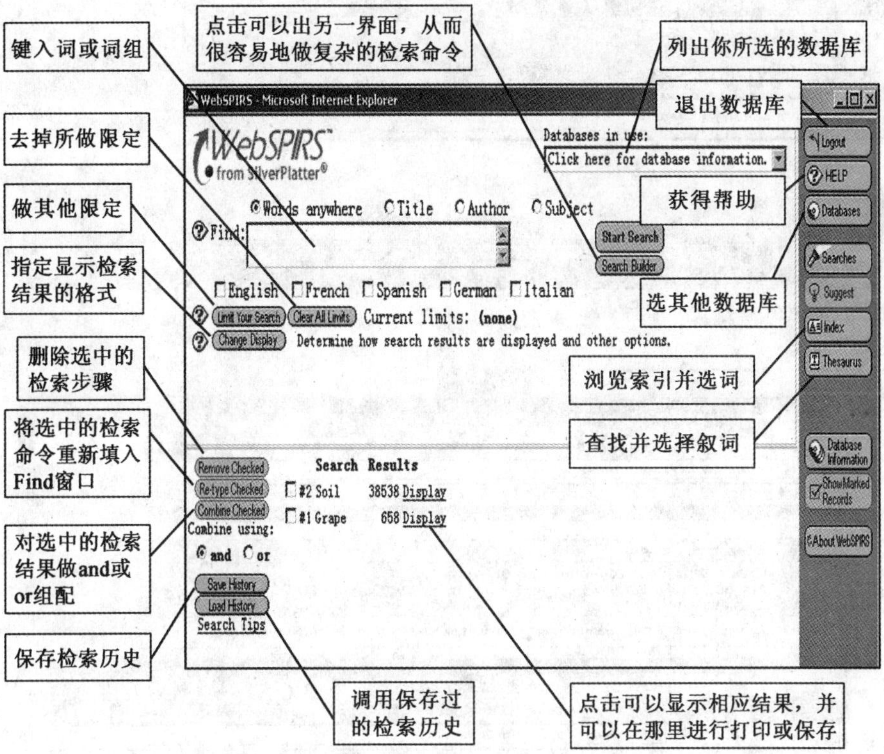

图 5-4　OVID 数据库本地镜像检索界面功能

5.1.2　检索过程举例

以"葡萄栽培的土壤适应性研究"为例。

(1)分析课题,确定主题词:葡萄(Grape)、栽培(Cultivation)、土壤适应性(Soil Adaptability)。

(2)Advanced Search:按本课题要求,选择 Advanced Search 检索的"Keyword"检索。在输入框中分别输入"Grape"、"cultivation"、"Soil"、"Adaptability",如果不再做其他限定,则点击 Search 钮,检索指令执行(图 5-5)。

如果在已知文章作者的情况下,可用 Basic Search 检索界面,通过分别输入主题词和作者姓名来检索(图 5-6)。

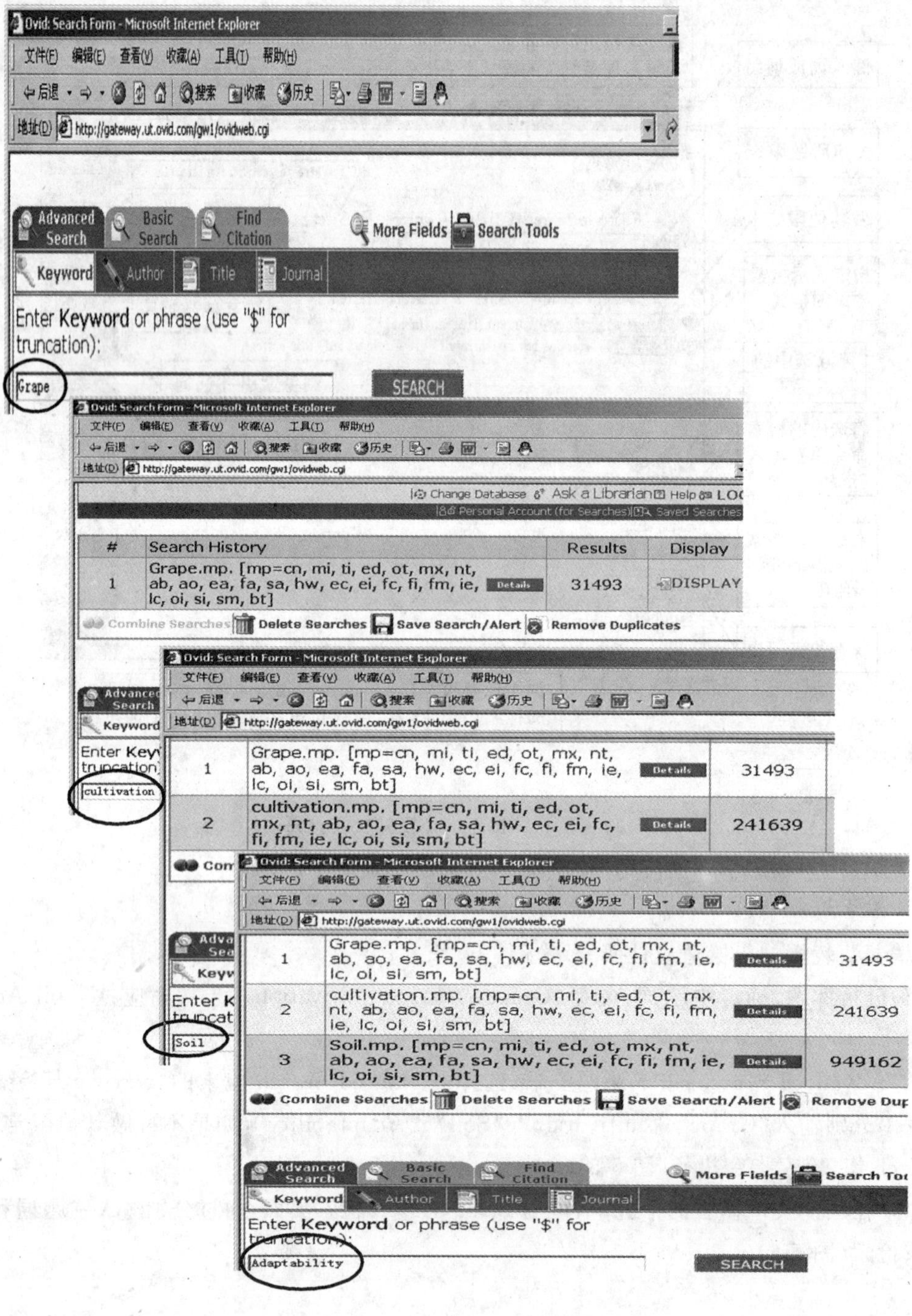
Ovid: Search Form - Microsoft Internet Explorer
文件(F) 编辑(E) 查看(V) 收藏(A) 工具(T) 帮助(H)
http://gateway.ut.ovid.com/gw1/ovidweb.cgi
Advanced Search
Basic Search
Find Citation
More Fields
Search Tools
Keyword
Author
Title
Journal
Enter Keyword or phrase (use "$" for truncation):
Grape
SEARCH
Change Database
Ask a Librarian
Help
Search History
Results
Display
Grape.mp. [mp=cn, mi, ti, ed, ot, mx, nt, ab, ao, ea, fa, sa, hw, ec, ei, fc, fi, fm, ie, lc, oi, si, sm, bt]
31493
DISPLAY
Combine Searches
Delete Searches
Save Search/Alert
Remove Duplicates
cultivation
cultivation.mp. [mp=cn, mi, ti, ed, ot, mx, nt, ab, ao, ea, fa, sa, hw, ec, ei, fc, fi, fm, ie, lc, oi, si, sm, bt]
241639
Soil
Soil.mp. [mp=cn, mi, ti, ed, ot, mx, nt, ab, ao, ea, fa, sa, hw, ec, ei, fc, fi, fm, ie, lc, oi, si, sm, bt]
949162
Adaptability

图 5-5 检索过程举例

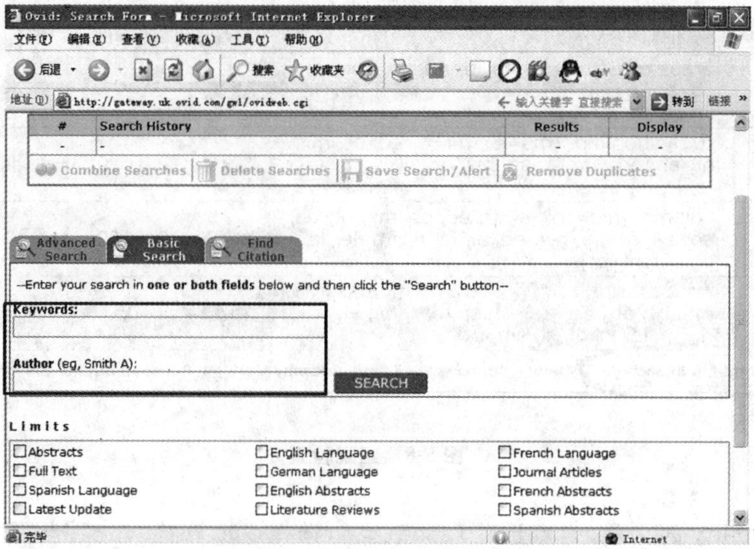

图 5-6　Basic Search 检索界面

如果已知条件较多，可通过 Find Citation 界面（图 5-7），Article Title 后输入文章题目的一部分或全部；Journal Name 后输入刊名的一部分或全部（可用截词符 $）；Author Surname 后输入作者名字（可用截词符 $）；Volume 后输入期刊的卷号；Issue 后输入刊期；Article First Page 后输入文章在期刊中的起始页码。

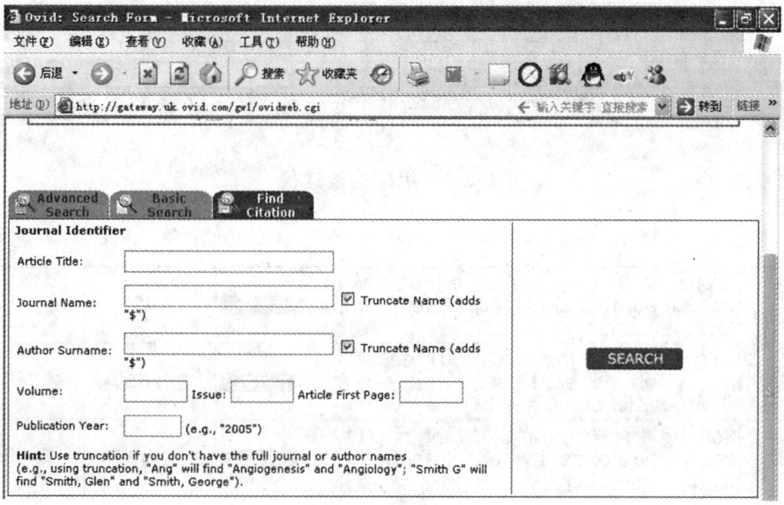

图 5-7　Find Citation 界面

5.1.3　组配检索

如图 5-8 所示，点击 Combine Searches，即可组配检索。

当点选＃1、＃2、＃3、＃4，选择逻辑算符“and”，点击“CONTINUE”，满足 Grape * cultivation * Soil * Adaptability 的检索结果为零，表示系统中没有同时满足 Grape、cultivation、

#	Search History		Results	Display
1	Grape.mp. [mp=cn, mi, ti, ed, ot, mx, nt, ab, ao, ea, fa, sa, hw, ec, ei, fc, fi, fm, ie, lc, oi, si, sm, bt]	Details	31493	DISPLAY
2	cultivation.mp. [mp=cn, mi, ti, ed, ot, mx, nt, ab, ao, ea, fa, sa, hw, ec, ei, fc, fi, fm, ie, lc, oi, si, sm, bt]	Details	241639	DISPLAY
3	Soil.mp. [mp=cn, mi, ti, ed, ot, mx, nt, ab, ao, ea, fa, sa, hw, ec, ei, fc, fi, fm, ie, lc, oi, si, sm, bt]	Details	949162	DISPLAY
4	Adaptability.mp. [mp=cn, mi, ti, ed, ot, mx, nt, ab, ao, ea, fa, sa, hw, ec, ei, fc, fi, fm, ie, lc, oi, si, sm, bt]	Details	10057	DISPLAY

Combine Searches　Delete Searches　Save Search/Alert　Remove Duplicates

图 5-8　组配检索

Soil 和 Adaptability 的文章；当点选＃1、＃3、＃4，选择逻辑算符“and”，点击“CONTINUE”（图 5-9），满足 Grape ＊ Soil ＊ Adaptability 的相关文章有 6 篇（图 5-10）。

Combine a search using AND　CONTINUE »

Select	#	Search History	Results
☑	1	Grape.mp. [mp=cn, mi, ti, ed, ot, mx, nt, ab, ao, ea, fa, sa, hw, ec, ei, fc, fi, fm, ie, lc, oi, si, sm, bt]	31493
☐	2	cultivation.mp. [mp=cn, mi, ti, ed, ot, mx, nt, ab, ao, ea, fa, sa, hw, ec, ei, fc, fi, fm, ie, lc, oi, si, sm, bt]	241639
☑	3	Soil.mp. [mp=cn, mi, ti, ed, ot, mx, nt, ab, ao, ea, fa, sa, hw, ec, ei, fc, fi, fm, ie, lc, oi, si, sm, bt]	949162
☑	4	Adaptability.mp. [mp=cn, mi, ti, ed, ot, mx, nt, ab, ao, ea, fa, sa, hw, ec, ei, fc, fi, fm, ie, lc, oi, si, sm, bt]	10057

图 5-9　组配检索过程

1	Grape.mp. [mp=cn, mi, ti, ed, ot, mx, nt, ab, ao, ea, fa, sa, hw, ec, ei, fc, fi, fm, ie, lc, oi, si, sm, bt]	Details	31493	DISPLAY
2	cultivation.mp. [mp=cn, mi, ti, ed, ot, mx, nt, ab, ao, ea, fa, sa, hw, ec, ei, fc, fi, fm, ie, lc, oi, si, sm, bt]	Details	241639	DISPLAY
3	Soil.mp. [mp=cn, mi, ti, ed, ot, mx, nt, ab, ao, ea, fa, sa, hw, ec, ei, fc, fi, fm, ie, lc, oi, si, sm, bt]	Details	949162	DISPLAY
4	Adaptability.mp. [mp=cn, mi, ti, ed, ot, mx, nt, ab, ao, ea, fa, sa, hw, ec, ei, fc, fi, fm, ie, lc, oi, si, sm, bt]	Details	10057	DISPLAY
5	1 and 3 and 4	Details	6	DISPLAY

Combine Searches　Delete Searches　Save Search/Alert　Remove Duplicates

图 5-10　组配检索结果

5.1.4 词表检索

如图 5-11 所示，点击 Search Tool，即可调出系统词表(图 5-12)，对选出合适的词进行检索很有帮助。

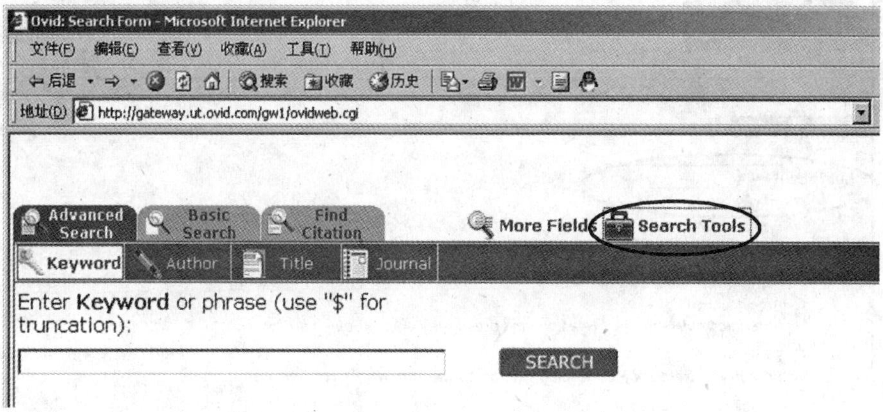

图 5-11　系统词表的调用

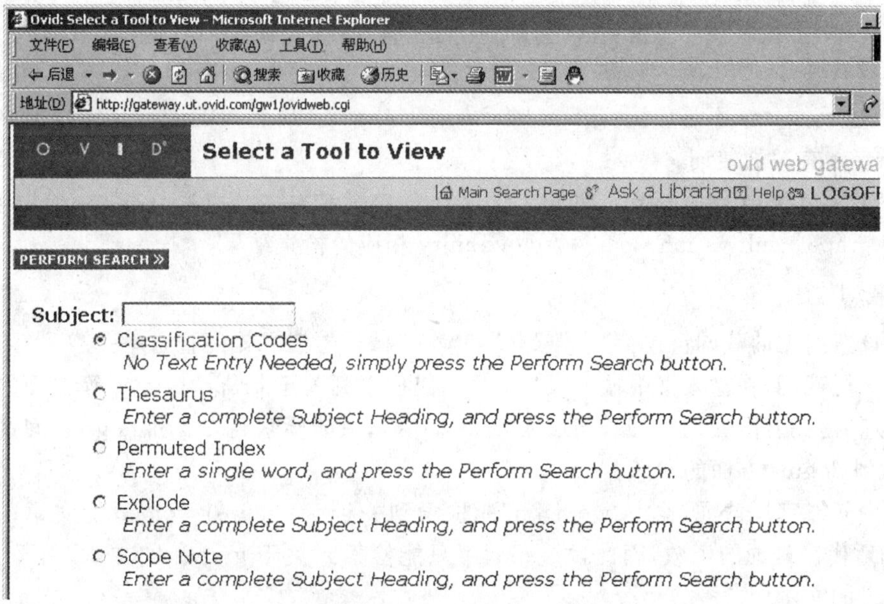

图 5-12　系统词表的使用

在图 5-12 中，Classification Codes：分类代码，可安排主题次序，为了提高检索的准确率，可使用分类代码；Thesaurus：叙词；Permuted Index：轮排索引，显示轮排索引中与输入主题词有关的主题词；Scope Note：词条注释，查询输入主题词的定义、注释、历史变更、使用范围等；Explode：扩展检索，可进行该主题词及下位词扩展检索。

利用 Thesaurus 进一步选词检索 Grape * cultivation * Soil * Adaptability 方面的文章：在图 5-13 词表中选“Thesaurus”，输入框中输入“grape”，点击“PERFORM SEARCH”。

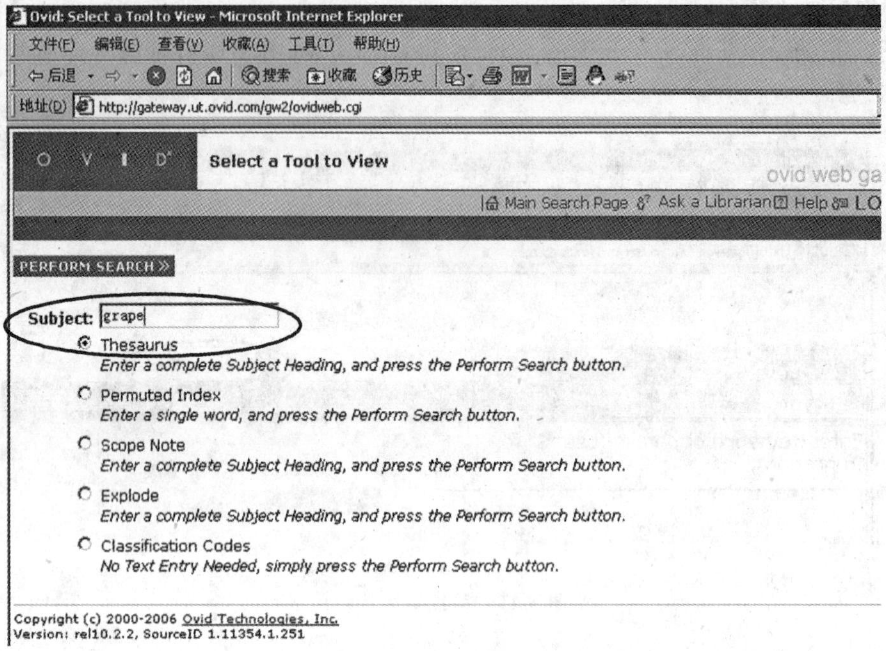

图 5-13 利用 Thesaurus 进一步选词检索

系统显示,grape 不是叙词,grape harvest 是与 grape 最相关的叙词。图 5-14 列出了与 grape harvest 有关的叙词。

再依次找出 cultivation、soil 和 adaptability 的检索结果,之后 Combine Search(参见 5.1.3)即可有 grape * cultivation * soil * Adaptability 相应的检索结果。

5.1.5 截词检索

OVID 数据库的截词符包括“$”、“#”和“?”。截词检索可提高查全率。

$:字尾截词,在输入框中输入“grape$”,能检索到关于 grape,grapes 等方面的文章(图 5-15);“$1”是一有限截词,因此,当输入“dog$1”时,只能检索到 dog 和 dogs 方面的文章,而不会检索到 dogma 方面的文章。

:中间或字尾截词,输入“wom#n”能检索到关于 woman 和 women 的文章;“#”本身就能精确地代表截词的个数,因此,“grape#”只能检索到关于 grapes 的文章,而不会检索到关于 grape 的文章。

? :中间或字尾截词,输入“colo?r”能同时检索 color 和 colour 方面的文章。其他条件都相同的情况下,“grape$”的检索结果比“grape#”的检索结果多(图 5-16)。

5.1.6 限定检索

任何时候,点击“Limits”或“More Limits”都可以对检索结果做出更详细的限定(图 5-17)。

5.1.7 检索结果显示

在图 5-18 中,点击“DISPLAY”按钮,能阅读关于 6 篇文章的更详细信息。

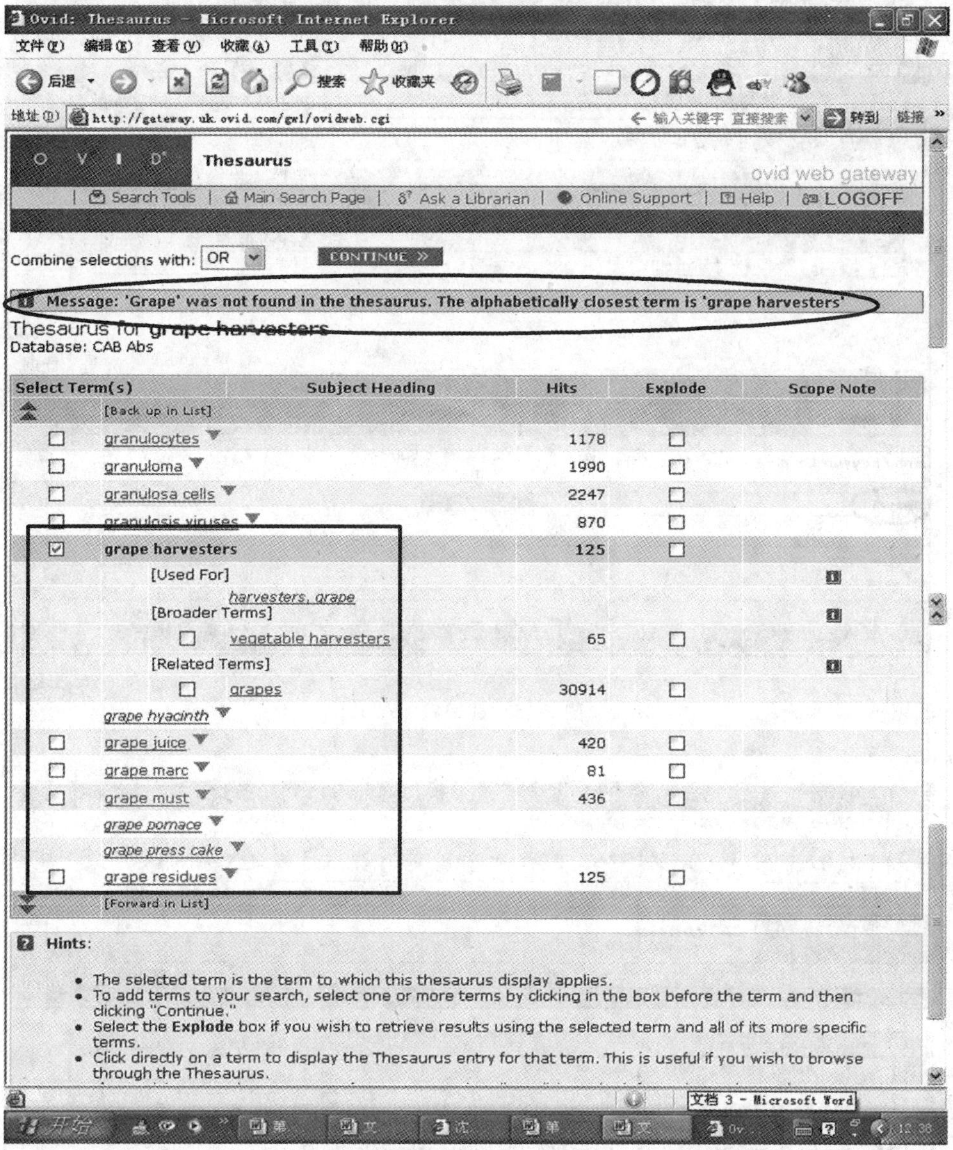

图 5-14　与 grape harvest 有关的叙词

进一步阅读，第 3 篇文章为最相关文章。图 5-19，点击 Complete Referer 可看完整的该记录(图 5-20)。

如图 5-20 所示，系统对每一作者的文献均做了链接。该文章原文语种为中文，在《中文科技期刊数据库》等中文数据库中即可检索到该文章原文。

一些原文语种为英文的文章，在本数据库中点击“Full Text”即可检索到其文章原文(图 5-21)。

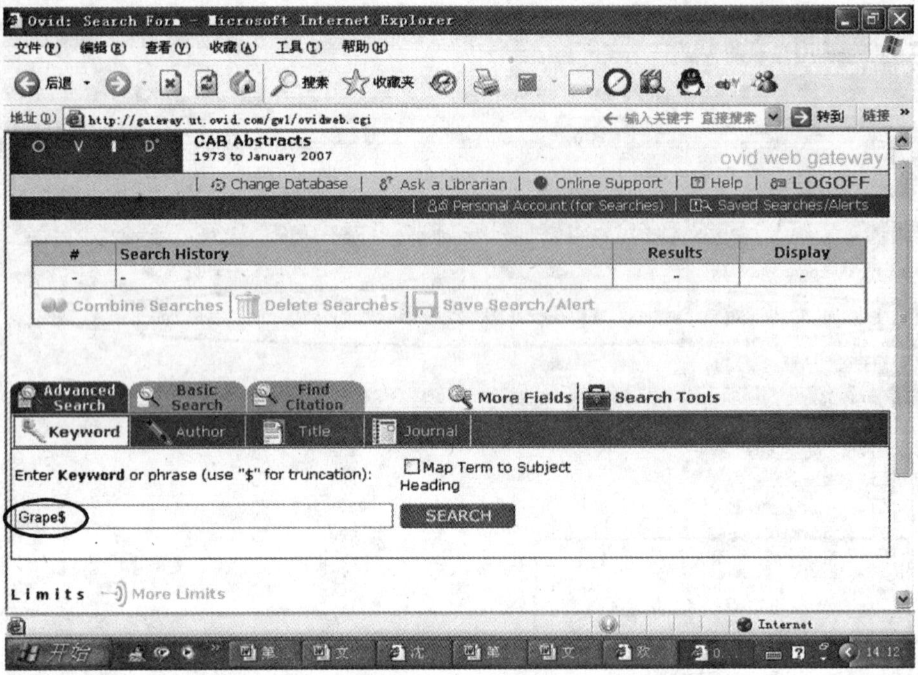

图 5-15　截词符“ $ ”

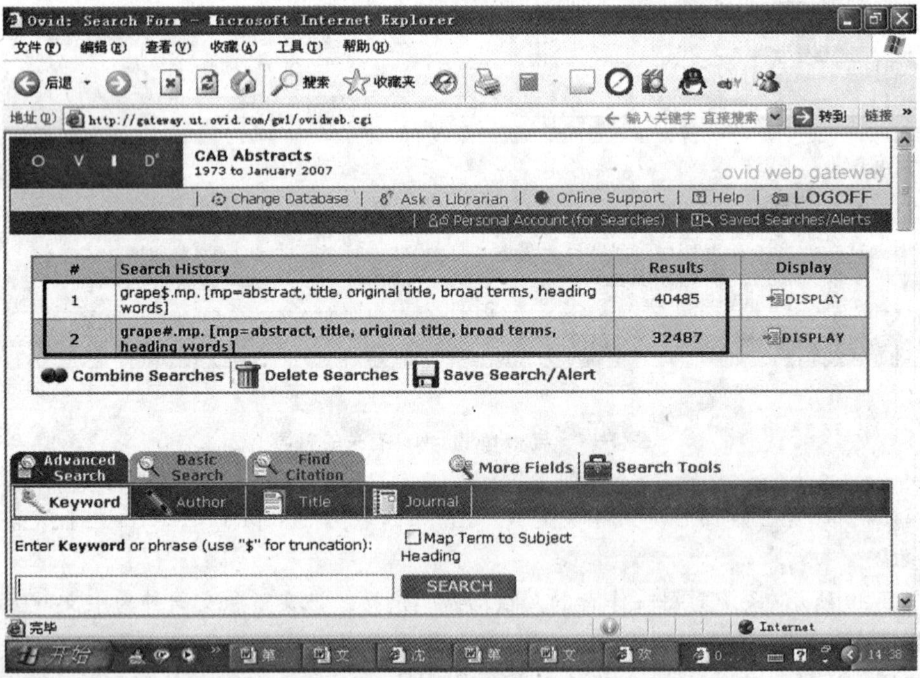

图 5-16　截词符“ $ ”和“ # ”的检索结果比较

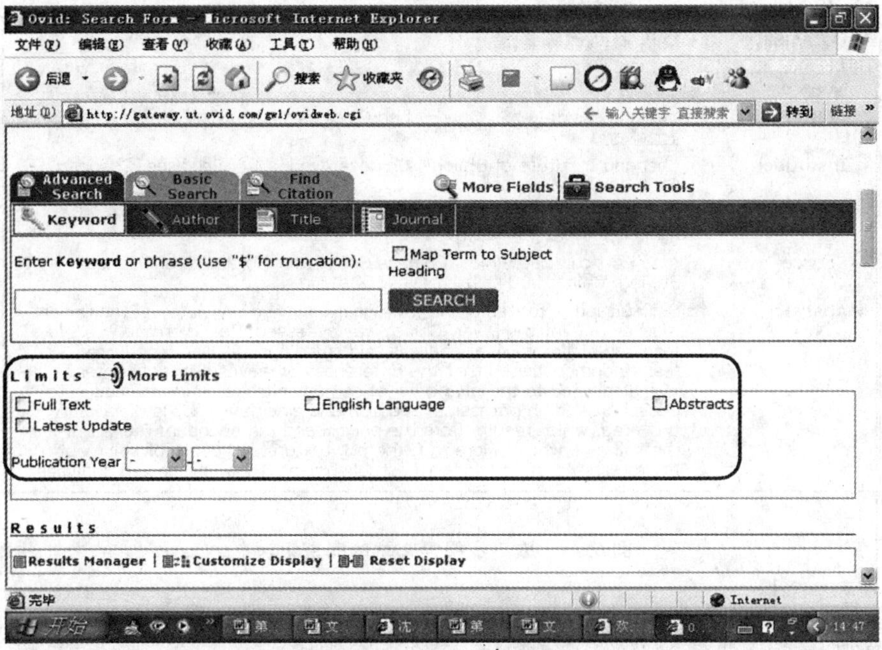

图 5-17 对检索结果进行限定

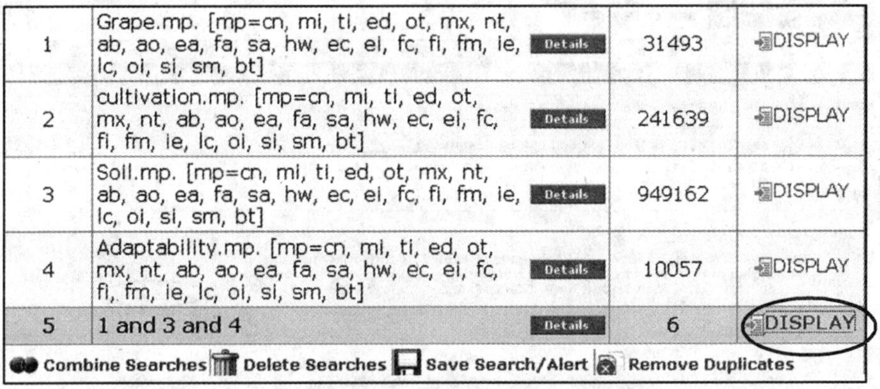

1	Grape.mp. [mp=cn, mi, ti, ed, ot, mx, nt, ab, ao, ea, fa, sa, hw, ec, ei, fc, fi, fm, ie, lc, oi, si, sm, bt]	Details	31493	DISPLAY
2	cultivation.mp. [mp=cn, mi, ti, ed, ot, mx, nt, ab, ao, ea, fa, sa, hw, ec, ei, fc, fi, fm, ie, lc, oi, si, sm, bt]	Details	241639	DISPLAY
3	Soil.mp. [mp=cn, mi, ti, ed, ot, mx, nt, ab, ao, ea, fa, sa, hw, ec, ei, fc, fi, fm, ie, lc, oi, si, sm, bt]	Details	949162	DISPLAY
4	Adaptability.mp. [mp=cn, mi, ti, ed, ot, mx, nt, ab, ao, ea, fa, sa, hw, ec, ei, fc, fi, fm, ie, lc, oi, si, sm, bt]	Details	10057	DISPLAY
5	1 and 3 and 4	Details	6	DISPLAY

Combine Searches | Delete Searches | Save Search/Alert | Remove Duplicates

图 5-18 "DISPLAY"的功能

图 5-19 Complete Referer 的功能

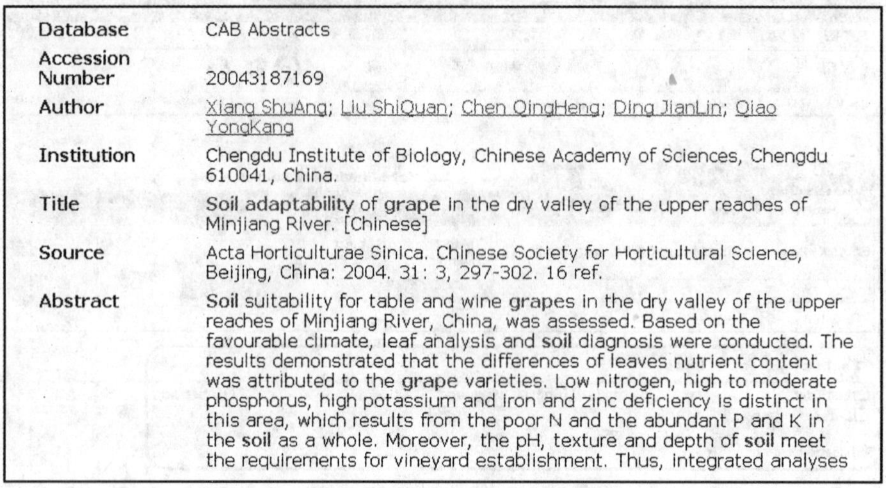

Database	CAB Abstracts
Accession Number	20043187169
Author	Xiang ShuAng; Liu ShiQuan; Chen QingHeng; Ding JianLin; Qiao YongKang
Institution	Chengdu Institute of Biology, Chinese Academy of Sciences, Chengdu 610041, China.
Title	Soil adaptability of grape in the dry valley of the upper reaches of Minjiang River. [Chinese]
Source	Acta Horticulturae Sinica. Chinese Society for Horticultural Science, Beijing, China: 2004. 31: 3, 297-302. 16 ref.
Abstract	Soil suitability for table and wine grapes in the dry valley of the upper reaches of Minjiang River, China, was assessed. Based on the favourable climate, leaf analysis and soil diagnosis were conducted. The results demonstrated that the differences of leaves nutrient content was attributed to the grape varieties. Low nitrogen, high to moderate phosphorus, high potassium and iron and zinc deficiency is distinct in this area, which results from the poor N and the abundant P and K in the soil as a whole. Moreover, the pH, texture and depth of soil meet the requirements for vineyard establishment. Thus, integrated analyses

图 5-20 进一步阅读文章的完整记录

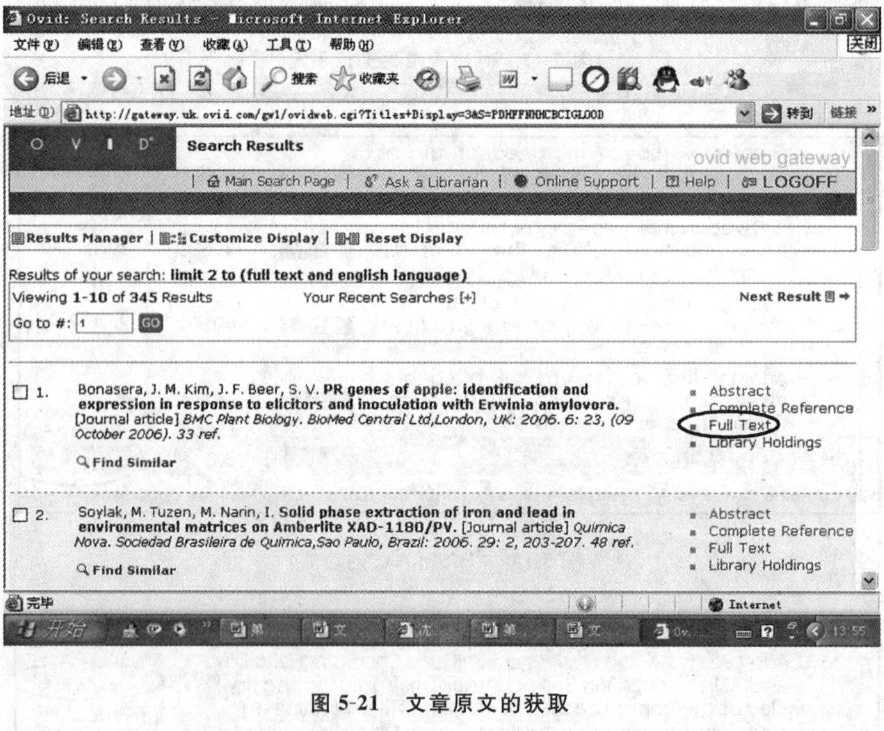

图 5-21 文章原文的获取

5.1.8 检索结果处理

如图 5-22 所示，对检索结果可进行直接显示(DISPLAY)，打印预览(PRINT PREVIEW)之后打印，把检索结果发送到某一电子信箱(EMAIL)，把检索结果保存到磁盘(SAVE)等处理。例如，点击“EMAIL”，输入某一电子信箱，单击“SEND EMAIL”，能把检索结果发送到某一信箱。

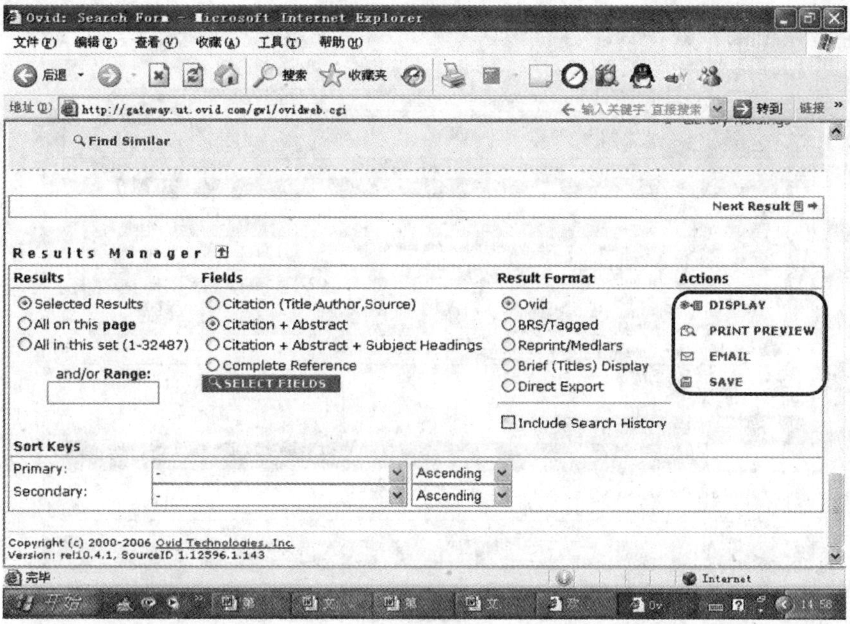

图 5-22　对检索结果的处理

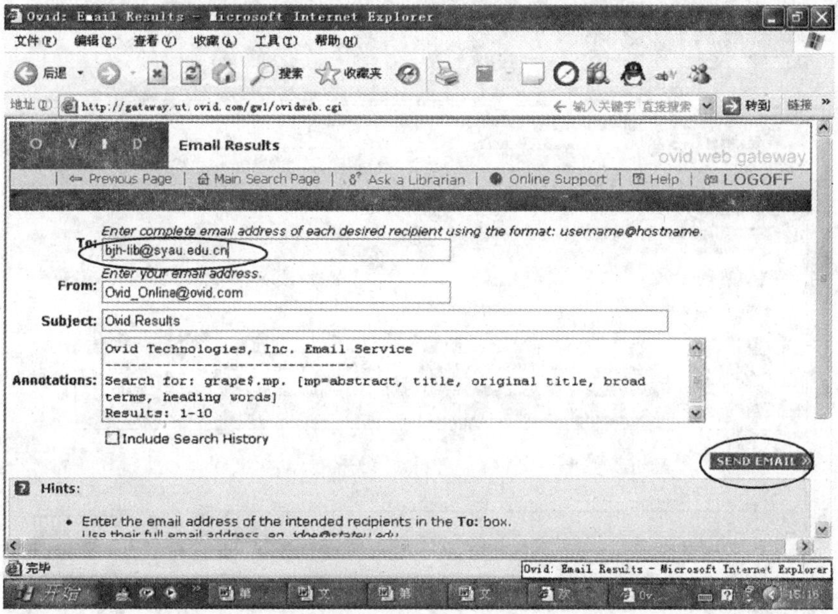

图 5-23　把检索结果发送到某一信箱

5.1.9　检索历史处理

对检索历史可进行删除(Delete Searches)或保存(Save Searches)的处理(图 5-24)。

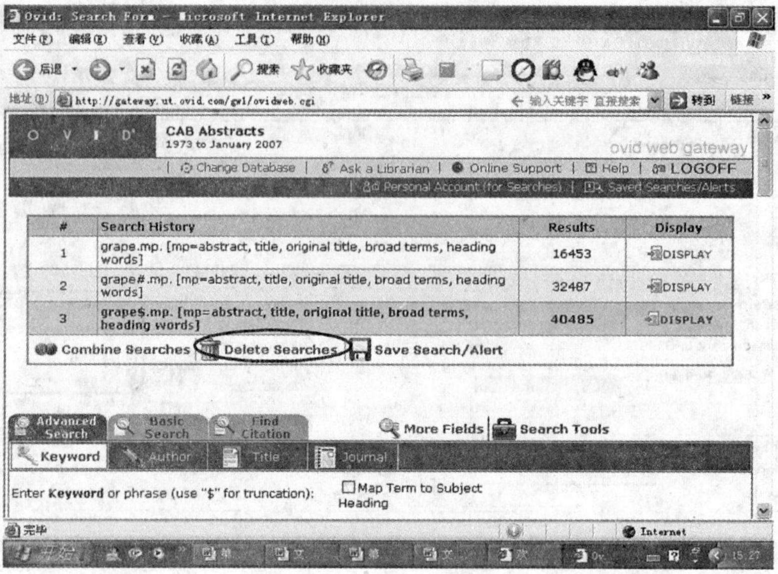

图 5-24 检索历史的处理

在图 5-24 中，单击“Delete Searches”，会出现图 5-25 所示页面，对所要删除记录前面的复选框做出选择之后，“CONTINUE”即能删除检索历史。

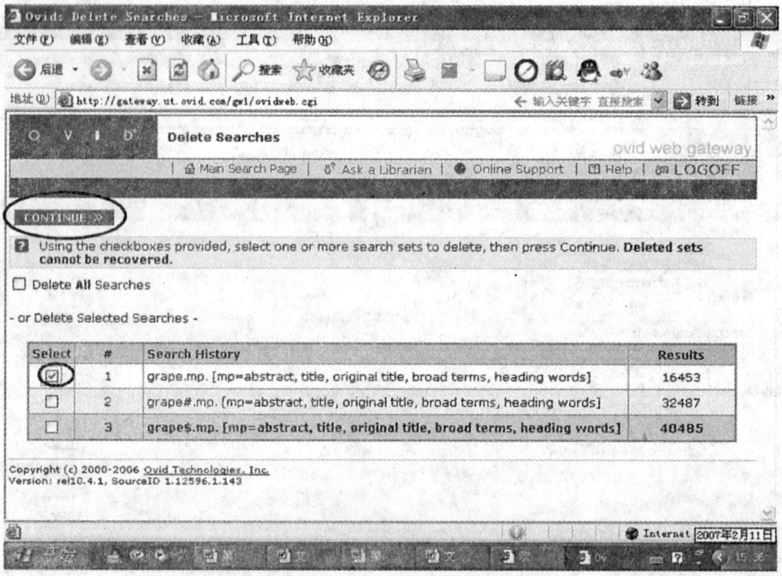

图 5-25 检索历史的删除

在图 5-24 中，单击“Save Search/Alert”，会出现图 5-26 所示页面，单击“Create a new Personal Account”。

在图 5-27 中，输入账号(Personal Account Name)、密码(Password)、再次输入密码(Confirm Password)和电子信箱(Email Address)，点击“CREATE”，出现图5-28。

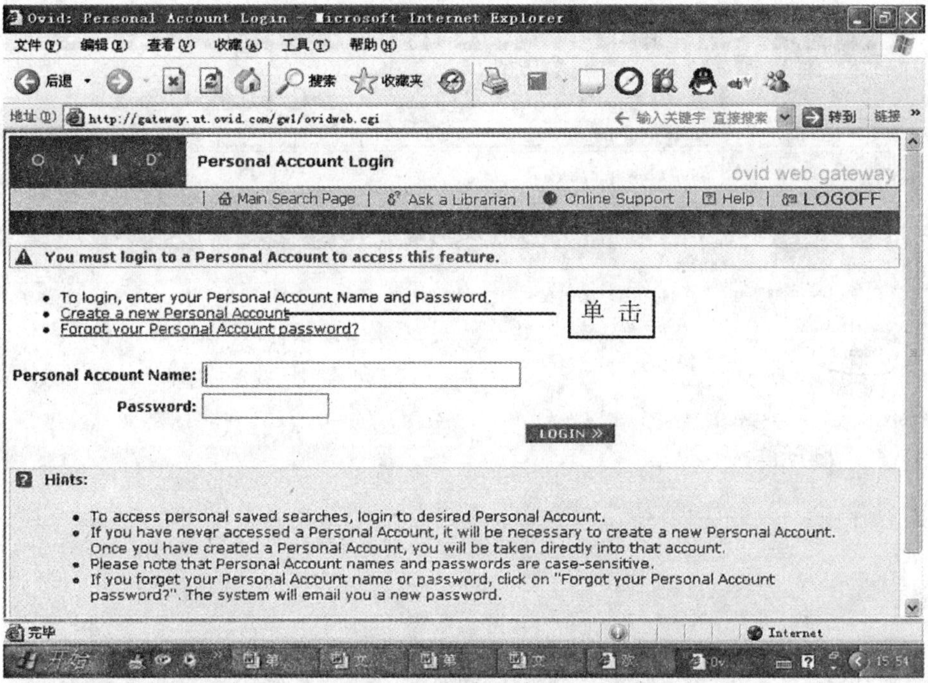
Ovid: Personal Account Login - Microsoft Internet Explorer
Personal Account Login
ovid web gateway
Main Search Page | Ask a Librarian | Online Support | Help | LOGOFF
You must login to a Personal Account to access this feature.
To login, enter your Personal Account Name and Password.
Create a new Personal Account
Forgot your Personal Account password?
单 击
Personal Account Name:
Password:
LOGIN
Hints:
To access personal saved searches, login to desired Personal Account.
If you have never accessed a Personal Account, it will be necessary to create a new Personal Account. Once you have created a Personal Account, you will be taken directly into that account.
Please note that Personal Account names and passwords are case-sensitive.
If you forget your Personal Account name or password, click on "Forgot your Personal Account password?". The system will email you a new password.

图 5-26 检索历史的保存

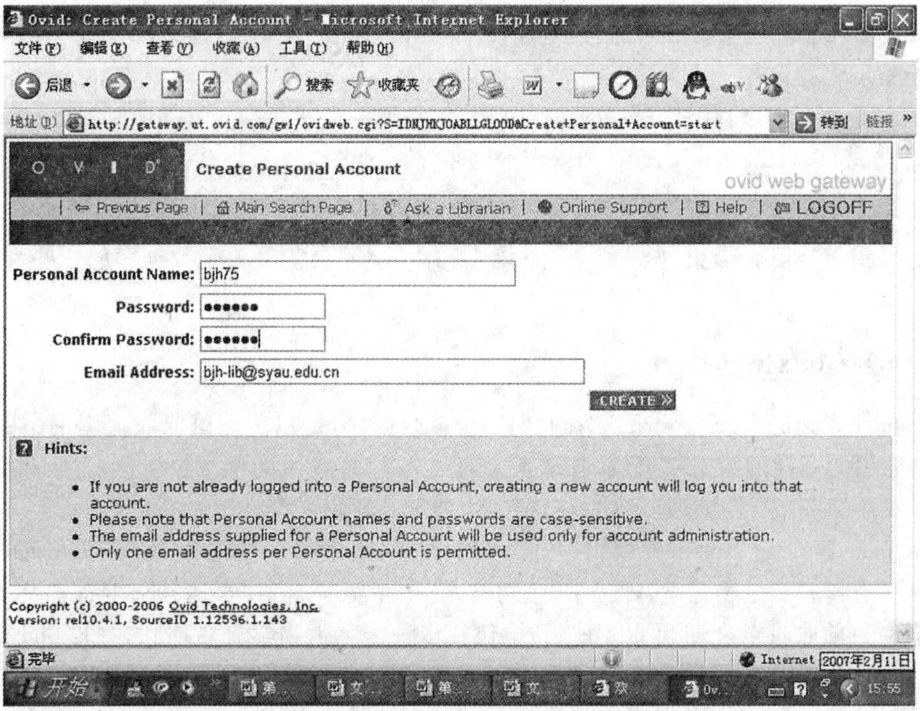
Ovid: Create Personal Account - Microsoft Internet Explorer
Create Personal Account
ovid web gateway
Previous Page | Main Search Page | Ask a Librarian | Online Support | Help | LOGOFF
Personal Account Name: bjh75
Password:
Confirm Password:
Email Address: bjh-lib@syau.edu.cn
CREATE
Hints:
If you are not already logged into a Personal Account, creating a new account will log you into that account.
Please note that Personal Account names and passwords are case-sensitive.
The email address supplied for a Personal Account will be used only for account administration.
Only one email address per Personal Account is permitted.
Copyright (c) 2000-2006 Ovid Technologies, Inc.
Version: rel10.4.1, SourceID 1.12596.1.143

图 5-27 建立新的个人账号页面步骤一

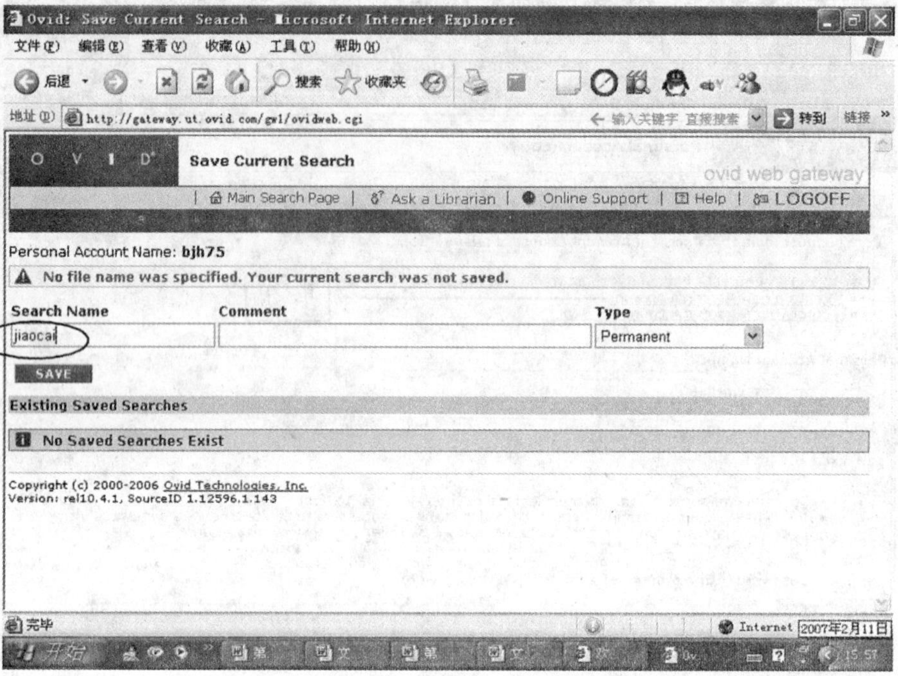

图 5-28 建立新的个人账号页面步骤二

在图 5-28 中，输入所要保存的名字，例如"jiaocai"，单击"SAVE"即完成了按"jiaocai"命名的某一检索历史的保存。

待下次登录 OVID 数据库时，在图 5-29 中，先点 Personal Account(for Searches)，登录自己账号，再单击 Saved Searches/Alerts，调出以往保存过的自己所需要的检索历史。

5.1.10 退出检索系统

点击"LOGOFF"会退出数据库检索系统，点击"Help"会获得关于数据库的一些帮助信息(图 5-30)。

5.2 ProQuest 数据库

ProQuest Agriculture Journals 农业期刊全文数据库，是以美国国家农业图书馆的 Agricola 文摘索引为基础的数据库，目前收录全文期刊 231 种，涉及的领域包括：水产业和渔业、动物科学 、农业经济、农作物管理、食品与营养学、地球及环境科学。

ProQuest Biology Journals 生物期刊全文数据库，是生物学领域的重量级数据库，所覆盖的主要学科有：环境、生物化学、神经学、生物技术、微生物学、植物学、农业、生态学及药物学、大众健康。目前收录全文期刊 282 种，其中包括多种国际生物学著名期刊。如：The Biological Bulletin, Bioscience, American Journal of Public Health, Archives of Environmental Health, Discover, Human Biology, FDA Consumer, Plant Cell, Science, Journal of Herpetology, Journal of Plant Physiology, Lancet 等等。

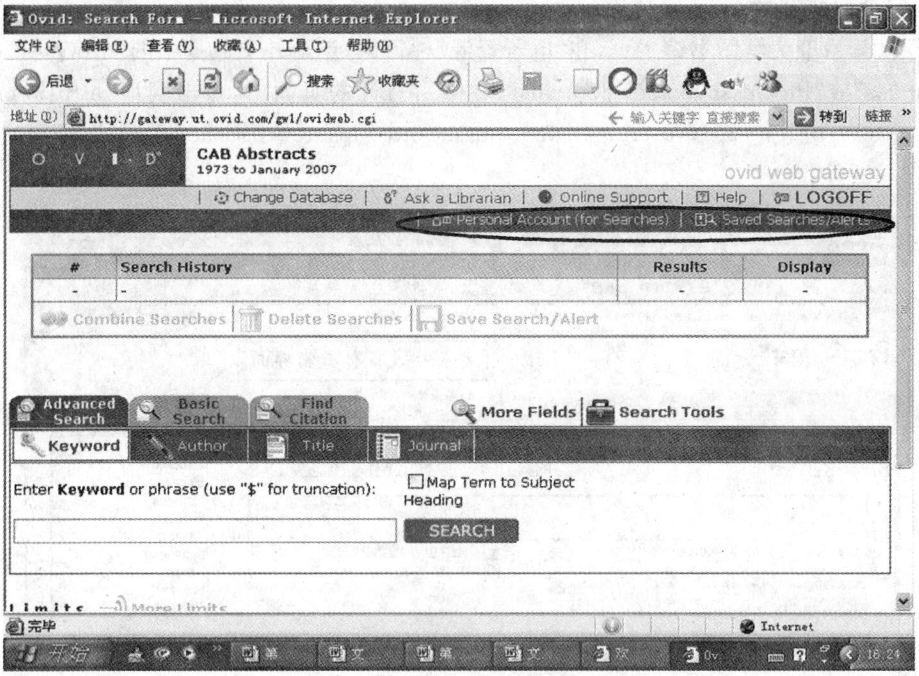

图 5-29　以往保存过的检索历史的调用

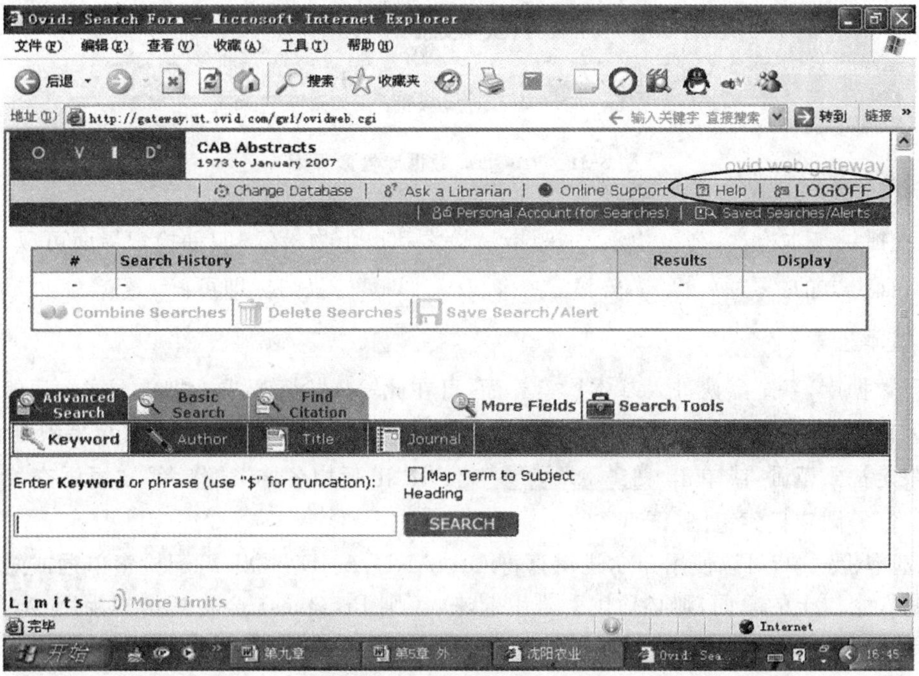

图 5-30　退出检索系统的页面

5.2.1 检索系统介绍

登录沈阳农业大学图书馆主页,在"电子资源"栏目内,点击外文数据中的"ProQuest Agriculture Journals"或"ProQuest Biology Journals",在随后打开的页面中,点击网址"http://proquest.umi.com/pqdweb?rqt=301&userid=ipauto&password=ipauto&JSEnabled=1",即可进入该数据库检索界面(图 5-31)。

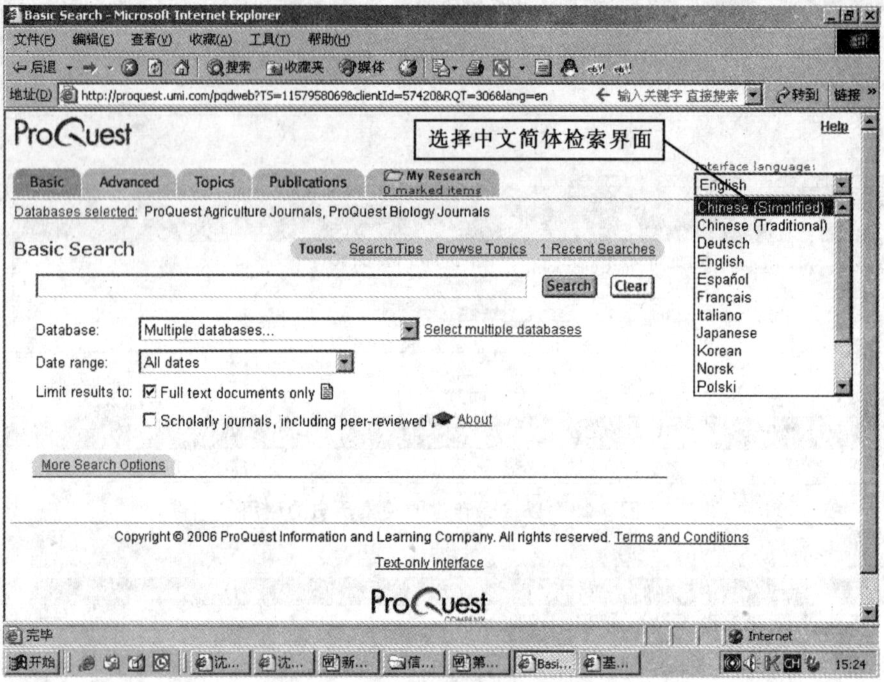

图 5-31 ProQuest 数据库检索界面

系统提供基本检索、高级检索、主题指南检索和出版物检索,四种检索界面可以切换,只要点击页面上方的 基本 、 高级 、 主题 、 出版物 图标即可。

5.2.2 基本检索

登录数据库,系统默认进入基本检索界面,可在此输入检索要求。把单词或短语输入检索框,单击"检索"即可。可以使用检索框下方的"数据库"、"日期范围"、"检索结果限制在"3 个选项来限定检索范围,或单击 更多检索选项 ,使用"出版物名称"、"作者"、"短语查找范围"、"文档类型"等限定检索范围(图 5-32)。

在基本检索中,可以使用布尔逻辑算符 OR、AND、AND NOT 组配检索单词或短语。如果短语是 3 个以上的单词,则必须用引号引起来,否则 ProQuest 会将短语视为用 AND 连接起来的单词。例如:检索有关"动物医院"的信息,请输入:"small animal hospital",否则系统将进行 small AND animal AND hospital 检索,这种检索结果可能包括涉及猫狗在医院接受治疗等内容的文章。

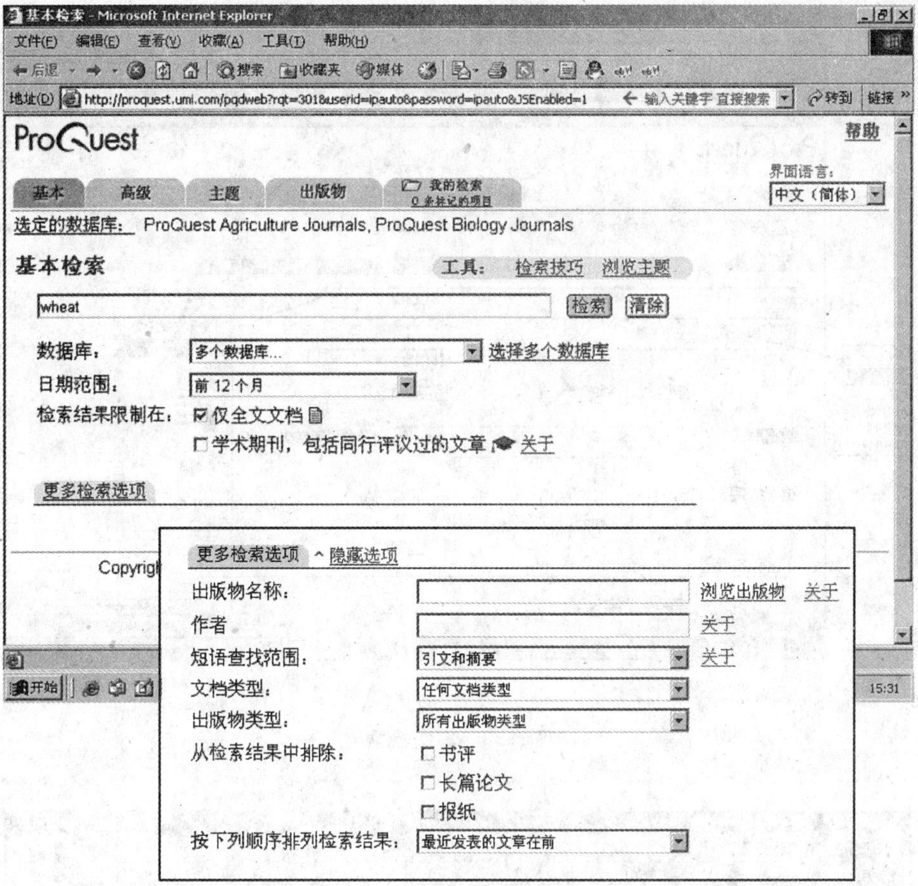

图 5-32　基本检索

5.2.3　高级检索

高级检索可以帮助完成更复杂的检索要求。在检索框中输入单词或短语，从其后的下拉菜单中选择所需字段，然后选择运算符组配单词或词组。如果需要添加多条术语，单击“添加一行”。完成输入术语后，单击“检索”(图 5-33)。

5.2.4　主题指南检索

在高级检索界面上方，点击“主题”即可切换到主题指南检索界面。主题指南让您通过检索索引或分层主题目录来查找文章。索引的主题包括学科、公司、人名和地点(图 5-34)。

在检索框中输入一个短语。

①选择“建议主题”，单击“查找短语”。ProQuest 将显示与输入的短语相似的主题列表(图 5-35)。若在列表中找到所需短语，单击“查看”文档以使用该短语运行检索；或单击“缩小范围”以使用相关短语缩小检索范围。

②选择“按 A-Z 查找主题”，单击“查找短语”。ProQuest 将显示与检索短语最接近的匹配项(按英文字母顺序排列)(图 5-36)。若在列表中找到所需短语，单击“查看”文档以使用该短语运行检索；或单击“缩小范围”以使用相关短语缩小检索范围。

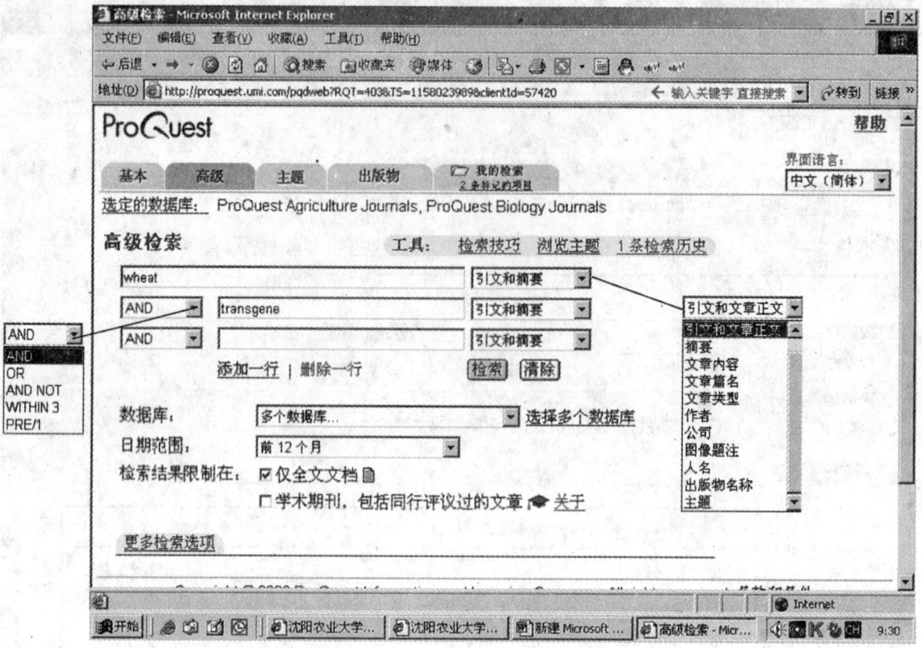

图 5-33 高级检索

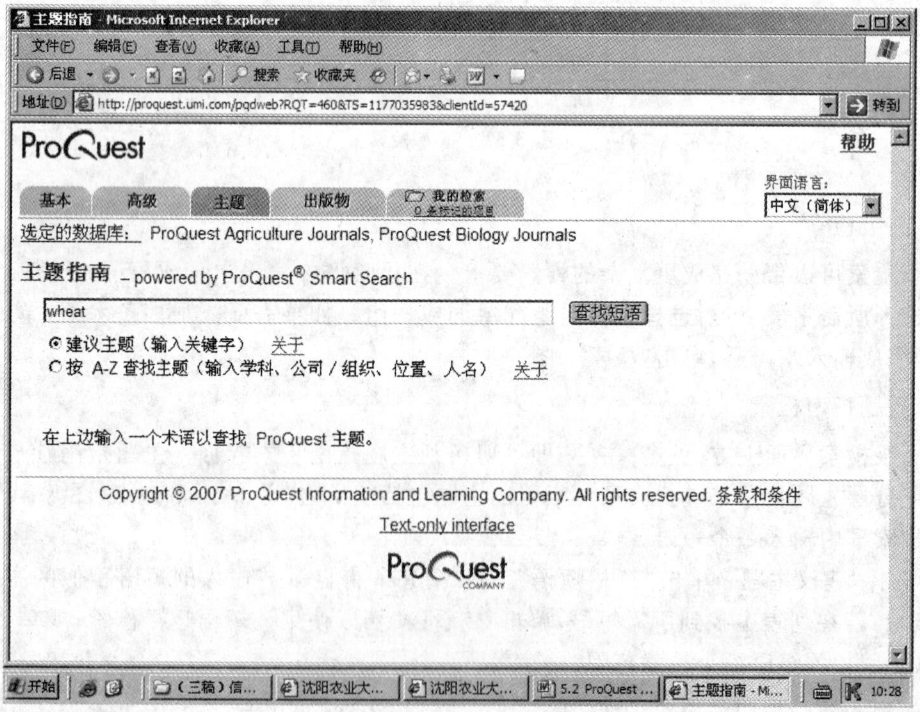

图 5-34 主题指南检索

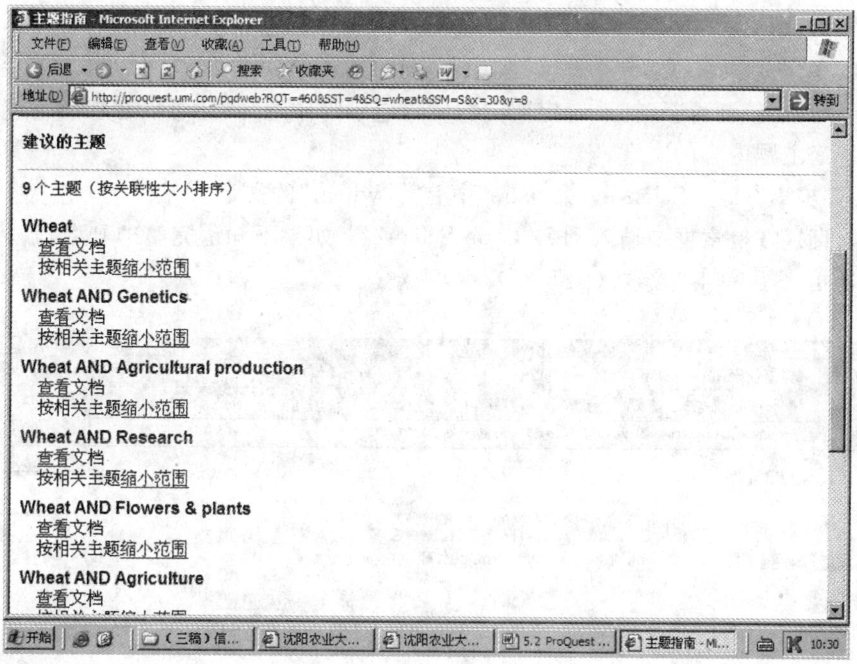

图 5-35　选择“建议主题”

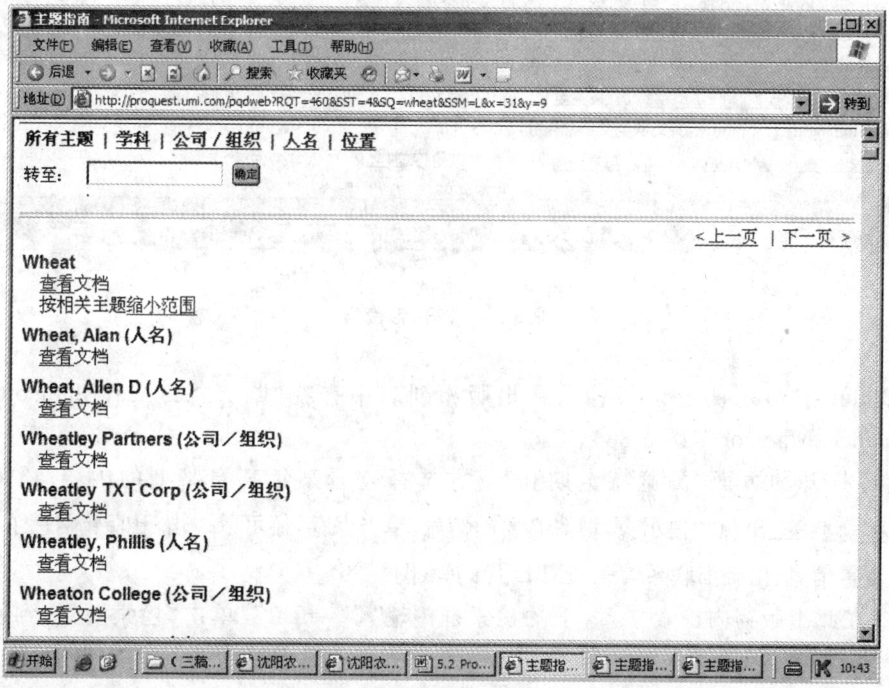

图 5-36　选择“按 A-Z 查找主题”

5.2.5 出版物检索

您可以在“出版物检索”中查看感兴趣的期刊的某卷某期的内容；也可以在感兴趣的期刊中“建立提示”，当该刊更新时，系统定期向您发送电子邮件通知；还可以在您感兴趣的期刊中，检索某一特定主题内容的文章。

例如：要检索“Crop Science；Madison”中有关“wheat”的文章。

①可以直接在检索框中输入刊名“Crop Science”，如果不知道完整的刊名，输入所知的单词(crop)即可，然后单击“检索”(图 5-37)。

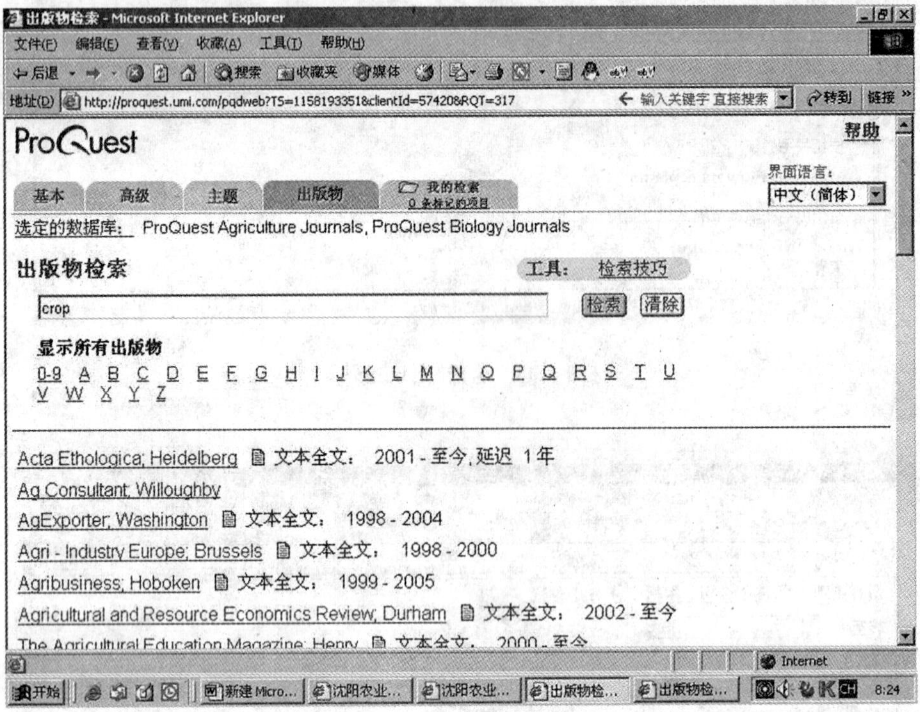

图 5-37 按刊名检索

还可以单击“显示所有出版物”，在出版物列表中查找“Crop Science；Madison”。单击“Crop Science；Madison”(图 5-38)。

在随后打开的页面“浏览特定期刊”下方选择查看某年某卷某期的内容；还可以单击 »建立提示 建立出版物提示页，填写必要的信息，单击保存；还可以单击 出版物信息 了解该出版物的详细覆盖信息、出版商联系信息、PMID 代码等(图 5-39)。

②在“在此出版物内检索文章”下的检索框内输入“wheat”，单击“检索”。得到检索结果(图 5-40)。

5.2.6 检索结果的显示、处理

检索结果有 5 种显示方式：引文、摘要、文本全文、全文+图像、文本全文 - PDF。

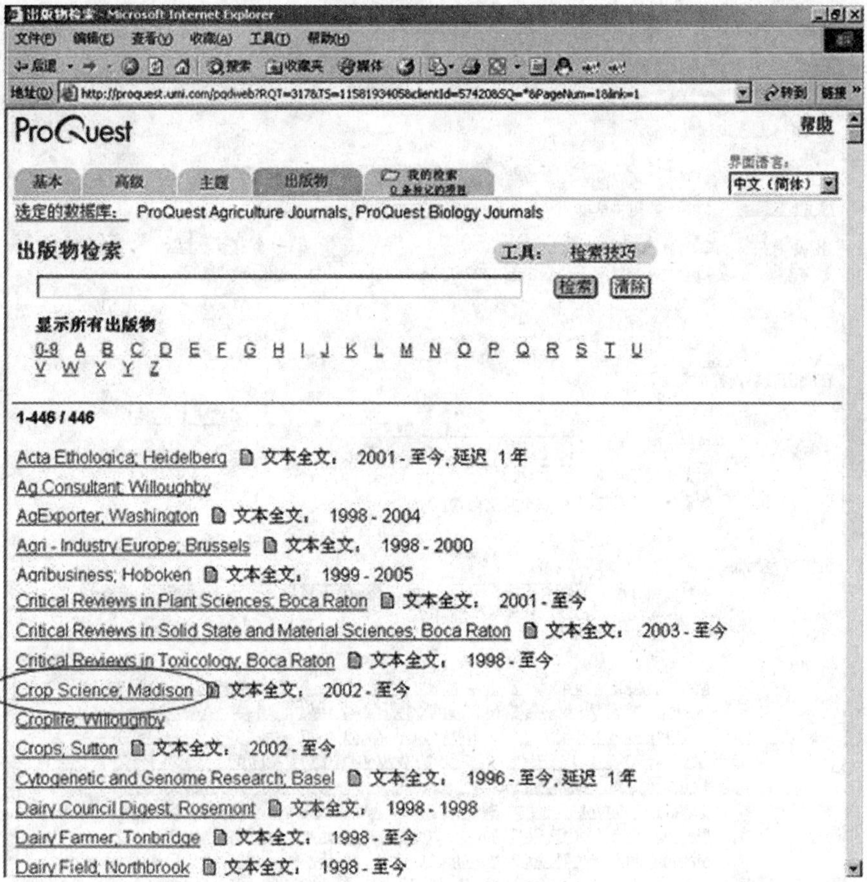

图 5-38　按"显示所有出版物"查找

默认情况下，ProQuest 按年代顺序反向显示检索结果，即最近发表的文章在前。用户也可自行设定检索结果显示的格式，在页面底部"每页检索结果"下拉菜单中，可选定每页显示的记录条数。

每条记录前均有复选框，点击可将该条记录作标记。然后点击页面上方的 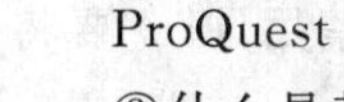

，系统只显示作标记的记录，标记的记录可以下载、打印或以 Email 发送(图 5-41)。

5.2.7　常见问题解答

①作者姓名输入顺序如何？

您可按任意顺序输入姓名。即 John A. Smith 与 Smith, John A 的检索结果相同。

②ProQuest 区分大小写吗？

ProQuest 检索不区分大小写，它将忽略检索短语中的大写字母。

③什么是截词符？

您可以使用截词符"＊"来查找包含具有同一字根的多个单词的文章，扩大检索范围。例如：econom＊ 将查找 economy，economics，economical 等。

④什么是位置算符？

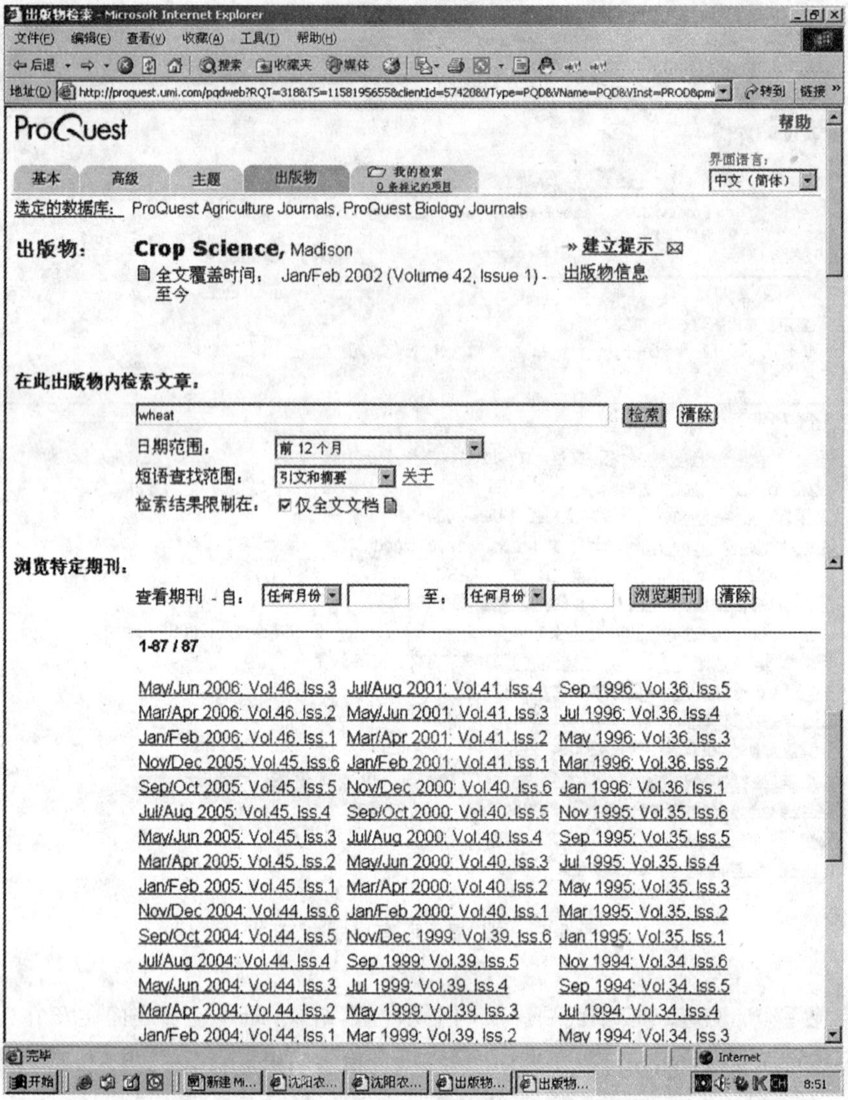

图 5-39　了解出版物的详细信息

您可以使用位置算符来严格限定检索词之间的位置关系。W / n 表示两个单词之间相隔不多于 n 个单词，词序可以颠倒，例如：apples w/3 pears 与 pears w/3 apples 的检索结果相同；pre / n 表示两个单词间距小于 n 个单词，且词序不可变。例如：biological pre/1 control 与 control pre/1 biological 有不同的检索结果。

⑤什么是禁用词？

ProQuest 会忽略一些常用单词，如 the、all 和 on 等，这些通用词被称为“禁用词”。要将这些单词用作检索短语的一部分，需要加上引号，例如：“the sound and the fury”。

⑥安装阅读器。

ProQuest 以 Adobe PDF (Portable Article File) 格式提供文章页面图像。要查看这些文章，您需要在系统中安装 Adobe Acrobat Reader。

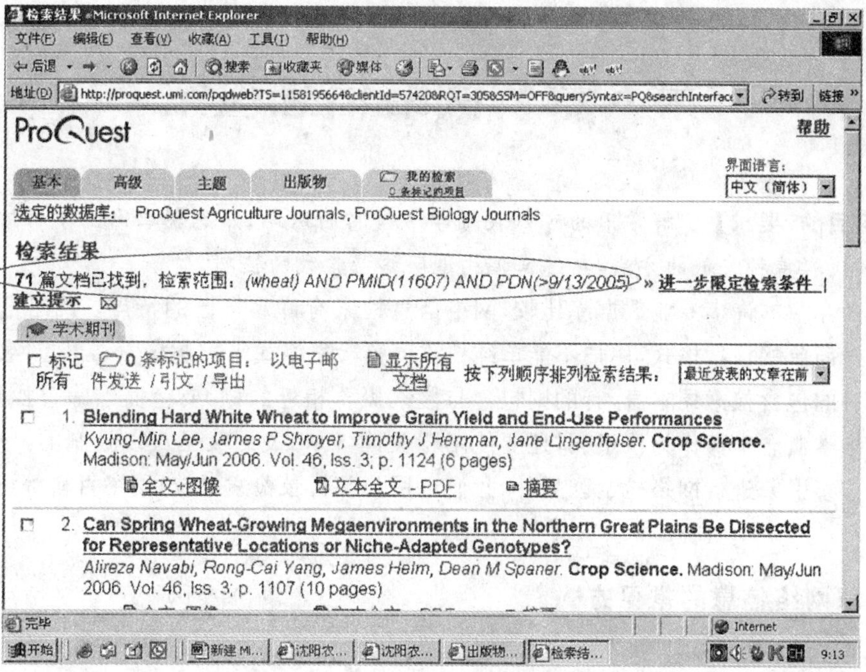

图 5-40　检索结果

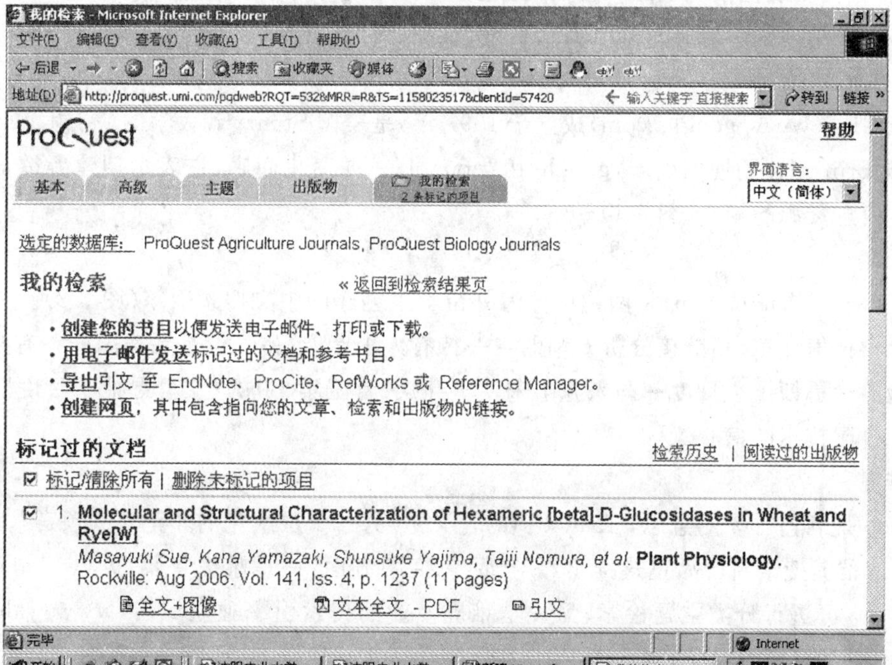

图 5-41　检索结果的处理

第6章 网络信息检索

【实习目的、要求】了解常用的可以获得学术信息的网站，熟悉获取网上学术信息的常用方式，掌握获取特种文献的方法，熟练掌握构造网络检索式的技巧。

与前面介绍的许多专业数据库比较，网络信息检索有许多自己的特点。网络信息检索只能支持相对简单的检索格式，用户不能单纯依靠调整检索格式来控制检索结果。网络检索时，返回记录有的包含检索词本身，有的则包含与检索概念相近的词，要全面准确查找某一信息，除了使用检索概念本身作为检索词，还要使用相关词，而相关词又是难以控制的。通常，我们习惯借助搜索引擎进行网络检索。另外，我们也用公共目录检索系统、网络百科等进行网络信息检索。

6.1 获取网络信息的常见方式

6.1.1 搜索引擎

搜索引擎，即 Search Engine，是利用自动网络漫游技术获取所访问过的网页信息，并将其自动建立索引，实现检索功能的一种网络导航工具，是用来对网络信息资源进行管理和检索的系列软件。常用搜索引擎有 GOOGLE、百度、雅虎、爱问、搜狗等。

1. GOOGLE

GOOGLE(www. google. com)成立于 1997 年，是美国 Stanford 大学的博士生 Larry Page 和 Sergey Brin 创建的搜索引擎，google 由“googol”一词变化而来，它表示创建者欲征服网上无穷无尽信息资源的雄心(图 6-1)。

2. 百度

百度(www. baidu. com)是两位中国海外留学生创建的中文搜索引擎(图 6-2)。一位是资深信息检索技术专家、超链接分析专利的唯一持有人李彦宏，另一位是在美国硅谷有多年商界成功经验的徐勇博士。百度一词来源于宋朝辛弃疾《青玉案》中的“众里寻他千百度”，它表明创建者对自己技术的信心。

3. 雅虎

Yahoo 是“野蛮人”的意思，“Yahoo!”的含义是“另一个层次化的非正式的预言”。2006 年 8 月 15 日，雅虎搜索新产品正式推出，新产品包括两方面：一是雅虎首页(www. yahoo. com. cn)(图 6-3)，可进行分类主题检索；另一是雅虎专业的搜索引擎独立域名(www. yahoo. cn)，进行个人化搜索(图 6-4)。

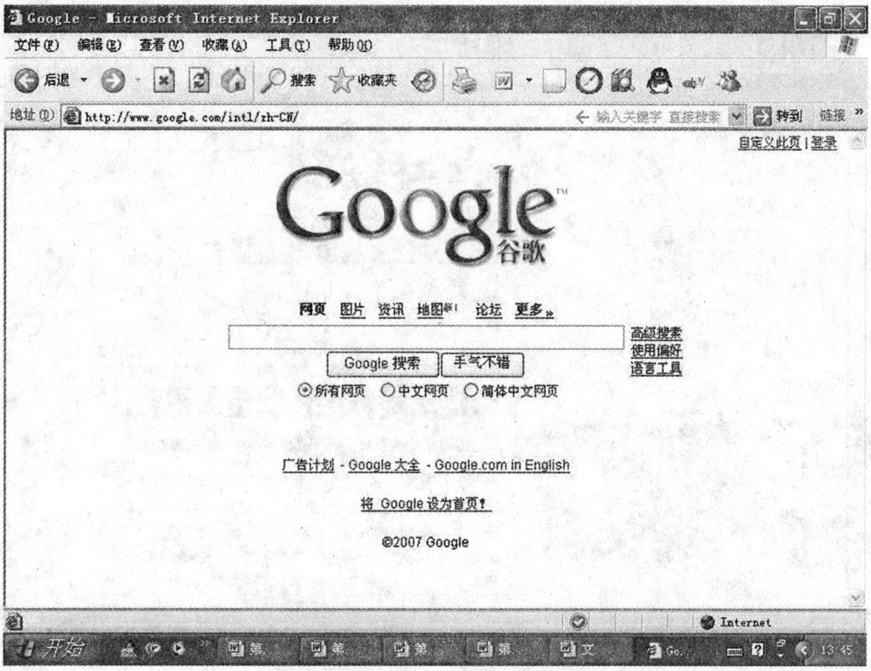

图 6-1　GOOGLE 首页

图 6-2　百度首页

图 6-3　雅虎首页

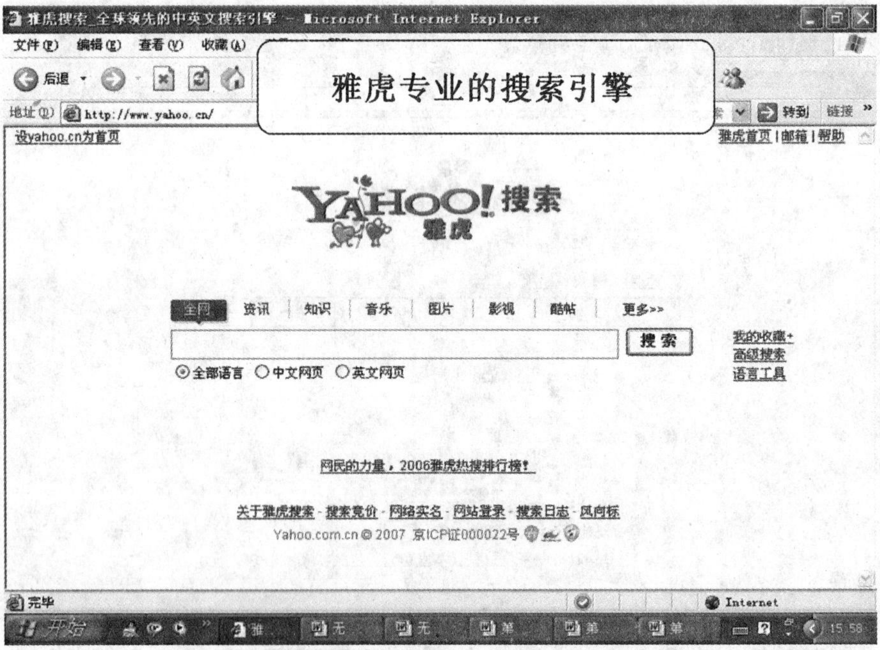

图 6-4　雅虎专业的搜索引擎

4. 爱问

“爱问”(iask. com)搜索引擎产品由全球最大的中文网络门户——新浪(图6-5),汇集技术精英、耗时一年多完全自主研发完成,采用了目前最为领先的智慧型互动搜索技术。“爱问”突破了由 GOOGLE、百度为代表的算法致胜的搜索模式,以独有的互动问答平台弥补传统算法技术在搜索界面上智慧性和互动性的先天不足。

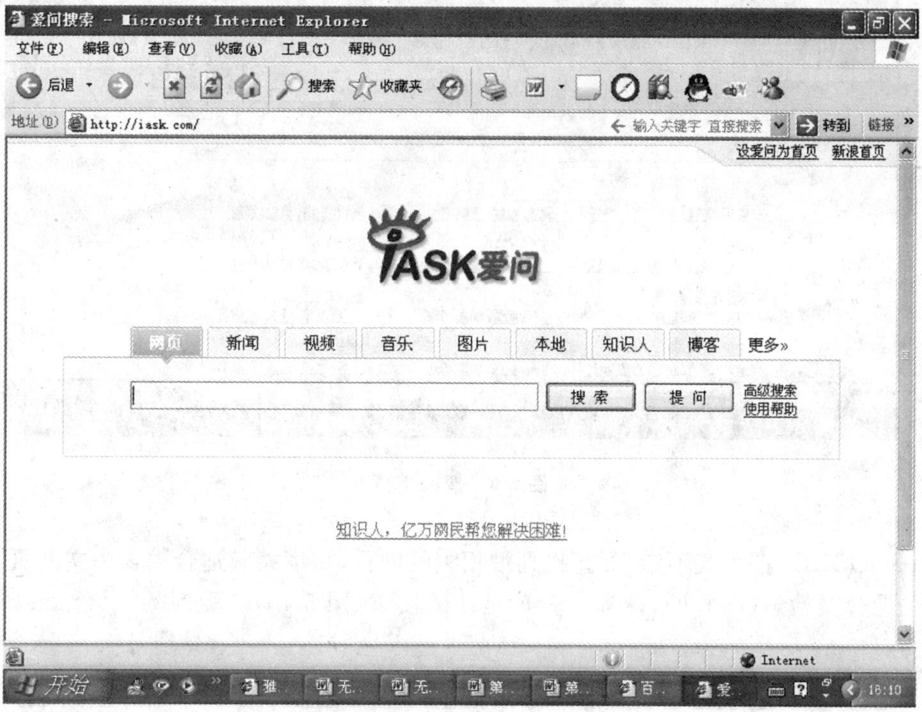

图 6-5　爱问首页

5. 搜狗

搜狗是搜狐公司于 2004 年 8 月 3 日推出的完全自主技术开发的全球首个第三代互动式中文搜索引擎(图 6-6),以一种人工智能的新算法,分析和理解用户可能的查询意图,给予多个主题的“搜索提示”,在用户查询和搜索引擎返回结果的人机交互过程中,引导用户更快速准确定位自己所关注的内容,帮助用户快速找到相关搜索结果,并可在用户搜索冲浪时,给予用户未曾意识到的主题提示。“搜狗”的问世标志着全球首个第三代互动式中文搜索引擎的诞生,是搜索技术发展史上的重要里程碑。

6. 各搜索引擎比较

以“2005 年国家最高科学技术奖”为例。

首先,上述 5 个搜索引擎都支持精确检索(词组检索),均以英文状态下的双引号作为其精确检索符号(雅虎中,中英文状态下的双引号都可以是精确检索符号)。再次,从检索内容的相关度来看,除爱问外,其他 4 个搜索引擎都比较好。第三,从检索结果的数量来看,雅虎为最多,其次是 GOOGLE。第四,从搜索引擎的特色来看,GOOGLE(图 6-7)、百度(图 6-8)适合搜

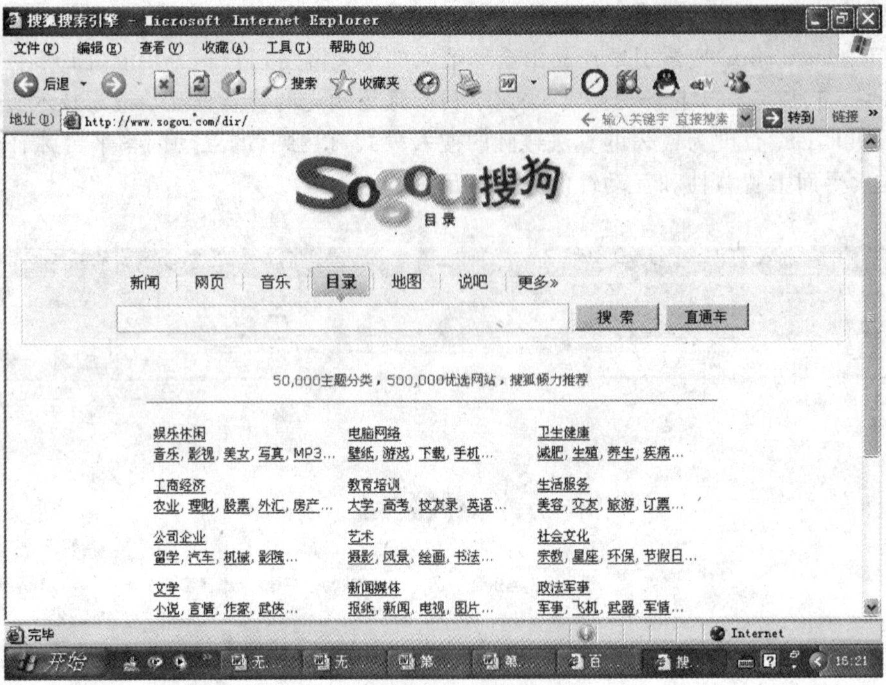

图 6-6 搜狗首页

索网页，GOOGLE 有“手气不错”可直接到最相关的网页，百度尤其适合搜索中文网页，雅虎可以进行主题分类检索(图 6-9)，搜狐的特色是地图搜索(图 6-10)。爱问的搜索结果如图 6-11 所示。

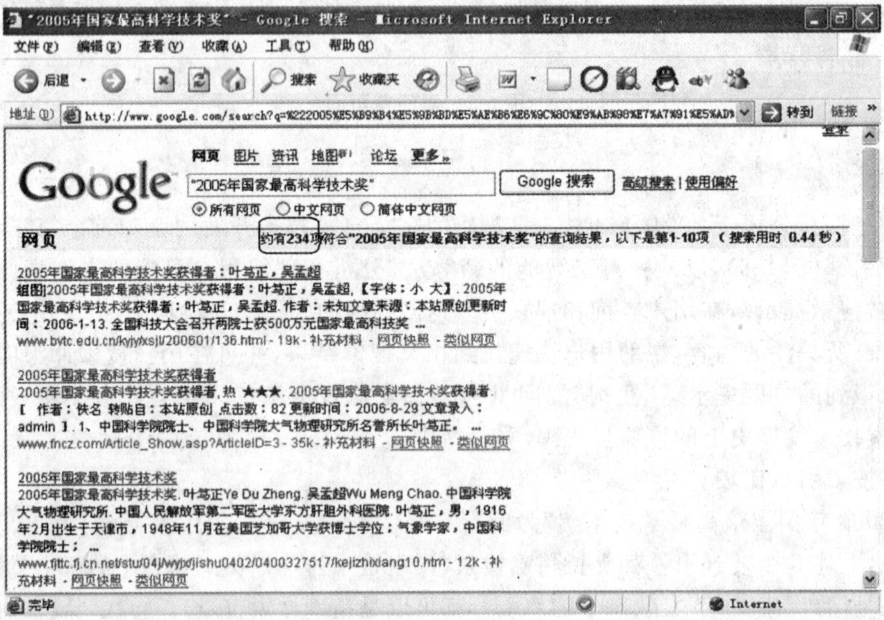

图 6-7 GOOGLE 的搜索结果

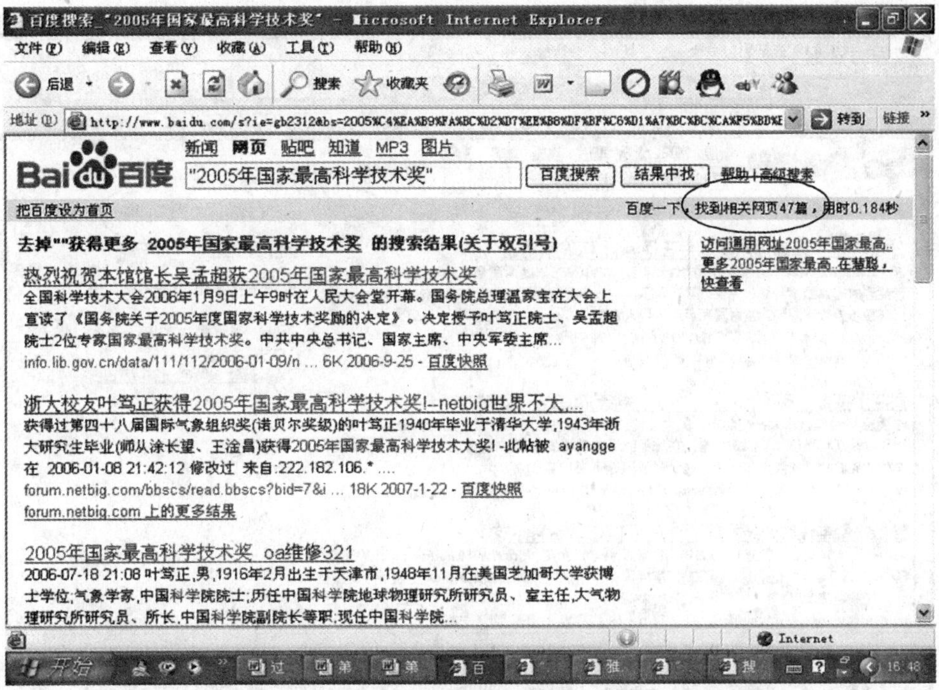
百度搜索_"2005年国家最高科学技术奖" - Microsoft Internet Explorer
文件(F) 编辑(E) 查看(V) 收藏(A) 工具(T) 帮助(H)
后退 搜索 收藏夹
地址(D) http://www.baidu.com/s?ie=gb2312&bs=2005%C4%EA%B9%FA%BC%D2%D7%EE%B8%DF%BF%C6%D1%A7%BC%BC%CA%F5%BD%E 转到 链接
新闻 网页 贴吧 知道 MP3 图片
"2005年国家最高科学技术奖"
百度搜索 结果中找 帮助 | 高级搜索
把百度设为首页
百度一下，找到相关网页47篇，用时0.184秒
去掉""获得更多 2005年国家最高科学技术奖 的搜索结果(关于双引号)
访问通用网址2005年国家最高..
更多2005年国家最高..在慧聪，快查看
热烈祝贺本馆馆长吴孟超获2005年国家最高科学技术奖
全国科学技术大会2006年1月9日上午9时在人民大会堂开幕。国务院总理温家宝在大会上宣读了《国务院关于2005年度国家科学技术奖励的决定》。决定授予叶笃正院士、吴孟超院士2位专家国家最高科学技术奖。中共中央总书记、国家主席、中央军委主席...
info.lib.gov.cn/data/111/112/2006-01-09/n ... 6K 2006-9-25 - 百度快照
浙大校友叶笃正获得2005年国家最高科学技术奖!--netbig世界不大...
获得过第四十八届国际气象组织奖(诺贝尔奖级)的叶笃正1940年毕业于清华大学,1943年浙大研究生毕业(师从涂长望、王淦昌)获得2005年国家最高科学技术大奖! -此帖被 ayangge 在 2006-01-08 21:42:12 修改过 来自:222.182.106.* ....
forum.netbig.com/bbscs/read.bbscs?bid=7&i ... 18K 2007-1-22 - 百度快照
forum.netbig.com 上的更多结果
2005年国家最高科学技术奖_oa维修321
2006-07-18 21:08 叶笃正,男,1916年2月出生于天津市,1948年11月在美国芝加哥大学获博士学位;气象学家,中国科学院院士;历任中国科学院地球物理研究所研究员、室主任,大气物理研究所研究员、所长,中国科学院副院长等职;现任中国科学院...
Internet
开始 16:48

图 6-8　百度的搜索结果

雅虎搜索_"2005年国家最高科学技术奖" - Microsoft Internet Explorer
文件(F) 编辑(E) 查看(V) 收藏(A) 工具(T) 帮助(H)
后退 搜索 收藏夹
地址(D) http://search.cn.yahoo.com/search?lp=2005%E5%B9%B4%E5%9B%BD%E5%AE%B6%E6%9C%80%E9%AB%98%E7%A7%91%E5 转到 链接
YAHOO! 搜索 雅虎
全网 资讯 知识 音乐 图片 影视 酷帖 更多>>
"2005年国家最高科学技术奖"
雅虎搜索 高级搜索 | 我的收藏+
全部语言 中文网页 英文网页
全网搜索
共返回约 320 项 用时 0.039 秒
提示: 您已将搜索结果限制为精确包含 "2005年国家最高科学技术奖"，点击此处 查看所有结果
热门搜索: 国家科学技术奖 最高科学技术奖 北京市科学技术奖 冶金科学技术奖
访问通用网址"2005年国家...
点此查看2005年在阿里巴巴
查看关于科学的留言147篇
网页时间选择
• 一周内 • 一月内 • 三月内 • 不限
文档格式选择
• Word • PPT • PDF • 不限
2005年国家最高科学技术奖获得者:叶笃正,吴孟超
2005年国家最高科学技术奖获得者:叶笃正,吴孟超 您现在... [组图]2005年国家最高科学技术奖获得者:叶笃正,吴孟超 【字体:小 大】 2005年国家最高科学技术奖获得者:叶笃正,吴孟超 作者:未知 文章来源:本站原创 更新时间:2006-1-13...
www.bvtc.edu.cn/kyjy/xsjl/2006... - 18K - 2007/01/28 - 快照 - 收藏 - 更多此站结果
2005年国家最高科学技术奖
2005年国家最高科学技术奖 叶笃正 Ye Du Zheng 吴孟超 Wu Meng Chao 中国科学院大气物理研究所...由于他的研究工作,国际上才接受了大地形热力作用的概念,为青藏高原气象学的建立奠定了科学基础。...
快照 - 收藏 - 更多此站结果
热烈祝贺本馆馆长吴孟超获2005年国家最高科学技术奖
热烈祝贺本馆馆长吴孟超获2005年国家最高科学技术奖 专家动态医元动态 您当前的位置: 首页>>医元网>>医元动态>>正文 热烈祝贺本馆馆长... 热烈祝贺本馆馆长吴孟超获2005年国家最高科学技术奖...决定授予叶笃正院士、吴孟超院士2位专
Internet
开始 16:46

图 6-9　雅虎的搜索结果

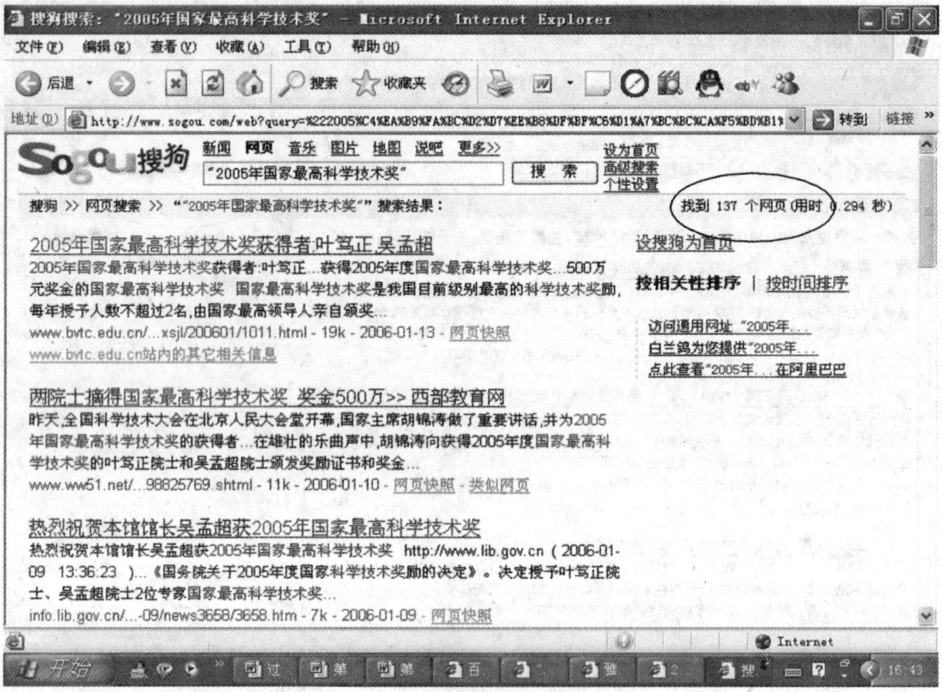
搜狗搜索："2005年国家最高科学技术奖" - Microsoft Internet Explorer
文件(F) 编辑(E) 查看(V) 收藏(A) 工具(T) 帮助(H)
后退 搜索 收藏夹
地址(D) http://www.sogou.com/web?query=%222005%C4%EA%B9%FA%BC%D2%D7%EE%B8%DF%BF%C6%D1%A7%BC%BC%CA%F5%BD%B1%
转到 链接
Sogou搜狗
新闻 网页 音乐 图片 地图 说吧 更多>>
"2005年国家最高科学技术奖"
搜 索
设为首页
高级搜索
个性设置
搜狗 >> 网页搜索 >> ""2005年国家最高科学技术奖"" 搜索结果：
找到 137 个网页(用时 0.294 秒)
2005年国家最高科学技术奖获得者:叶笃正 吴孟超
2005年国家最高科学技术奖获得者:叶笃正...获得2005年度国家最高科学技术奖...500万元奖金的国家最高科学技术奖 国家最高科学技术奖是我国目前级别最高的科学技术奖励,每年授予人数不超过2名,由国家最高领导人亲自颁奖...
www.bvtc.edu.cn/...xsjl/200601/1011.html - 19k - 2006-01-13 - 网页快照
www.bvtc.edu.cn站内的其它相关信息
设搜狗为首页
按相关性排序 | 按时间排序
访问通用网址"2005年...
白兰鸽为您提供"2005年...
点此查看"2005年...在阿里巴巴
两院士摘得国家最高科学技术奖 奖金500万>> 西部教育网
昨天,全国科学技术大会在北京人民大会堂开幕,国家主席胡锦涛做了重要讲话,并为2005年国家最高科学技术奖的获得者...在雄壮的乐曲声中,胡锦涛向获得2005年度国家最高科学技术奖的叶笃正院士和吴孟超院士颁发奖励证书和奖金...
www.ww51.net/...98825769.shtml - 11k - 2006-01-10 - 网页快照 - 类似网页
热烈祝贺本馆馆长吴孟超获2005年国家最高科学技术奖
热烈祝贺本馆馆长吴孟超获2005年国家最高科学技术奖 http://www.lib.gov.cn (2006-01-09 13:36:23)...《国务院关于2005年度国家科学技术奖励的决定》。决定授予叶笃正院士、吴孟超院士2位专家国家最高科学技术奖...
info.lib.gov.cn/...-09/news3658/3658.htm - 7k - 2006-01-09 - 网页快照
Internet
开始
16:43

图 6-10　搜狗的搜索结果

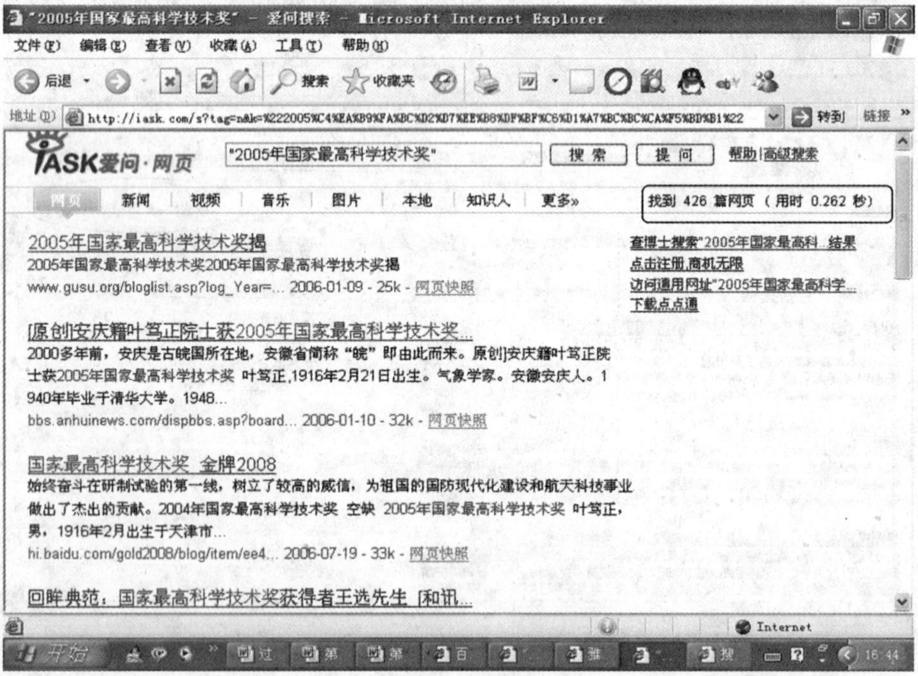
"2005年国家最高科学技术奖" - 爱问搜索 - Microsoft Internet Explorer
文件(F) 编辑(E) 查看(V) 收藏(A) 工具(T) 帮助(H)
后退 搜索 收藏夹
地址(D) http://iask.com/s?tag=n&k=%222005%C4%EA%B9%FA%BC%D2%D7%EE%B8%DF%BF%C6%D1%A7%BC%BC%CA%F5%BD%B1%22
转到 链接
iASK爱问·网页
"2005年国家最高科学技术奖"
搜 索
提 问
帮助|高级搜索
网页 新闻 视频 音乐 图片 本地 知识人 更多»
找到 426 篇网页 (用时 0.262 秒)
2005年国家最高科学技术奖揭
2005年国家最高科学技术奖2005年国家最高科学技术奖揭
www.gusu.org/bloglist.asp?log_Year=... 2006-01-09 - 25k - 网页快照
查博士搜索"2005年国家最高科...结果
点击注册,商机无限
访问通用网址"2005年国家最高科学...
下载点点通
[原创]安庆籍叶笃正院士获2005年国家最高科学技术奖...
2000多年前，安庆是古皖国所在地，安徽省简称"皖"即由此而来。原创]安庆籍叶笃正院士获2005年国家最高科学技术奖 叶笃正,1916年2月21日出生。气象学家。安徽安庆人。1940年毕业于清华大学。1948...
bbs.anhuinews.com/dispbbs.asp?board... 2006-01-10 - 32k - 网页快照
国家最高科学技术奖 金牌2008
始终奋斗在研制试验的第一线，树立了较高的威信，为祖国的国防现代化建设和航天科技事业做出了杰出的贡献。2004年国家最高科学技术奖 空缺 2005年国家最高科学技术奖 叶笃正，男，1916年2月出生于天津市...
hi.baidu.com/gold2008/blog/item/ee4... 2006-07-19 - 33k - 网页快照
回眸典范：国家最高科学技术奖获得者王选先生 [和讯...
Internet
开始
16:44

图 6-11　爱问的搜索结果

6.1.2　公共目录检索系统

即 Online Public Access Catalogue System，简称 OPAC。这是利用计算机终端来查询基于图书馆局域网内的馆藏数据资源的一种现代化检索方式，通过联机查找为读者提供馆藏文献的线索。根据这些线索，读者可以通过馆际互借等多种方式去获取相关的书刊实体。另外，OPAC 检索系统除了能够查询馆藏书刊，还可以实现预约、续借服务、读者情况查询、网上订购征询、网上信息发布、新书通报等一系列功能。OPAC 可以说是藏书机构实现数字化的一部分。目前国内外绝大多数藏书机构都已经拥有自己的 OPAC 系统，而这些数据即使对于非本机构成员也都是免费开放的。读者可以通过查询各个机构的 OPAC 了解自己所需书刊的馆藏情况。

以 CALIS(www. calis. edu. cn)即中国高等教育文献保障系统学位论文公共目录检索系统为例，检索陈吉的学位论文。

在图 6-12 中，点击“高校学位论文库子项目”，出现图 6-13，分新旧两个检索平台。点击老平台检索的链接，出现图 6-14，接着点击“访问原 OPAC 系统”，出现图 6-15，选单选框“学位论文库”，点击“选择上述数据库”，会出现图 6-16，接着“IP 登录”，进入图 6-17，进行检索。点击新平台检索的链接，直接进入图 6-18，选择作者途径，输入“陈吉”进行检索。图 6-19 中第 6 篇文章即是我们需要的文章，图 6-20 是其中英文文摘，普通用户只能看其中英文文摘。

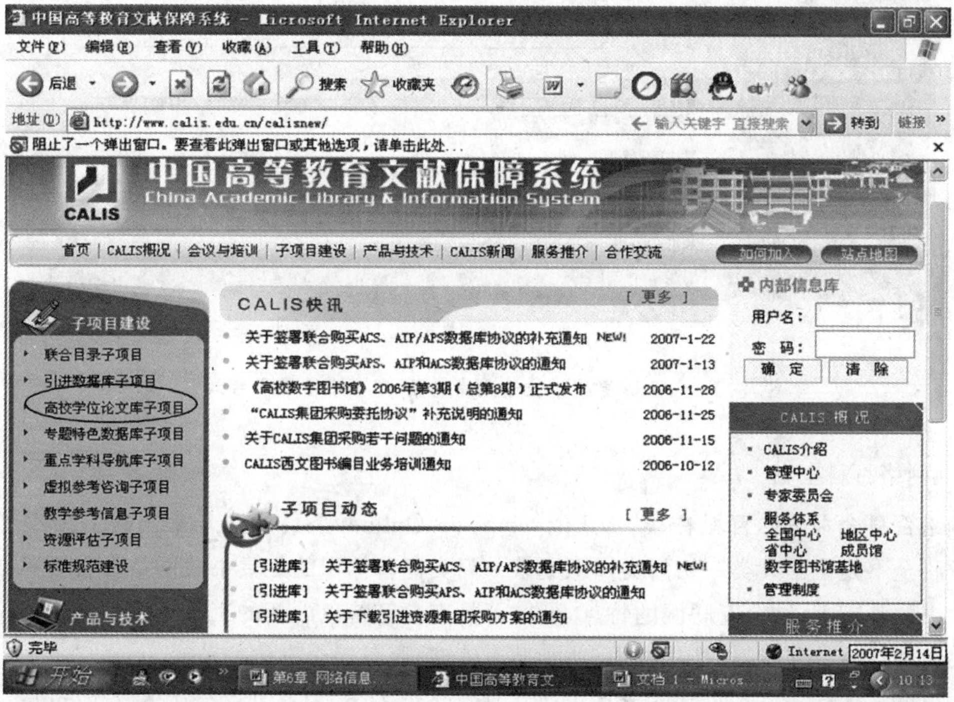

图 6-12　CALIS 主页

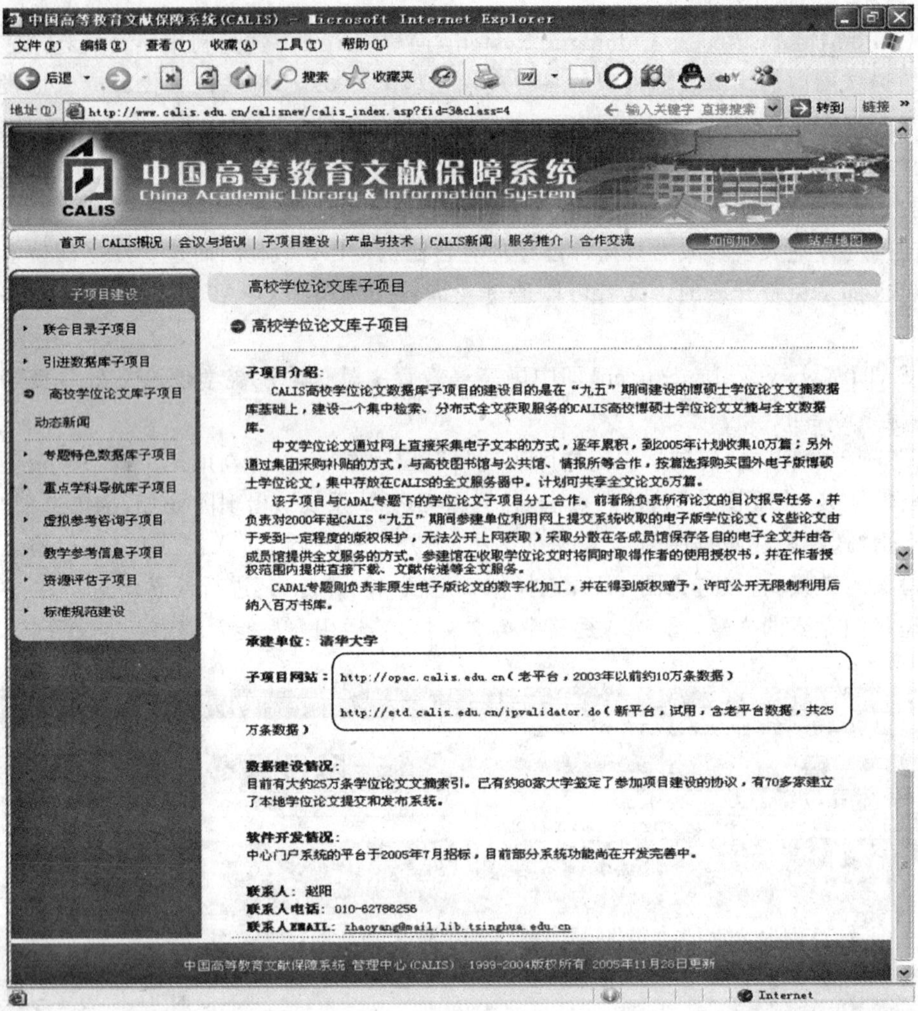
中国高等教育文献保障系统(CALIS) - Microsoft Internet Explorer
文件(F) 编辑(E) 查看(V) 收藏(A) 工具(T) 帮助(H)
后退 搜索 收藏夹
地址(D) http://www.calis.edu.cn/calisnew/calis_index.asp?fid=3&class=4
转到 链接
中国高等教育文献保障系统
China Academic Library & Information System
CALIS
首页 | CALIS概况 | 会议与培训 | 子项目建设 | 产品与技术 | CALIS新闻 | 服务推介 | 合作交流
如何加入
站点地图
子项目建设
联合目录子项目
引进数据库子项目
高校学位论文库子项目
动态新闻
专题特色数据库子项目
重点学科导航库子项目
虚拟参考咨询子项目
教学参考信息子项目
资源评估子项目
标准规范建设
高校学位论文库子项目
高校学位论文库子项目
子项目介绍:
CALIS高校学位论文数据库子项目的建设目的是在"九五"期间建设的博硕士学位论文文摘数据库基础上，建设一个集中检索、分布式全文获取服务的CALIS高校博硕士学位论文文摘与全文数据库。
中文学位论文通过网上直接采集电子文本的方式，逐年累积，到2005年计划收集10万篇；另外通过集团采购补贴的方式，与高校图书馆与公共馆、情报所等合作，按篇选择购买国外电子版博硕士学位论文，集中存放在CALIS的全文服务器中。计划可共享全文论文6万篇。
该子项目与CADAL专题下的学位论文子项目分工合作。前者除负责所有论文的目次报导任务，并负责对2000年起CALIS"九五"期间参建单位利用网上提交系统收取的电子版学位论文(这些论文由于受到一定程度的版权保护，无法公开上网获取)采取分散在各成员馆保存各自的电子全文并由各成员馆提供全文服务的方式。参建馆在收取学位论文时将同时取得作者的使用授权书，并在作者授权范围内提供直接下载、文献传递等全文服务。
CADAL专题则负责非原生电子版论文的数字化加工，并在得到版权赠予，许可公开无限制利用后纳入百万书库。
承建单位：清华大学
子项目网站：http://opac.calis.edu.cn(老平台，2003年以前约10万条数据)
http://etd.calis.edu.cn/ipvalidator.do(新平台，试用，含老平台数据，共25万条数据)
数据建设情况：
目前有大约25万条学位论文文摘索引。已有约80家大学签定了参加项目建设的协议，有70多家建立了本地学位论文提交和发布系统。
软件开发情况：
中心门户系统的平台于2005年7月招标，目前部分系统功能尚在开发完善中。
联系人：赵阳
联系人电话：010-62788256
联系人EMAIL：zhaoyang@mail.lib.tsinghua.edu.cn
中国高等教育文献保障系统 管理中心(CALIS) 1999-2004版权所有 2005年11月28日更新
Internet

图 6-13　CALIS 高校学位论文库的新、老两个检索平台入口

6.1.3　网络百科全书

网络百科全书也称百科在线，即 Encyclopedia Online，是最近几年来出现的新型参考工具。百科全书是汇集人类一切门类知识或某一门类完备知识的工具书。网络百科全书在传统百科全书的基础上，结合互联网的特点，形成了具有自己特色的新的工具体系。它不仅仅是百科全书单纯载体的变换，还是从技术、功能乃至管理、服务等全方位的革命。

如以 www.encyclopedia.com(图 6-21)为例介绍一下，在图 6-22 中，输入“apple”，点击 Search 即可检索到有关苹果的词条，见图 6-23。

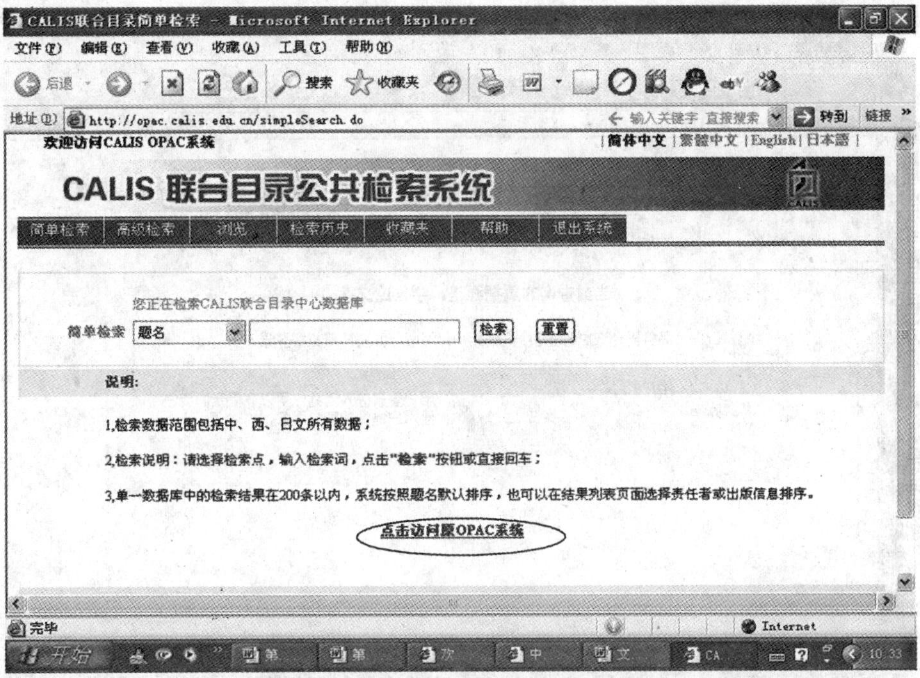

图 6-14　CALIS 联合目录公共检索系统

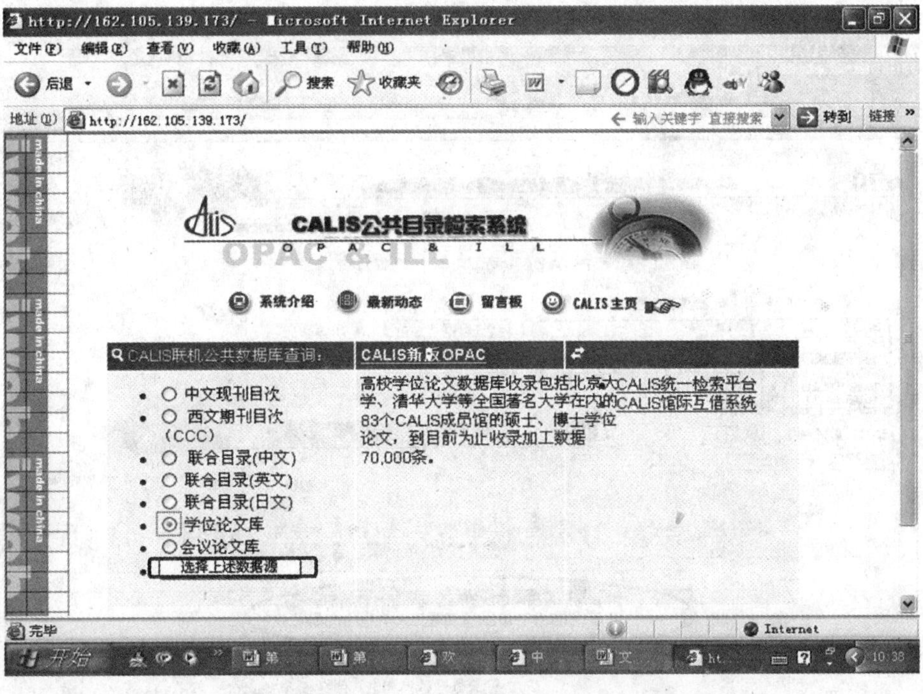

图 6-15　CALIS 联机目录公共检索系统选择数据源界面

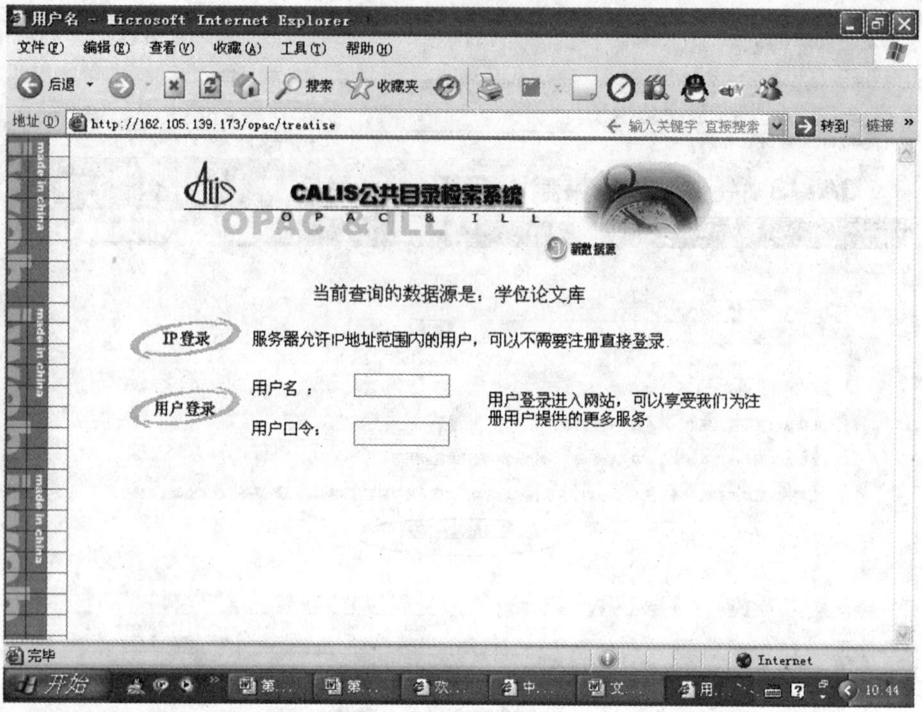

图 6-16 CALIS 联合目录公共检索系统选择登录方式界面

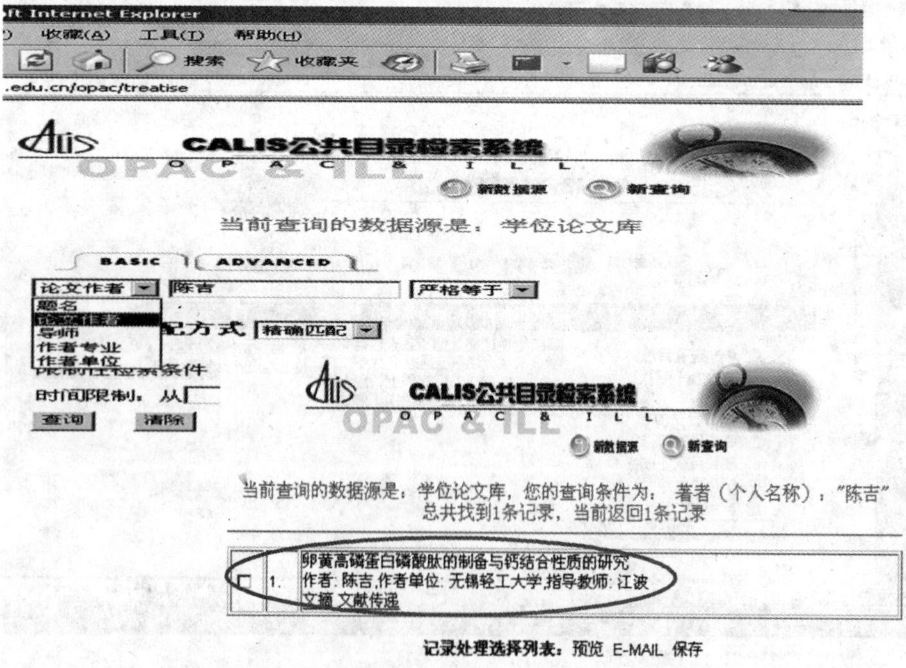

图 6-17 CALIS 联合目录公共检索系统检索界面

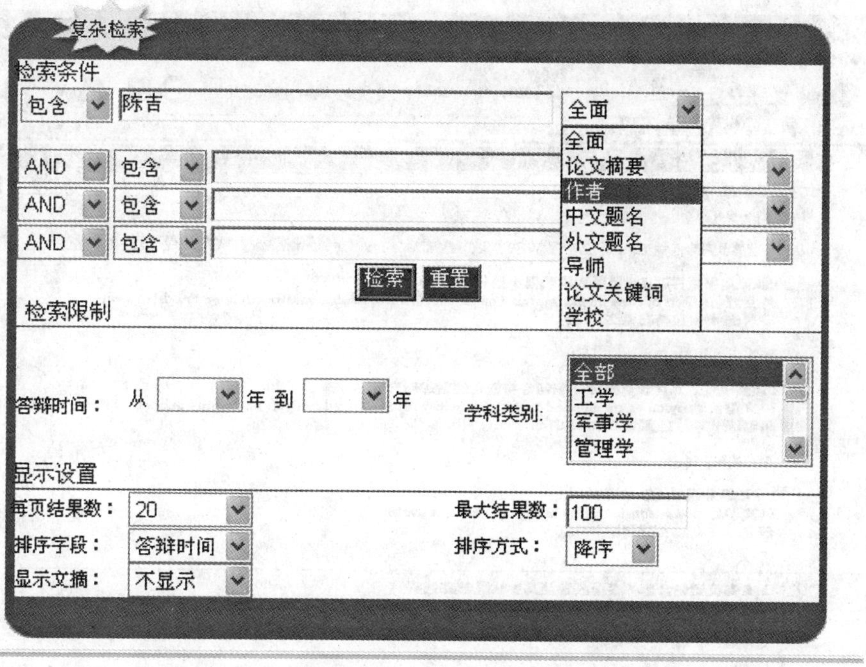

图 6-18　CALIS 联合目录公共检索系统新平台检索

6.1.4　网上免费数据库

网上有一些关于生命科学等方面的免费全文数据库。例如，PubMed(www. pubmedcentral. nih. gov)见图 6-24，是美国国家医学图书馆下属的国家生物技术信息中心(NCBI)开发的，基于 WWW 的查询系统 PubMed(图 6-25)。它提供免费的 MEDLINE、PREMEDLINE 与其他相关数据库接入服务，也包含着与提供期刊全文的出版商网址的链接，来自第三方的生物学数据，序列中心的数据等。

在图 6-25 中，点击“go”即会出现图 6-26 的检索结果，进一步点击看全文。

6.2　网上专题信息资源

6.2.1　《网上报告厅》

《网上报告厅》是由北京爱迪科森信息技术有限公司推出的国内第一套大型视频专家报告库。它整合了中央党校、中央电视台、清华大学、中华医学会、中国经济 50 人论坛、中评网、解放军卫生音像出版社等权威学术机构的专家报告资源，开发了“学术报告”和“学术鉴赏”两大视频报告群，以及一个“精品课件”群，形成 7 大系列的专家报告，是广大师生开阔视野、了解学科前沿、提升综合素质的知识平台(图 6-27)。

以检索丁肇中学术报告为例。图 6-29 所示，点击学术报告之下的“科学大师”，再点击“科学大师——丁肇中”之后的“播放”按钮即可。

6.2.2　中国经济信息网

中国经济信息网(中经网)(图 6-30)，是国家信息中心组建的、以提供经济信息为主要业

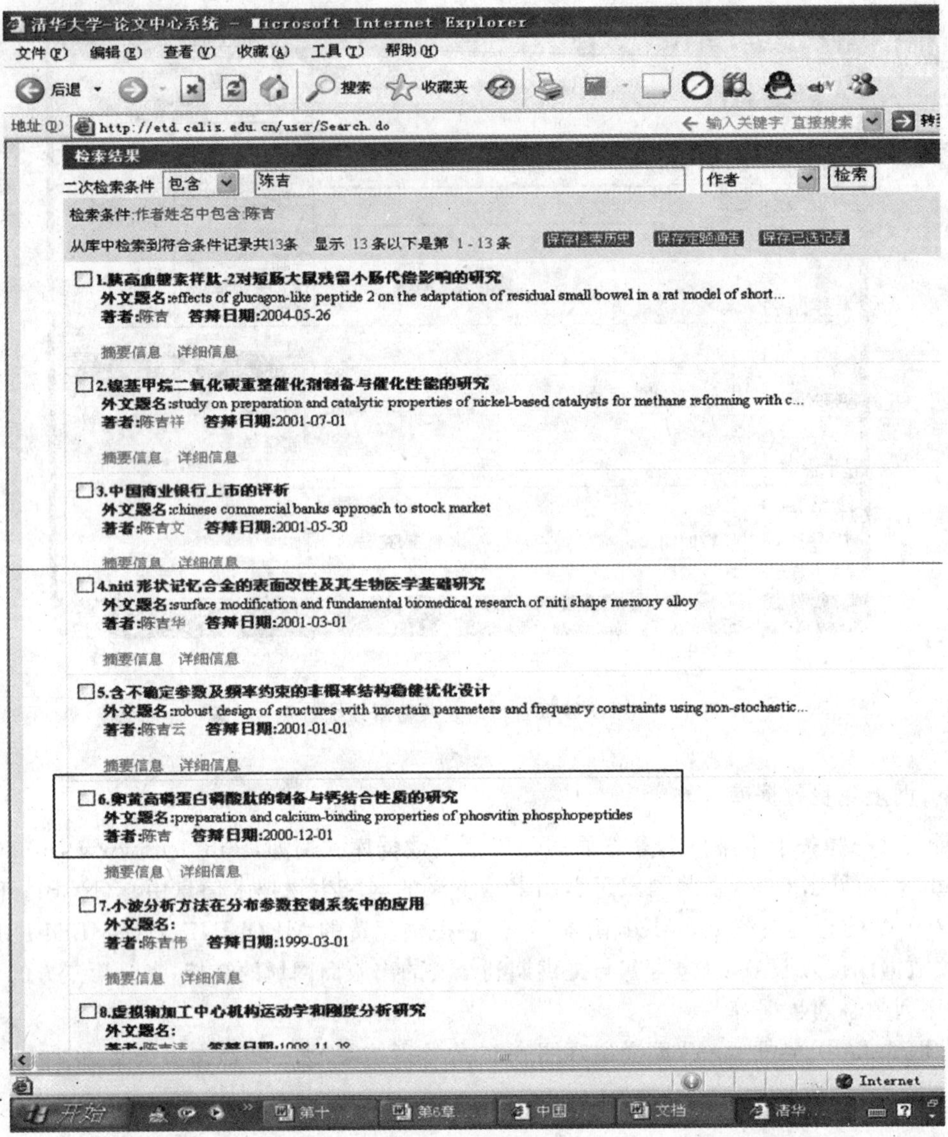

图 6-19 检索结果

务的专业性信息服务网络，于 1996 年 12 月 3 日正式开通。

(1)推荐专辑。包括：

宏观管理：及时提供计划、投资、物价、内外贸易等宏观管理部门的动态快讯、领导讲话、政策法规和专家分析信息，为用户了解我国宏观经济管理情况提供支持。

金融保险：及时提供金融保险行业(含银行、上市公司)的动态快讯、领导讲话、政策法规、专家分析和综合行情信息，为用户全面了解我国金融保险行业发展趋势、把握投资合作商机提供支持。

财政税收：及时提供财政、税收、审计等国家管理部门的动态快讯、领导讲话、政策法规和

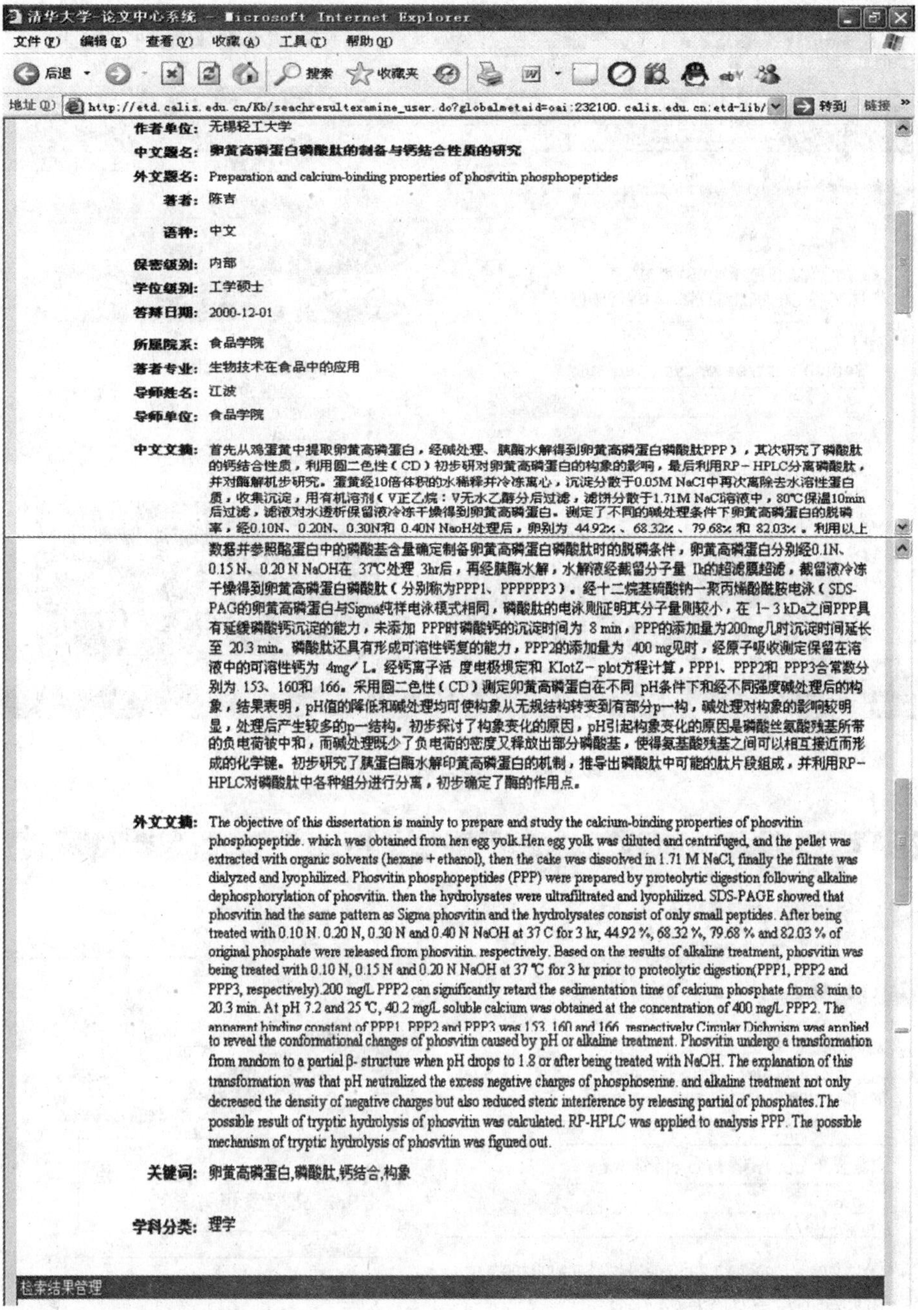
清华大学-论文中心系统 - Microsoft Internet Explorer

文件(F)　编辑(E)　查看(V)　收藏(A)　工具(T)　帮助(H)

后退　搜索　收藏夹

地址(D) http://etd.calis.edu.cn/Kb/seachresultexamine_user.do?globalmetaid=oai:232100.calis.edu.cn:etd-lib/　转到　链接

作者单位：无锡轻工大学

中文题名：卵黄高磷蛋白磷酸肽的制备与钙结合性质的研究

外文题名：Preparation and calcium-binding properties of phosvitin phosphopeptides

著者：陈吉

语种：中文

保密级别：内部

学位级别：工学硕士

答辩日期：2000-12-01

所属院系：食品学院

著者专业：生物技术在食品中的应用

导师姓名：江波

导师单位：食品学院

中文文摘：首先从鸡蛋黄中提取卵黄高磷蛋白，经碱处理、胰酶水解得到卵黄高磷蛋白磷酸肽PPP），其次研究了磷酸肽的钙结合性质，利用圆二色性（CD）初步研对卵黄高磷蛋白的构象的影响，最后利用RP－HPLC分离磷酸肽，并对酶解机步研究。蛋黄经10倍体积的水稀释并冷冻离心，沉淀分散于0.05M NaCI中再次离除去水溶性蛋白质，收集沉淀，用有机溶剂（V正乙烷：V无水乙醇分后过滤，滤饼分散于1.71M NaCl溶液中，80℃保温10min后过滤，滤液对水透析保留液冷冻干燥得到卵黄高磷蛋白。测定了不同的碱处理条件下卵黄高磷蛋白的脱磷率，经0.10N、0.20N、0.30N和 0.40N NaoH处理后，卵别为 44.92%、68.32%、79.68%和 82.03%。利用以上数据并参照酪蛋白中的磷酸基含量确定制备卵黄高磷蛋白磷酸肽时的脱磷条件，卵黄高磷蛋白分别经0.1N、0.15 N、0.20 N NaOH在 37℃处理 3hr后，再经胰酶水解，水解液经截留分子量 Ik的超滤膜超滤，截留液冷冻干燥得到卵黄高磷蛋白磷酸肽（分别称为PPP1、PPPPPP3）。经十二烷基硫酸钠一聚丙烯酚酰胺电泳（SDS-PAG的卵黄高磷蛋白与Sigma纯样电泳模式相同，磷酸肽的电泳则证明其分子量则较小，在 1－3 kDa之间PPP具有延缓磷酸钙沉淀的能力，未添加 PPP时磷酸钙的沉淀时间为 8 min，PPP的添加量为200mg几时沉淀时间延长至 20.3 min。磷酸肽还具有形成可溶性钙复的能力，PPP2的添加量为 400 mg见时，经原子吸收测定保留在溶液中的可溶性钙为 4mg/L。经钙离子活 度电极坝定和 KlotZ－plot方程计算，PPP1、PPP2和 PPP3合常数分别为 153、160和 166。采用圆二色性（CD）测定卵黄高磷蛋白在不同 pH条件下和经不同强度碱处理后的构象，结果表明，pH值的降低和碱处理均可使构象从无规结构转变到有部分p一构，碱处理对构象的影响较明显，处理后产生较多的p一结构。初步探讨了构象变化的原因，pH引起构象变化的原因是磷酸丝氨酸残基所带的负电荷被中和，而碱处理既少了负电荷的密度又释放出部分磷酸基，使得氨基酸残基之间可以相互接近而形成的化学键。初步研究了胰蛋白酶水解印黄高磷蛋白的机制，推导出磷酸肽中可能的肽片段組成，并利用RP－HPLC对磷酸肽中各种组分进行分离，初步确定了酶的作用点。

外文文摘：The objective of this dissertation is mainly to prepare and study the calcium-binding properties of phosvitin phosphopeptide. which was obtained from hen egg yolk.Hen egg yolk was diluted and centrifuged, and the pellet was extracted with organic solvents (hexane + ethanol), then the cake was dissolved in 1.71 M NaCl, finally the filtrate was dialyzed and lyophilized. Phosvitin phosphopeptides (PPP) were prepared by proteolytic digestion following alkaline dephosphorylation of phosvitin. then the hydrolysates were ultrafiltrated and lyophilized. SDS-PAGE showed that phosvitin had the same pattern as Sigma phosvitin and the hydrolysates consist of only small peptides. After being treated with 0.10 N. 0.20 N, 0.30 N and 0.40 N NaOH at 37 C for 3 hr, 44.92 %, 68.32 %, 79.68 % and 82.03 % of original phosphate were released from phosvitin. respectively. Based on the results of alkaline treatment, phosvitin was being treated with 0.10 N, 0.15 N and 0.20 N NaOH at 37 ℃ for 3 hr prior to proteolytic digestion(PPP1, PPP2 and PPP3, respectively).200 mg/L PPP2 can significantly retard the sedimentation time of calcium phosphate from 8 min to 20.3 min. At pH 7.2 and 25 ℃, 40.2 mg/L soluble calcium was obtained at the concentration of 400 mg/L PPP2. The apparent binding constant of PPP1, PPP2 and PPP3 was 153, 160 and 166, respectively Circular Dichroism was applied to reveal the conformational changes of phosvitin caused by pH or alkaline treatment. Phosvitin undergo a transformation from random to a partial β- structure when pH drops to 1.8 or after being treated with NaOH. The explanation of this transformation was that pH neutralized the excess negative charges of phosphoserine. and alkaline treatment not only decreased the density of negative charges but also reduced steric interference by releasing partial of phosphates.The possible result of tryptic hydrolysis of phosvitin was calculated. RP-HPLC was applied to analysis PPP. The possible mechanism of tryptic hydrolysis of phosvitin was figured out.

关键词：卵黄高磷蛋白,磷酸肽,钙结合,构象

学科分类：理学

检索结果管理

图 6-20　中英文摘要

专家分析信息，为用户了解我国财政税收情况提供支持。

高等教育：提供 100 所国外著名综合类及财经类院校情况介绍和中外教育动态等信息，为用户全面了解国内外高校发展趋势提供参考借鉴。

热点专题：围绕经济热点问题，系统提供背景材料、深度分析、跟踪报道等信息，为用户全

面、准确地理解和把握经济热点问题提供信息支持。

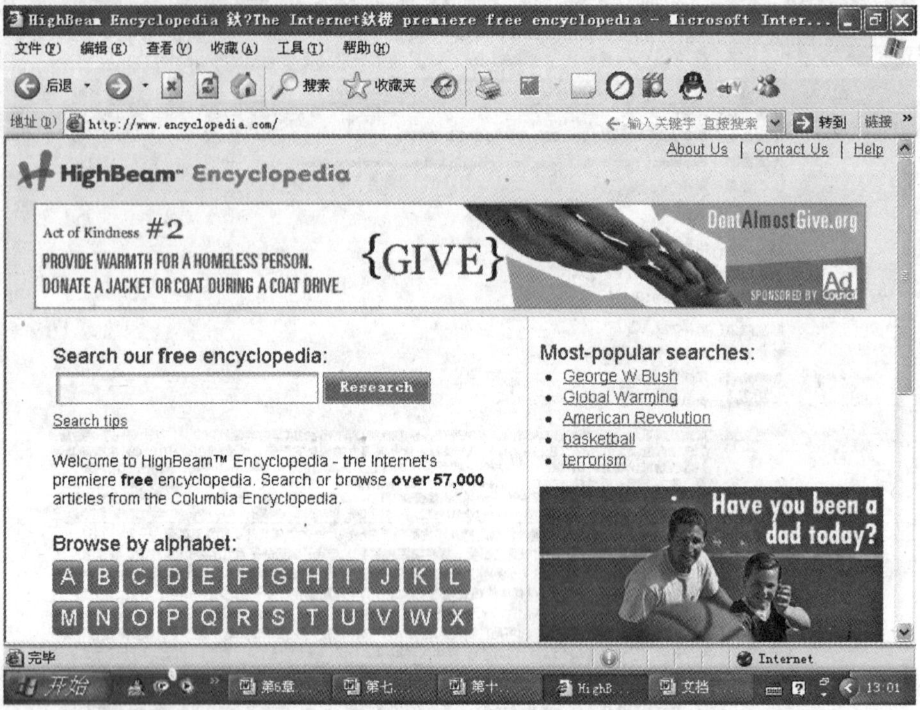

图 6-21 网络百科全书首页

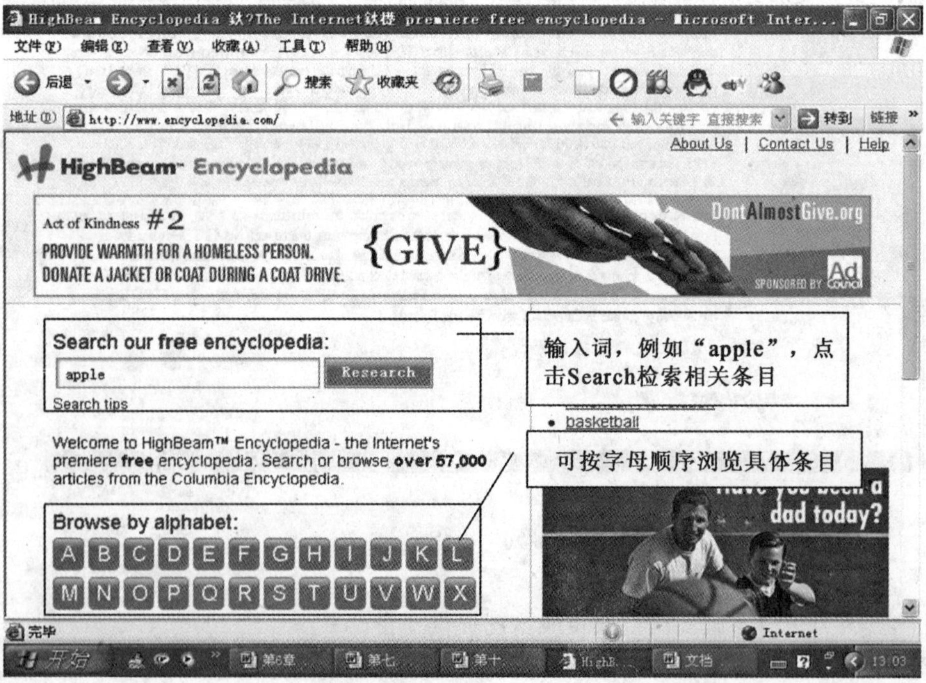

图 6-22 网络百科全书检索

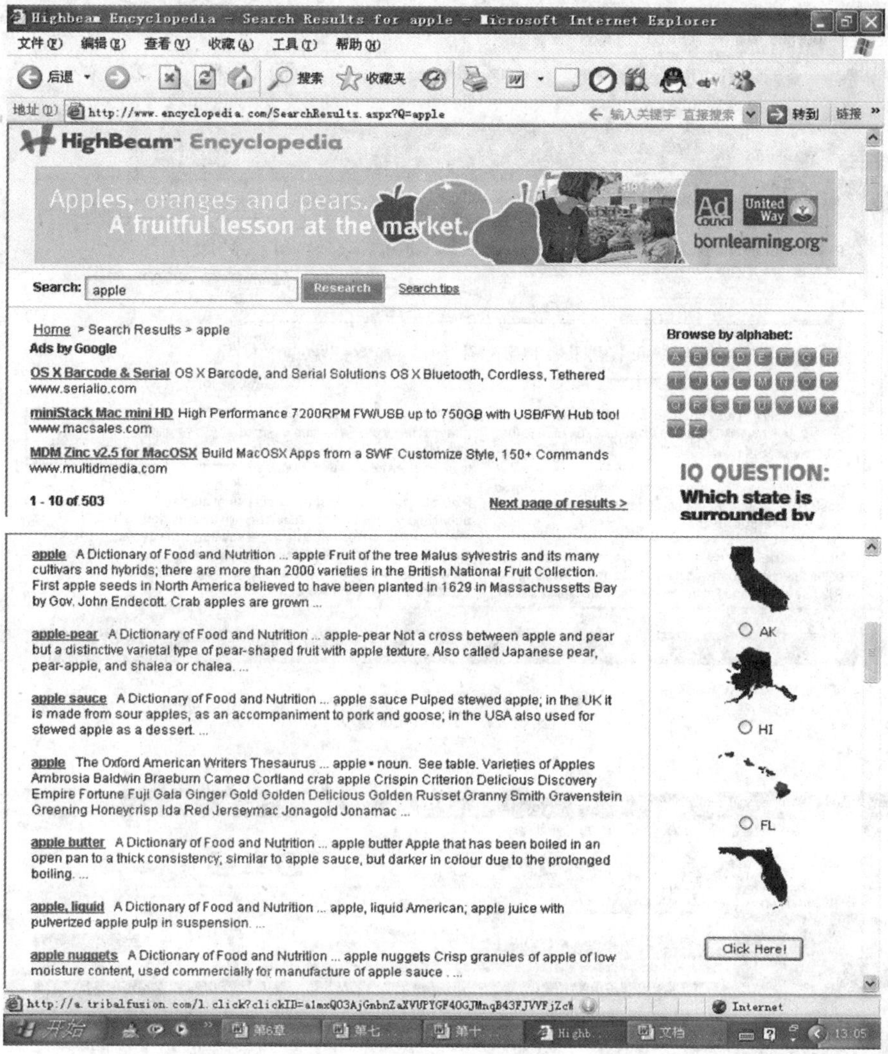

Highbeam Encyclopedia - Search Results for apple - Microsoft Internet Explorer
文件(F) 编辑(E) 查看(V) 收藏(A) 工具(T) 帮助(H)
http://www.encyclopedia.com/SearchResults.aspx?Q=apple
HighBeam Encyclopedia
Apples, oranges and pears.
A fruitful lesson at the market.
bornlearning.org
Search: apple
Research
Search tips
Home > Search Results > apple
Ads by Google
OS X Barcode & Serial OS X Barcode, and Serial Solutions OS X Bluetooth, Cordless, Tethered
www.serialio.com
miniStack Mac mini HD High Performance 7200RPM FW/USB up to 750GB with USB/FW Hub too!
www.macsales.com
MDM Zinc v2.5 for MacOSX Build MacOSX Apps from a SWF Customize Style, 150+ Commands
www.multidmedia.com
1 - 10 of 503
Next page of results >
Browse by alphabet:
IQ QUESTION:
Which state is surrounded by
apple A Dictionary of Food and Nutrition ... apple Fruit of the tree Malus sylvestris and its many cultivars and hybrids; there are more than 2000 varieties in the British National Fruit Collection. First apple seeds in North America believed to have been planted in 1629 in Massachussetts Bay by Gov. John Endecott. Crab apples are grown ...
apple-pear A Dictionary of Food and Nutrition ... apple-pear Not a cross between apple and pear but a distinctive varietal type of pear-shaped fruit with apple texture. Also called Japanese pear, pear-apple, and shalea or chalea. ...
apple sauce A Dictionary of Food and Nutrition ... apple sauce Pulped stewed apple; in the UK it is made from sour apples, as an accompaniment to pork and goose; in the USA also used for stewed apple as a dessert. ...
apple The Oxford American Writers Thesaurus ... apple • noun. See table. Varieties of Apples Ambrosia Baldwin Braeburn Cameo Cortland crab apple Crispin Criterion Delicious Discovery Empire Fortune Fuji Gala Ginger Gold Golden Delicious Golden Russet Granny Smith Gravenstein Greening Honeycrisp Ida Red Jerseymac Jonagold Jonamac ...
apple butter A Dictionary of Food and Nutrition ... apple butter Apple that has been boiled in an open pan to a thick consistency; similar to apple sauce, but darker in colour due to the prolonged boiling. ...
apple, liquid A Dictionary of Food and Nutrition ... apple, liquid American; apple juice with pulverized apple pulp in suspension. ...
apple nuggets A Dictionary of Food and Nutrition ... apple nuggets Crisp granules of apple of low moisture content, used commercially for manufacture of apple sauce. ...
AK
HI
FL
Click Here!
Internet
开始

图 6-23　检索结果

海外媒体：提供港澳台及国外著名媒体对中国重要会议、领导人讲话、重要活动、重大事件以及国家出台新政策等方面的反映和评论，为用户多视角地了解中国改革开放发展进程提供信息支持。

(2)综合动态。包括：

中外要报：报道国内外经济、科技、社会、体育等专业性要闻，为用户及时了解国内外大事提供信息支持。

行业快讯：提供中外宏观及各行业经济的最新发展、重大事件、重要活动等信息，为用户快速了解宏观经济及各行业发展动态提供信息支持。

地区快讯：提供全国各地经济的最新发展、重大事件、重要活动等信息，为用户快速了解各地经济的发展动态提供信息支持。

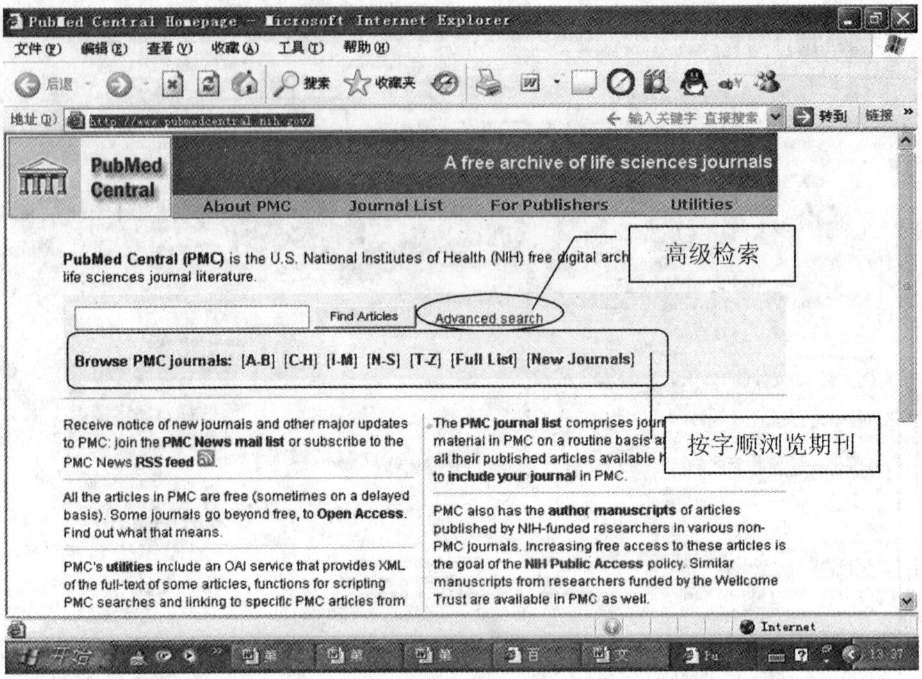
PubMed Central
A free archive of life sciences journals
About PMC
Journal List
For Publishers
Utilities
PubMed Central (PMC) is the U.S. National Institutes of Health (NIH) free digital arch
life sciences journal literature.
Find Articles
Advanced search
高级检索
Browse PMC journals: [A-B] [C-H] [I-M] [N-S] [T-Z] [Full List] [New Journals]
按字顺浏览期刊
Receive notice of new journals and other major updates to PMC: join the PMC News mail list or subscribe to the PMC News RSS feed.
All the articles in PMC are free (sometimes on a delayed basis). Some journals go beyond free, to Open Access. Find out what that means.
PMC's utilities include an OAI service that provides XML of the full-text of some articles, functions for scripting PMC searches and linking to specific PMC articles from
PMC also has the author manuscripts of articles published by NIH-funded researchers in various non-PMC journals. Increasing free access to these articles is the goal of the NIH Public Access policy. Similar manuscripts from researchers funded by the Wellcome Trust are available in PMC as well.

图 6-24 PubMed 首页

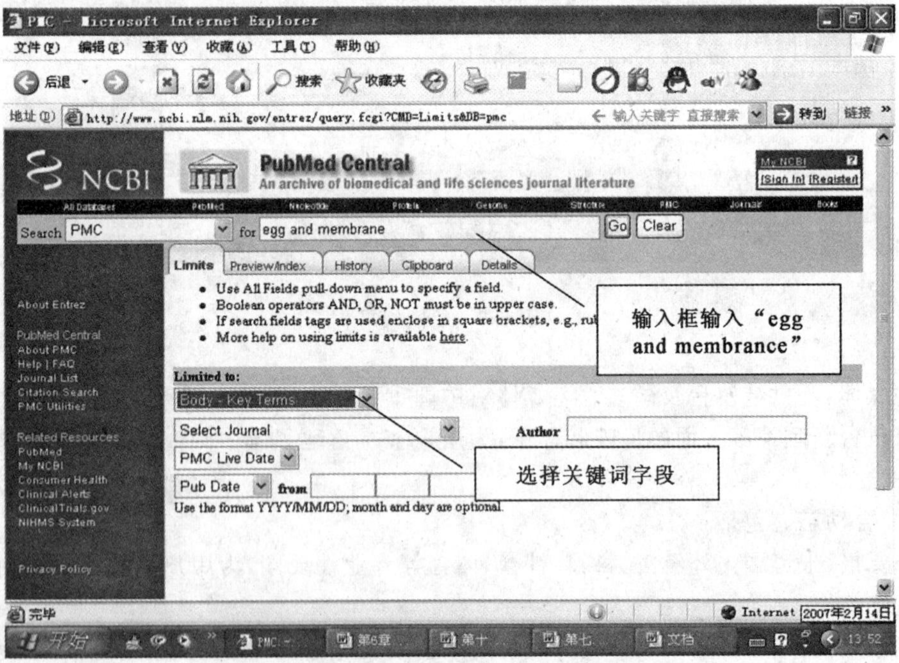
NCBI
PubMed Central
An archive of biomedical and life sciences journal literature
Search PMC for egg and membrane
Go
Clear
Limits
Preview/Index
History
Clipboard
Details
Use All Fields pull-down menu to specify a field.
Boolean operators AND, OR, NOT must be in upper case.
More help on using limits is available here.
输入框输入“egg and membrance”
Limited to:
Body - Key Terms
Select Journal
Author
PMC Live Date
Pub Date
from
Use the format YYYY/MM/DD; month and day are optional.
选择关键词字段

图 6-25 Pubmed 检索

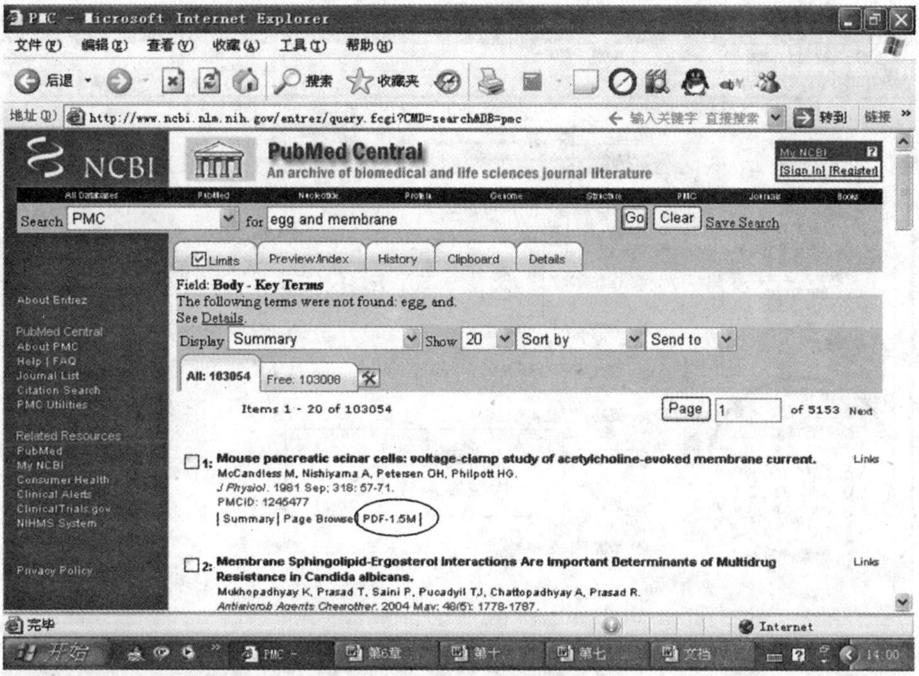

图 6-26　检索结果

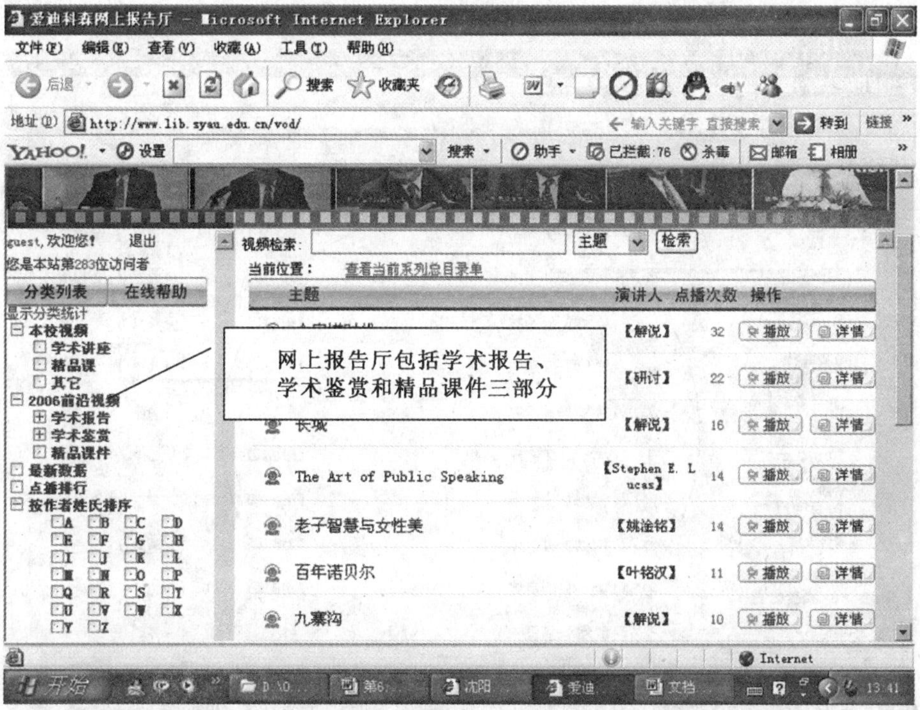

图 6-27　爱迪科森网上报告厅首页

图 6-28　网上报告厅首页功能介绍

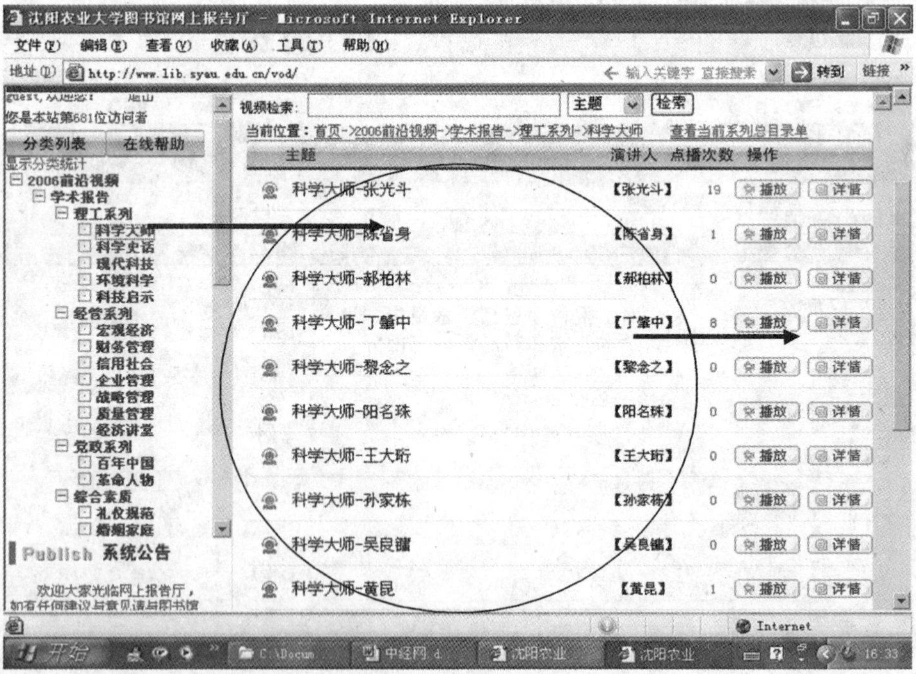

图 6-29　检索举例

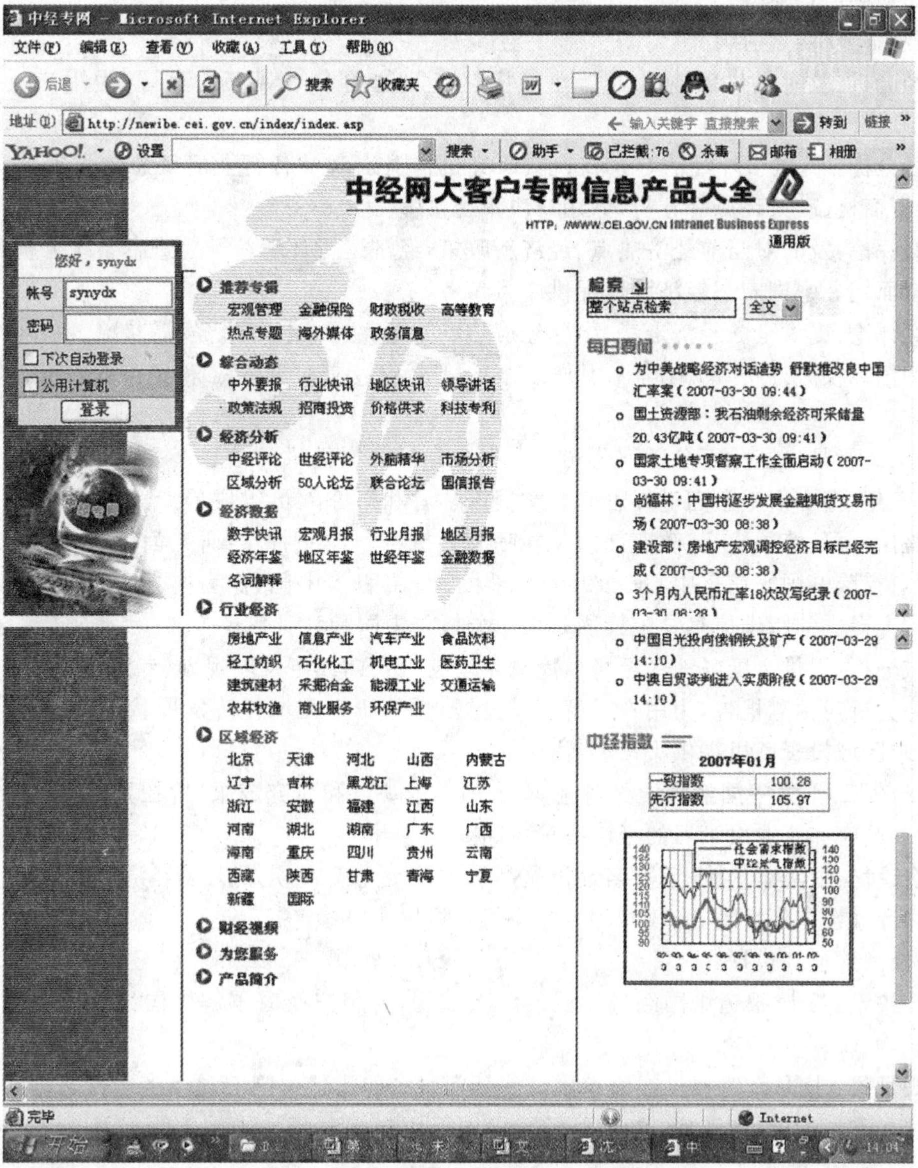

图 6-30　中国经济信息网首页

领导讲话：提供中央、国家、各部委、各省区市等领导的最新重要讲话，为用户准确把握中央、地方和各行业的政策走向提供信息支持。

政策法规：提供中央、国家、各部委、各省区市等机构制定的最新政策、法律、规章、规定，为用户全面理解和有效运用提供信息支持。

招商投资：汇集各地区、各行业的招商投资信息，为用户及时把握投资合作商机提供支持。

价格供求：及时提供国内外各行业主要产品的市场价格，为用户分析市场商机和选购产品提供信息支持。

科技专利：提供各行业最新科技发展动态和实用专利、技术转让信息，为用户寻求高科技创新产品提供信息支持。

(3)经济分析。包括：

中经分析：及时提供宏观及各行业经济热点问题的专家观点及点评，为用户决策提供参考。

市场分析：提供中外经济专家和权威研究机构对宏观及各行业经济总体发展、市场发展趋势、投资商机、政策环境等分析，为用户决策提供参考。

中经评论：及时对当前经济热点、经济新政策、经济运行环境等问题进行系统分析和评述，为用户全面把握中国宏观经济脉搏提供决策参考。

世经评论：提供全球经济走势、国际经济热点问题、主要国家经济发展状况、世界经济研究等问题的国际权威分析和评述，为用户以全球视角积极应对 WTO 和经济全球化提供决策参考。

牛津分析：是由国际著名咨询公司——牛津分析公司提供的信息产品。牛津分析公司始建于 1975 年，拥有由千余名世界著名大学资深学者和研究人员组成的专家网，其用户包括全球许多跨国公司、跨国银行、政府部门和国际公共机构。产品特点：研究面宽、分析深刻、立场公正、观点权威。国家信息中心在 1996 年将牛津分析引入中国，作为向党和国家领导人及各部委负责人提供的特供信息。中经网是牛津分析在中国的独家代理。

区域分析：提供全国各地区经济发展的年度与中长期经济发展规划、专家分析和月度季度年度形势分析与预测报告，为用户了解区域发展规划、研究区域经济发展状况、判断区域经济走势、寻求区域投资商机提供决策参考。

50 人论坛：汇集中国经济学界名流 50 人的学术观点和研究成果，旨在繁荣发展我国经济学，并拓展政府和企业决策者的经济决策思路。

联合论坛：汇集国内 14 家著名经济研究机构的研究成果，定期开展经济形势分析、热点问题讨论和专家咨询等活动，为政府和企业决策者提供决策参考。

(4)经济数据。包括：

数字快讯：及时报道中国经济发展的时事数据，为用户及时了解中国经济发展情况提供数据信息。

宏观月报：按月及时提供国家权威经济部门发布的描述中国宏观经济运行态势的一系列重要月度和季度指标，为政府、企业和研究机构等用户实时把握中国宏观经济走势提供数据支持。

行业月报：按月及时提供国家权威经济部门发布的工业企业(指全部国有和年产品销售收入在 500 万元以上的非国有工业企业)月度指标，为政府、企业和研究机构等用户实时把握中国工业行业情况提供数据支持。

地区月报：按月及时提供各省市、各城市及地方经济走势的月度指标，为政府、企业和研究机构等用户实时把握各地经济发展态势提供数据支持。

经济年鉴：提供国家和地方权威经济部门发布的有关宏观经济、产业经济等方面的年度经济数据，为用户分析中国经济发展趋势提供数据支持。

地区年鉴：提供国家和地方权威经济部门发布的地区经济年度数据，为用户分析中国地区经济发展趋势提供数据支持。

世经年鉴：提供世界权威机构发布的 200 多个国家和地区的年度经济数据，为用户了解各国经济发展情况并分析经济全球化趋势提供数据支持。

金融数据:提供国家权威经济金融部门发布的描述金融特别是银行运行态势的一系列重要月度、季度和年度经济指标,为用户全面把握我国金融业运行发展情况提供数据支持。

名词解释:详细解释各经济指标的具体含义、计算公式和统计口径等,为用户全面理解和有效使用数据信息,提供帮助。

(5)行业经济。包括:

房地产业:及时提供房地产行业的动态快讯、领导讲话、政策法规、专家分析、市场行情、项目简讯、招商投资和商品供求信息,为用户全面了解我国房地产行业发展趋势、把握投资合作商机提供支持。

信息产业:及时提供信息行业(含通信邮政、广播电视、新闻出版、网络服务)的动态快讯、领导讲话、政策法规、专家分析、市场行情、科技专利、项目简讯、招商投资和商品供求信息,为用户全面了解我国信息行业发展趋势、把握投资合作商机提供支持。

汽车产业:提供国家权威经济部门和研究机构发布的有关汽车行业动态、政策法规、产销数据、车型数据、进出口数据、生产流通企业情况、行业分析预测等信息,可为用户全面把握我国汽车行业发展趋势提供信息支持。

食品饮料:及时提供食品饮料行业(含粮油、烟酒、糖果)的动态快讯、政策法规、专家分析、市场行情、科技专利、项目简讯、招商投资和商品供求信息,为用户全面了解我国食品饮料行业发展趋势、把握投资合作商机提供支持。

轻工纺织:及时提供轻工纺织行业(含服装)的动态快讯、政策法规、专家分析、市场行情、科技专利、项目简讯、招商投资和商品供求信息,为用户全面了解我国轻工纺织行业发展趋势、把握投资合作商机提供支持。

石化化工:及时提供石化化工行业的动态快讯、政策法规、专家分析、市场行情、科技专利、项目简讯、招商投资和商品供求信息,为用户全面了解我国石化化工行业发展趋势、把握投资合作商机提供支持。

机电工业:及时提供机电行业(含家电)的动态快讯、政策法规、专家分析、市场行情、科技专利、项目简讯、招商投资和商品供求信息,为用户全面了解我国机电行业发展趋势、把握投资合作商机提供支持。

医药卫生:及时提供医药卫生行业(含医疗机构、卫生事业、药品)的动态快讯、政策法规、专家分析、市场行情、科技专利、项目简讯、招商投资和商品供求信息,为用户全面了解我国医药卫生行业发展趋势、把握投资合作商机提供支持。

建筑建材:及时提供建筑建材行业的动态快讯、政策法规、专家分析、市场行情、科技专利、项目简讯、招商投资和商品供求信息,为用户全面了解我国建筑建材行业发展趋势、把握投资合作商机提供支持。

采掘冶金:及时提供采掘冶金行业(含矿产)的动态快讯、政策法规、专家分析、市场行情、科技专利、项目简讯和商品供求信息,为用户全面了解我国采掘冶金行业发展趋势、把握投资合作商机提供支持。

能源工业:及时提供能源行业(含煤炭、电力、石油、天然气)的动态快讯、领导讲话、政策法规、专家分析、市场行情、科技专利、项目简讯和招商投资信息,为用户全面了解我国能源行业发展趋势、把握投资合作商机提供支持。

交通运输:及时提供交通运输行业的动态快讯、领导讲话、政策法规、专家分析、市场行情、科技专利、项目简讯和招商投资信息,为用户全面了解我国交通运输行业发展趋势、把握投资合作商机提供支持。

农林牧渔:及时提供农林牧渔行业(含国土资源)的动态快讯、领导讲话、政策法规、专家分析、市场行情、科技专利、项目简讯、招商投资和商品供求信息,为用户全面了解我国农林牧渔行业发展趋势、把握投资合作商机提供支持。

商业服务:及时提供商业服务行业(含旅游、公用事业)的动态快讯、政策法规和专家分析信息,为用户全面了解我国商业服务行业发展趋势、把握投资合作商机提供支持。

用户只需选择全文或标题途径,输入相关内容,点击"Go"进行检索。用户也可以在主页上层层点击,查出有关内容(图 6-31)。

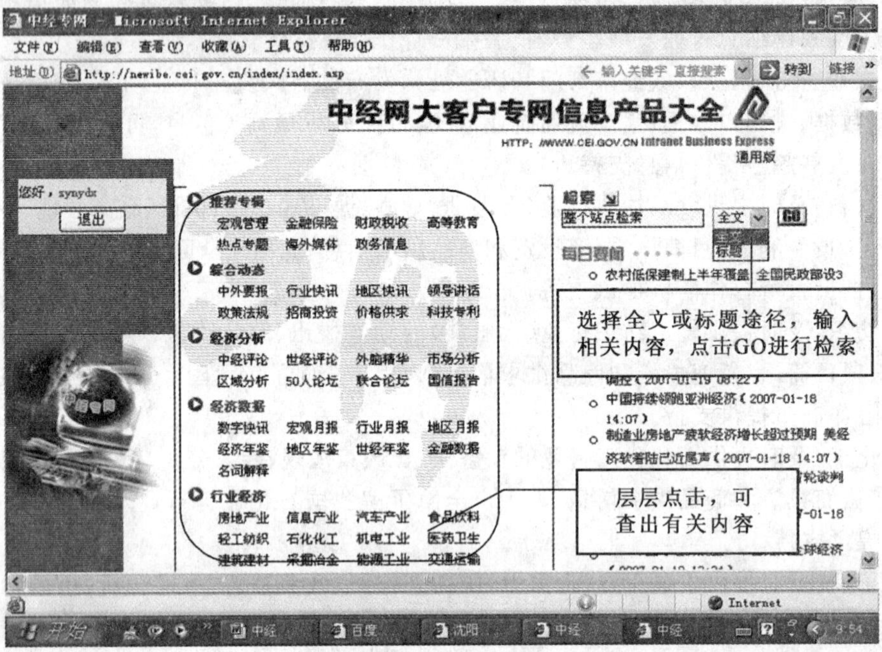

图 6-31 中经网检索

6.3 网上特种文献信息检索

6.3.1 专利文献检索

1. 国家知识产权局专利检索

知识产权局的专利检索(www.sipo.gov.cn)收录了 1985 年以来的发明专利、实用新型专利和外观设计专利。其检索界面分简单检索界面和高级检索界面(图 6-32)。可提供免费的专利全文。

点击高级检索可进行更为具体的检索(图 6-33)。

进入高级检索页面后,按提示进行填写即可实现检索(图 6-34)。

选好检索字段,在输入框中输入相关词即可实现检索。图 6-35,可检索发明人为"张徐

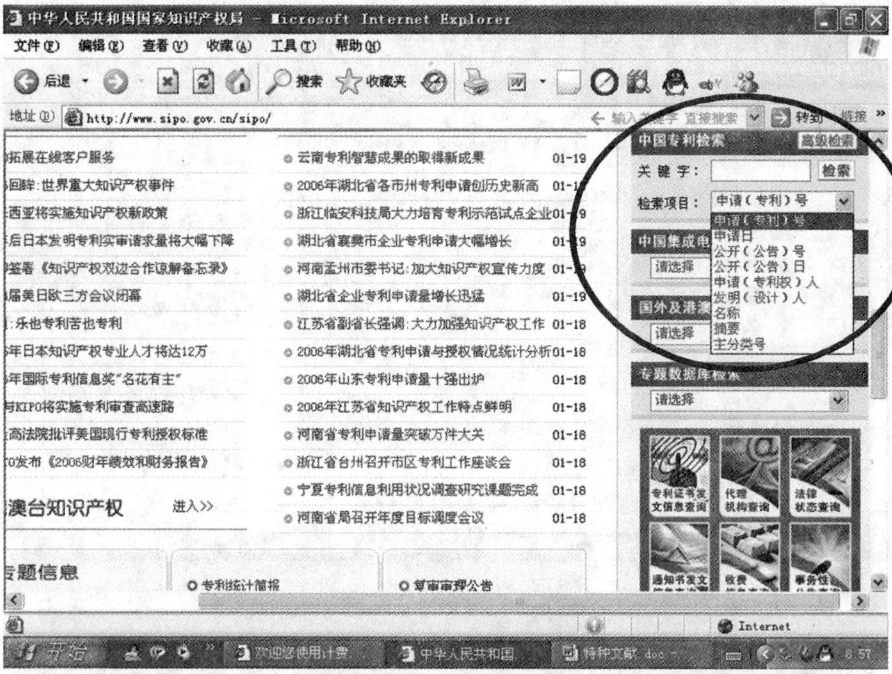

图 6-32　中华人民共和国知识产权局专利检索页面介绍一

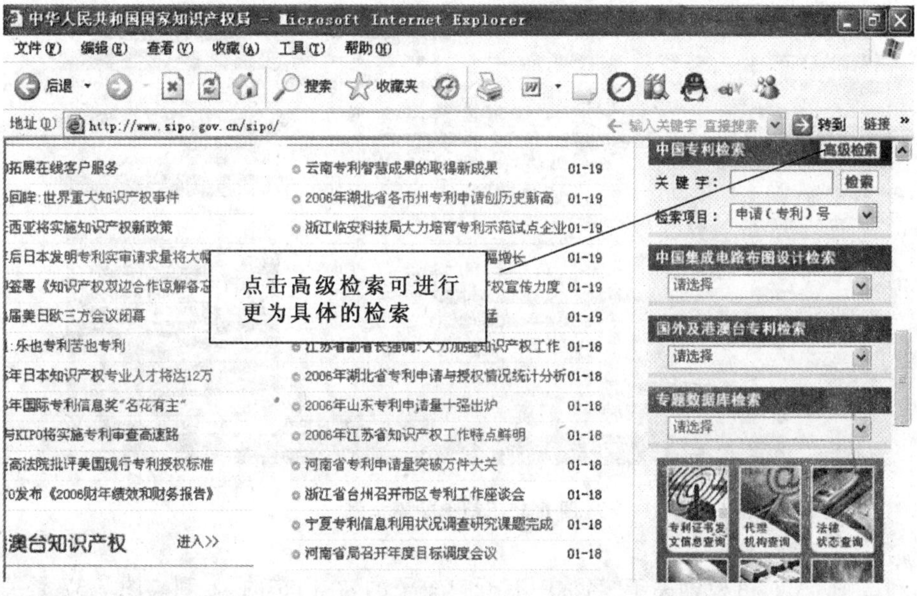

图 6-33　中华人民共和国知识产权局专利检索页面介绍二

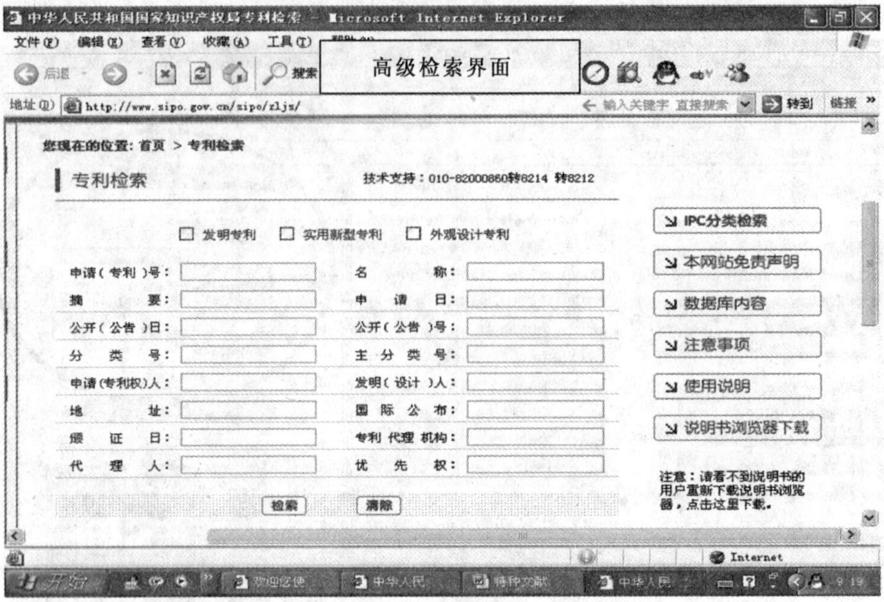

图 6-34 高级检索界面

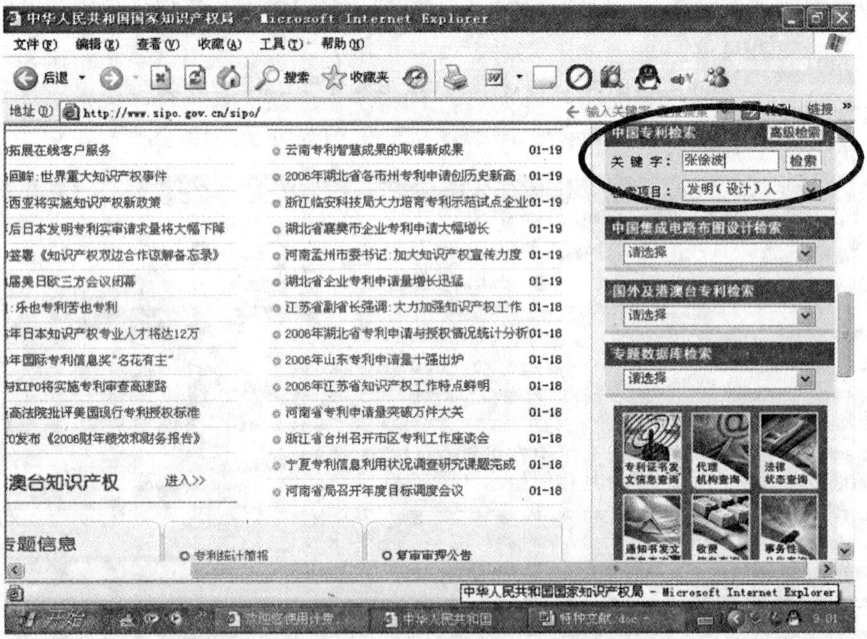

图 6-35 简单检索举例

波”的专利。图 6-36，可检索关于“名称中有开口饺子的，在山东的”专利。图 6-37 是关于图 6-36 的相应检索结果。点击图 6-38 的专利名称或专利申请号，可查看其专利说明书。图 3-39 是“开口露馅式饺子”的专利说明书首页。

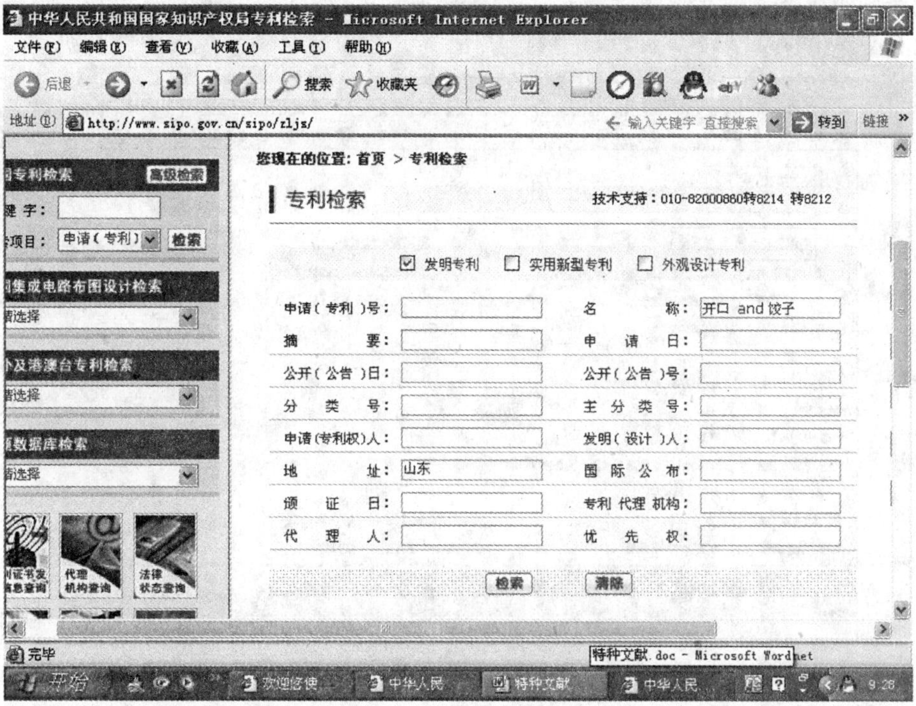

图 6-36　高级检索举例

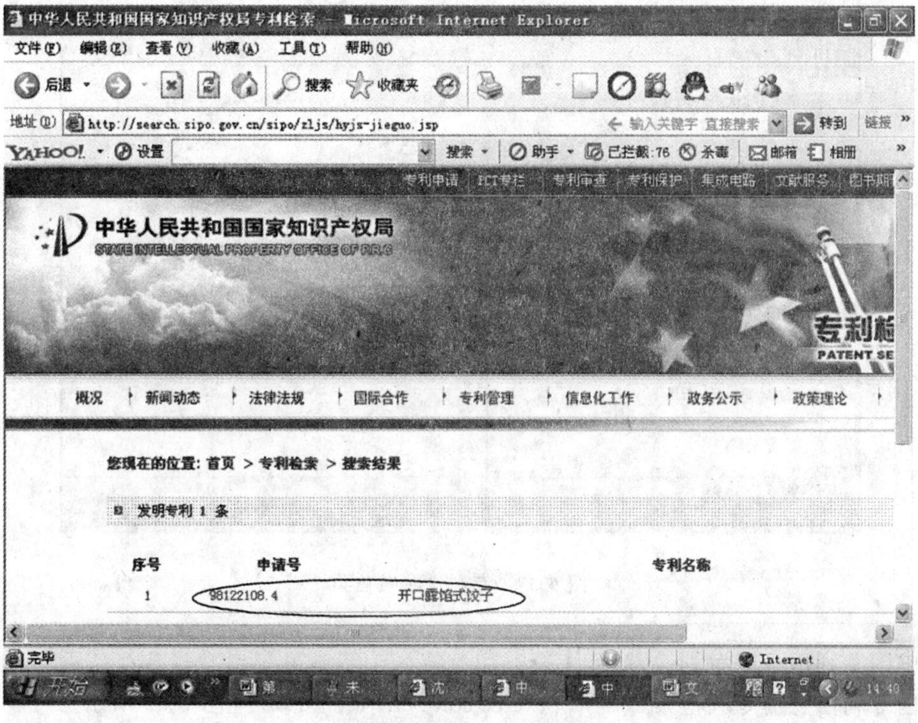

图 6-37　检索结果

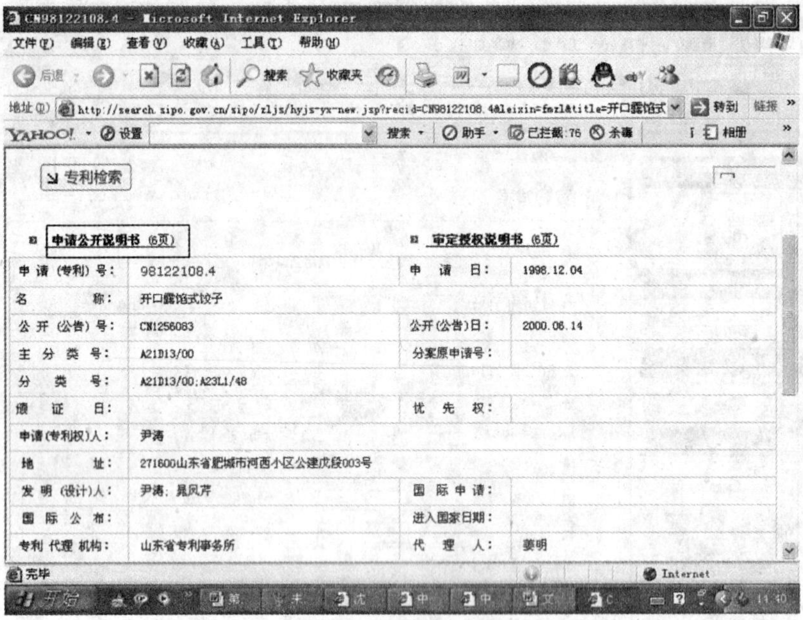

图 6-38 检索结果详细

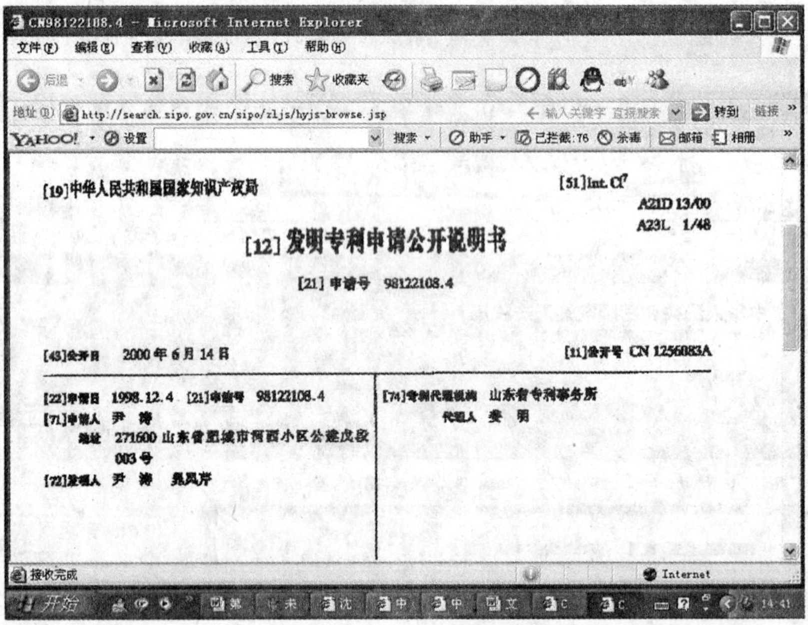

图 6-39 专利说明书首页

2. 中国专利信息网专利检索

中国专利信息网专利检索(www.patent.com.cn)如图 6-32 至图 6-39 所示。

3. 万方数据资源系统

中国专利全文数据库(见 4.2.2)。

6.3.2　学位论文检索

1. PQDD 学位论文检索

PDDD(ProQuest Digital Dissertations)学位论文检索(http://wwwlib.umi.com/dissertations 或 http://wwwlib.global.umi.com/dissertation),是美国 Bell & Howell Information and Learning(原 UMI)公司出版的网络数据资源,它收集了从 1861 年至今的来自美国、加拿大、欧洲及其他各国的 1 000 多所大学和研究机构的博士、硕士论文 160 多万篇,是目前世界上最大和使用最广泛的学位论文数据库。

图 6-40,登录 PQDD 学位论文主页后,选择所在的洲:Asia(亚洲),选择是否是科研院校学生、职员,点击"Continue"出现图 6-41,选择"Keyword"途径,输入 "maize";选择 "Degree"途径,输入"PhD",点击 Search 按钮,可检索有关玉米方面的博士论文,出现图 6-42。图 6-42 显示查到关于玉米方面的博士论文 54 篇,点击 Citation+Abstract 可看文章的题录信息和摘要(图 6-43),点击 24 Page Preview 可看文章的前 24 页(图 6-44),图 6-44 中点击该学位论文第 11 页的图像部分,可出现图 6-45,有权限的用户点击 image-only pdf 可看文章的全文。

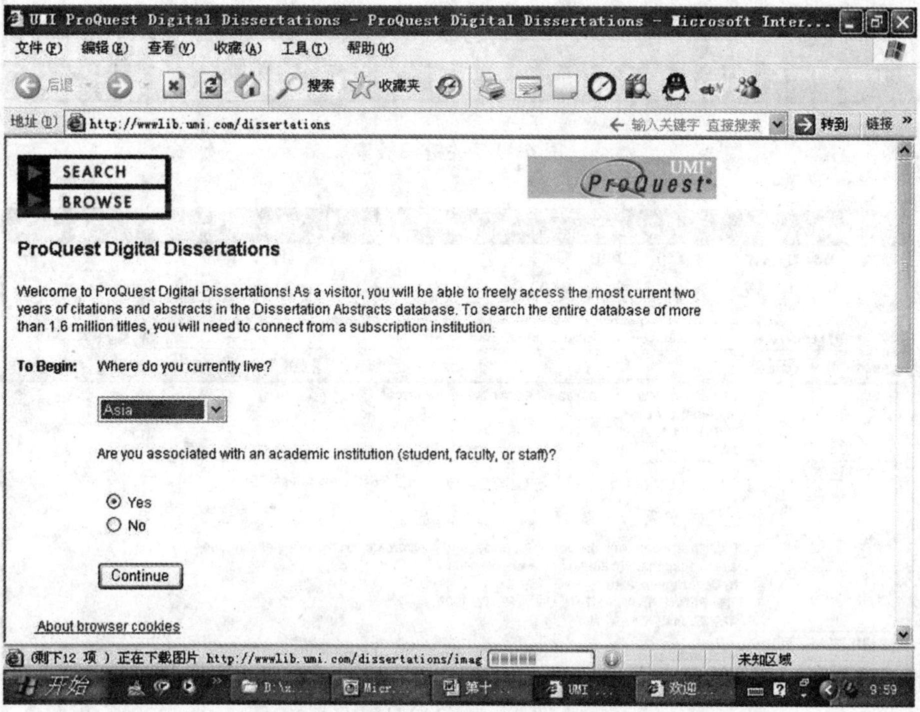
UMI ProQuest Digital Dissertations - ProQuest Digital Dissertations - Microsoft Inter...
文件(F) 编辑(E) 查看(V) 收藏(A) 工具(T) 帮助(H)
后退 搜索 收藏夹
地址(D) http://wwwlib.umi.com/dissertations
输入关键字 直接搜索 转到 链接
SEARCH
BROWSE
UMI ProQuest
ProQuest Digital Dissertations
Welcome to ProQuest Digital Dissertations! As a visitor, you will be able to freely access the most current two years of citations and abstracts in the Dissertation Abstracts database. To search the entire database of more than 1.6 million titles, you will need to connect from a subscription institution.
To Begin: Where do you currently live?
Asia
Are you associated with an academic institution (student, faculty, or staff)?
Yes
No
Continue
About browser cookies
(剩下12 项) 正在下载图片 http://wwwlib.umi.com/dissertations/imag
未知区域
开始
9:59

图 6-40　选择所在洲及是否是科研院校学生、职员

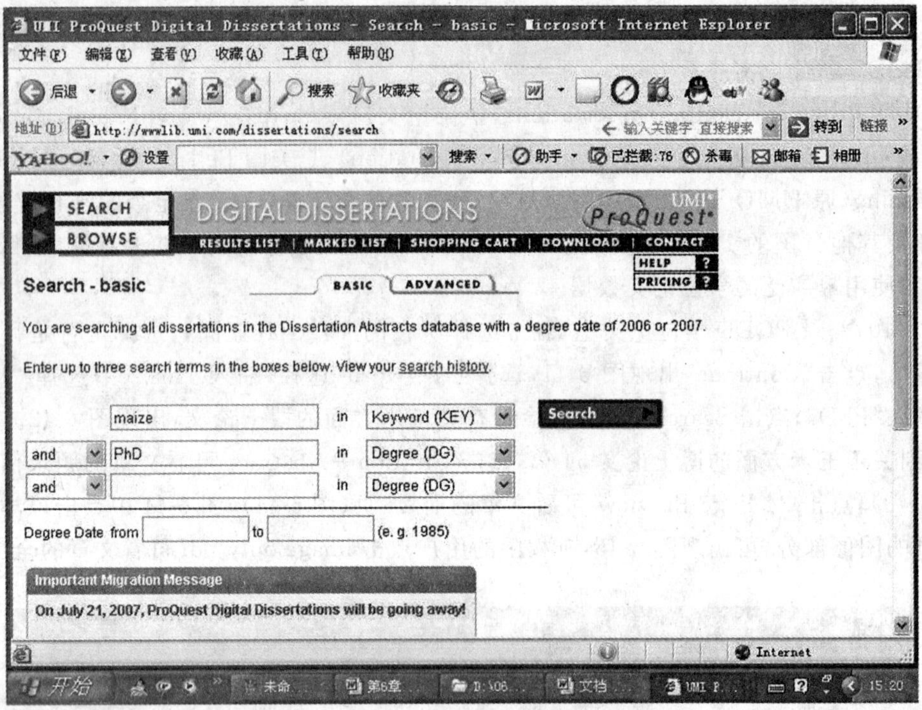

图 6-41　关键词检索

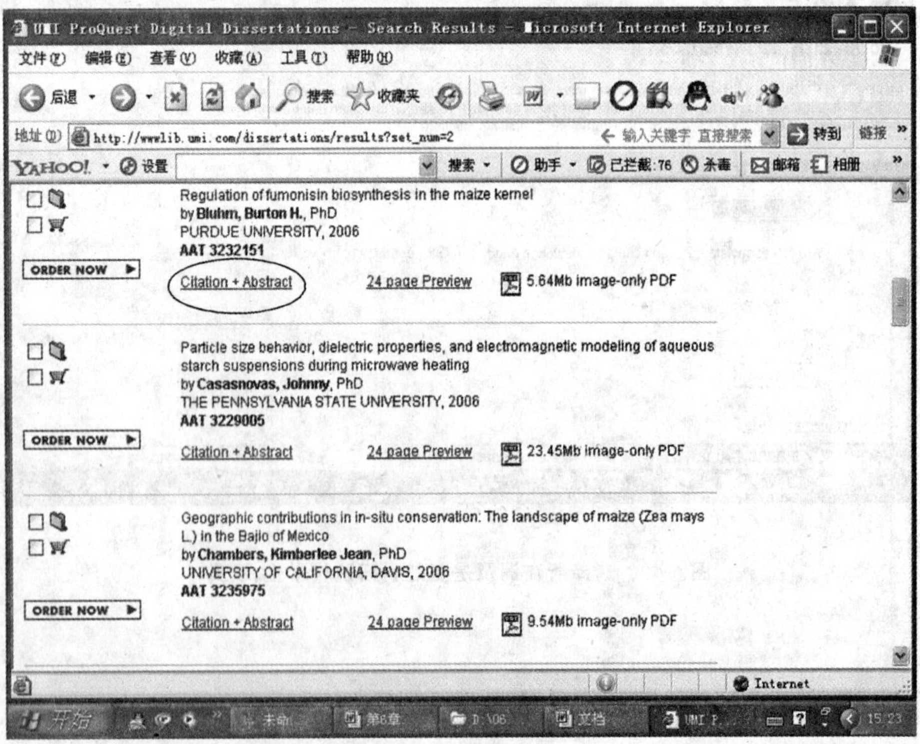

图 6-42　检索结果

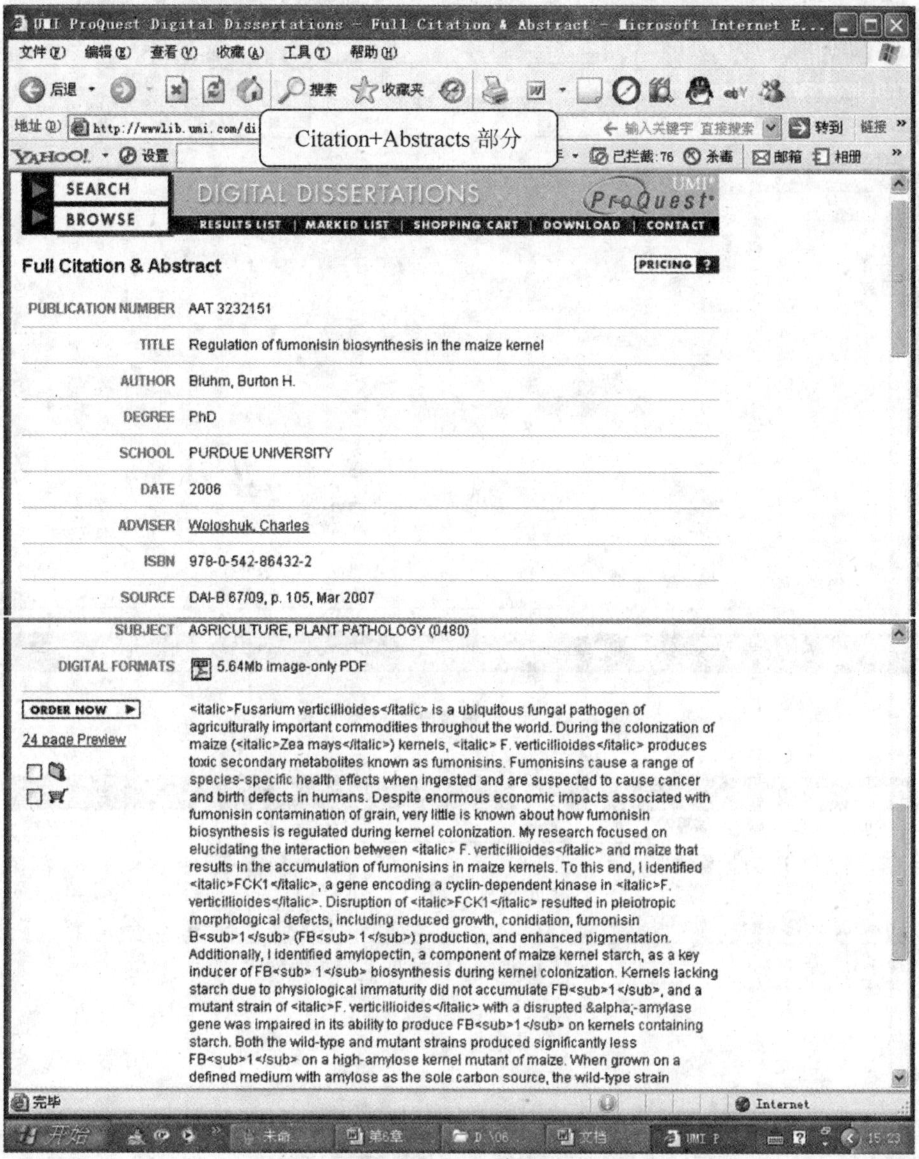

图 6-43　相关文章的题录信息和摘要

2. 万方数据资源系统

中国全位论文全文库(见 4.2.2)。

3. CALIS 学位论文检索

见 6.1.2。

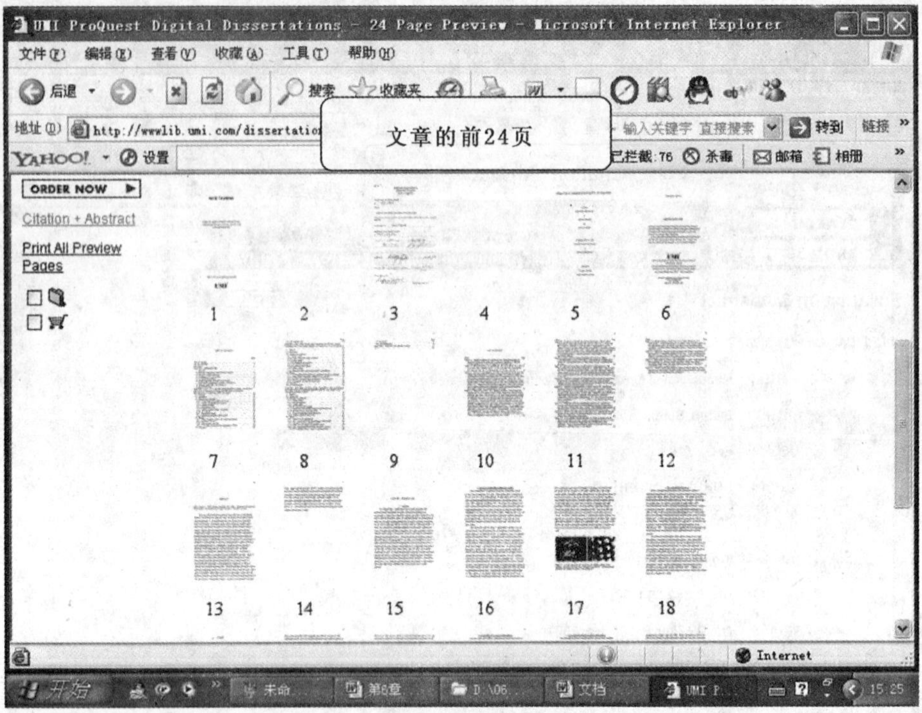

图 6-44 可免费看到的文章页数

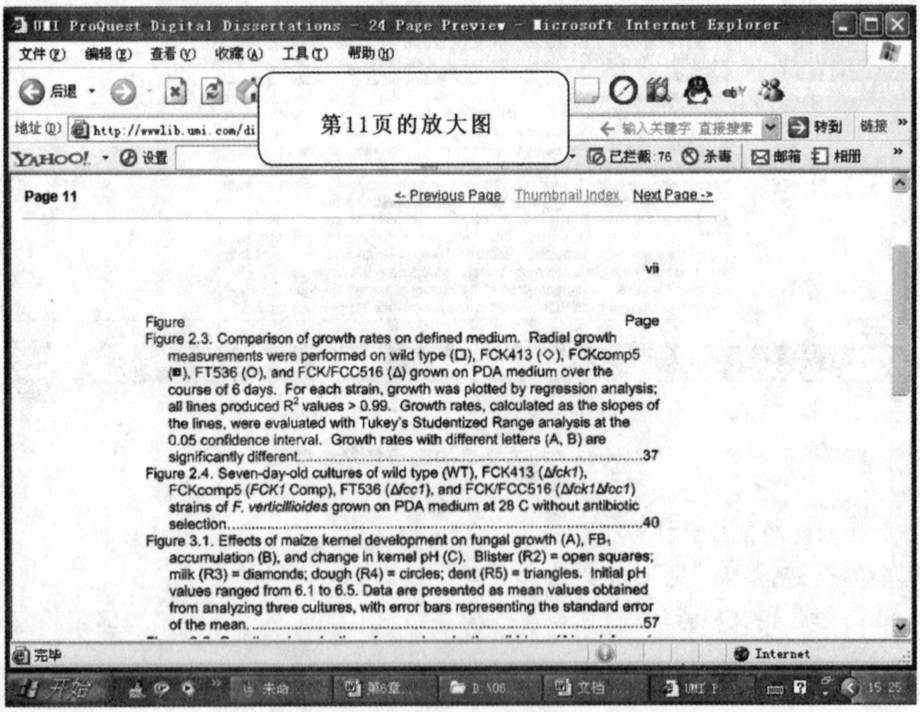

图 6-45 单页放大图

6.3.3　会议文献检索

1.《中国会议网》

《中国会议网》会议文献检索(www.chinameeting.com)(图 6-46)。

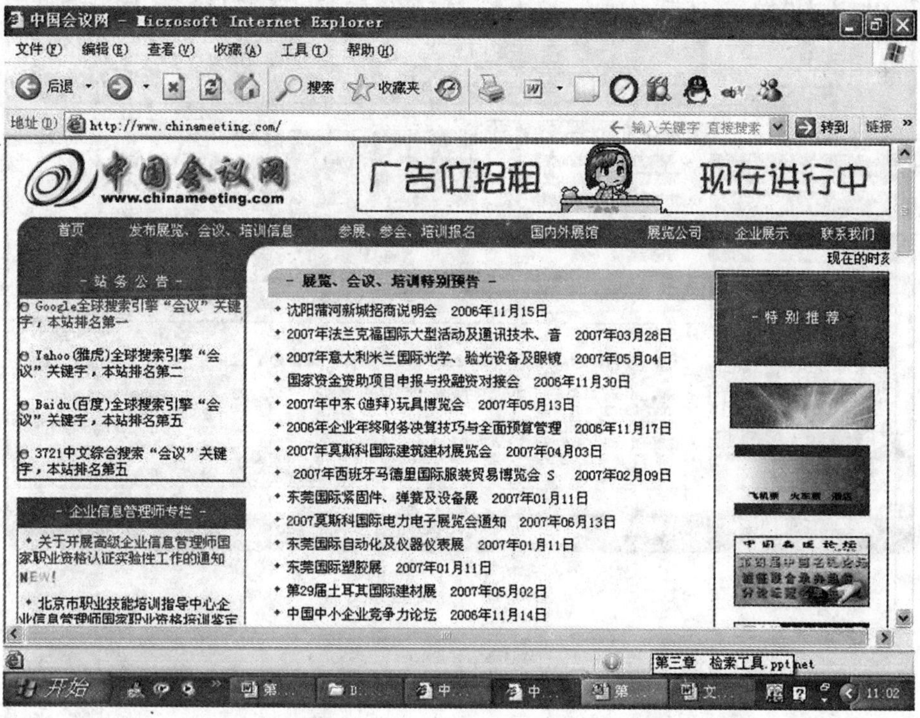

图 6-46　中国会议网首页

免费注册一个用户名后，可发布会议信息，管理通过审核后的会议信息，浏览其他人发布的信息。

2. 万方数据资源系统

中国会议论文全文数据库(见 4.2.2)。

6.3.4　标准文献检索

1.《中国标准服务网》标准文献检索

在图 6-47 所示的中国标准服务网(www.cssn.net.cn)，点击"标准分类检索"，图 6-48，点击"环保、保健和安全"；图 6-49，点击"环境保护"；图 6-50，点击"环境和环境保护综合"可得到分类检索的结果图 6-51。免费用户只能看到标准的题录信息。

在图 6-48 中，点击"标准高级检索"按钮，出现图 6-52。如图 6-52 所示，标准号后输入"GB/T"，中文标题后输入"水"，即可检索到关于水的中华人民共和国推荐性使用的标准。

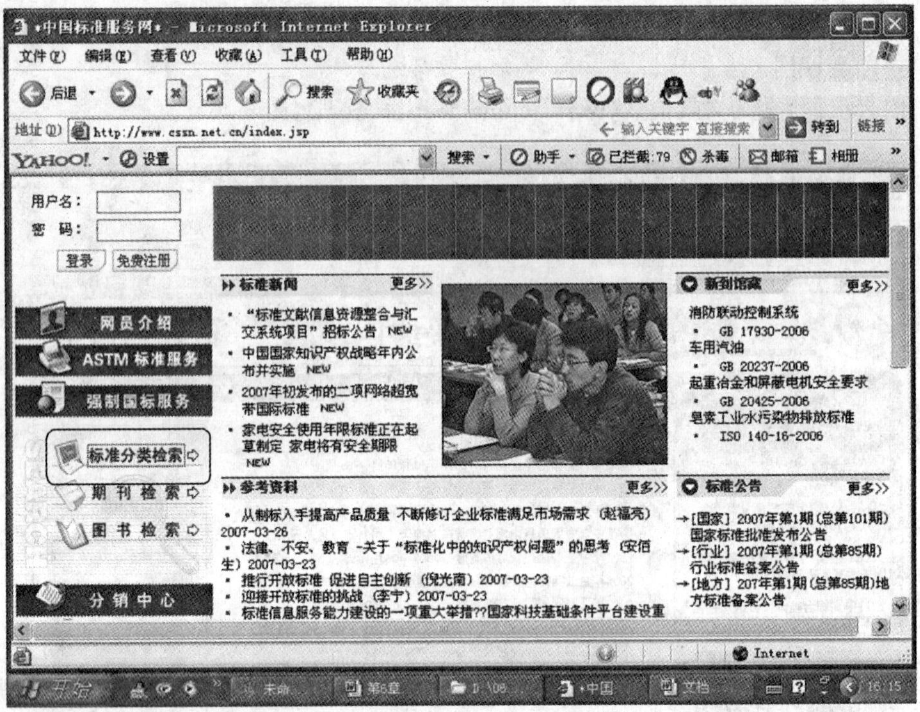

图 6-47 分类检索

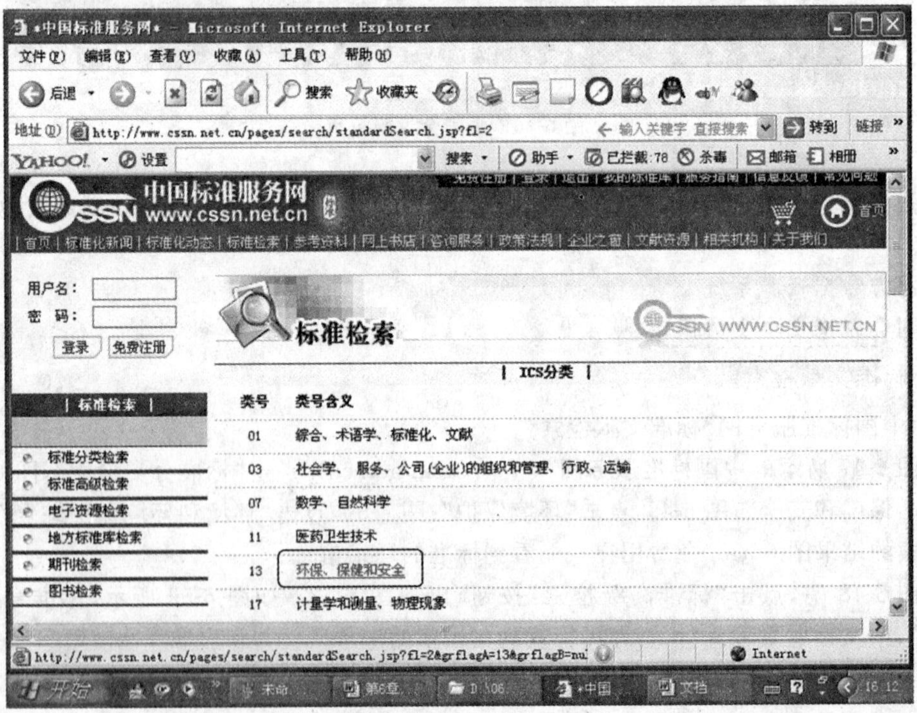

图 6-48 选择类号

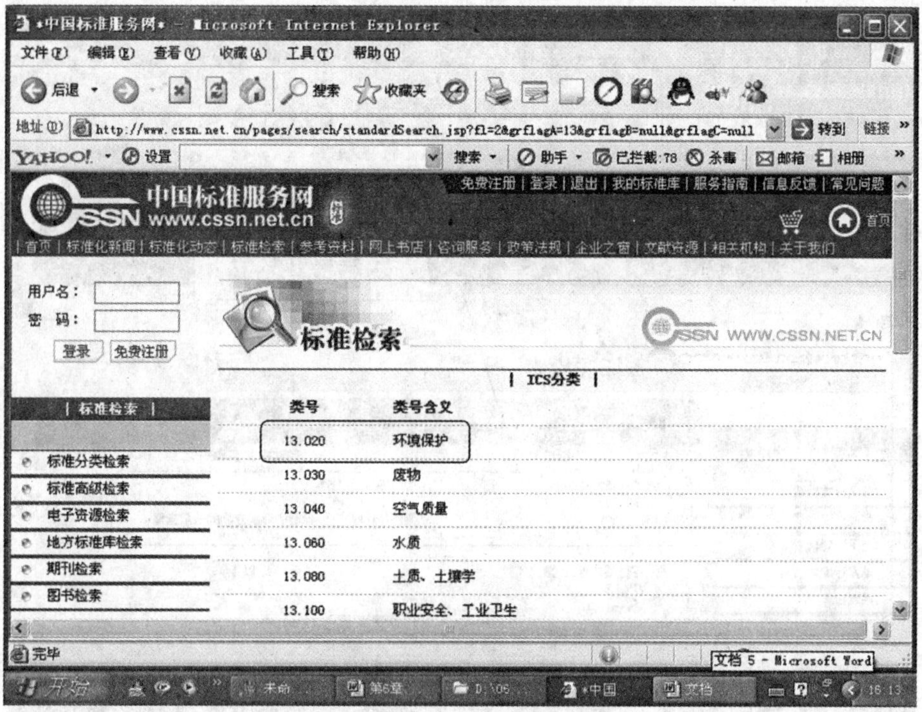

图 6-49　选择“环境保护”类号

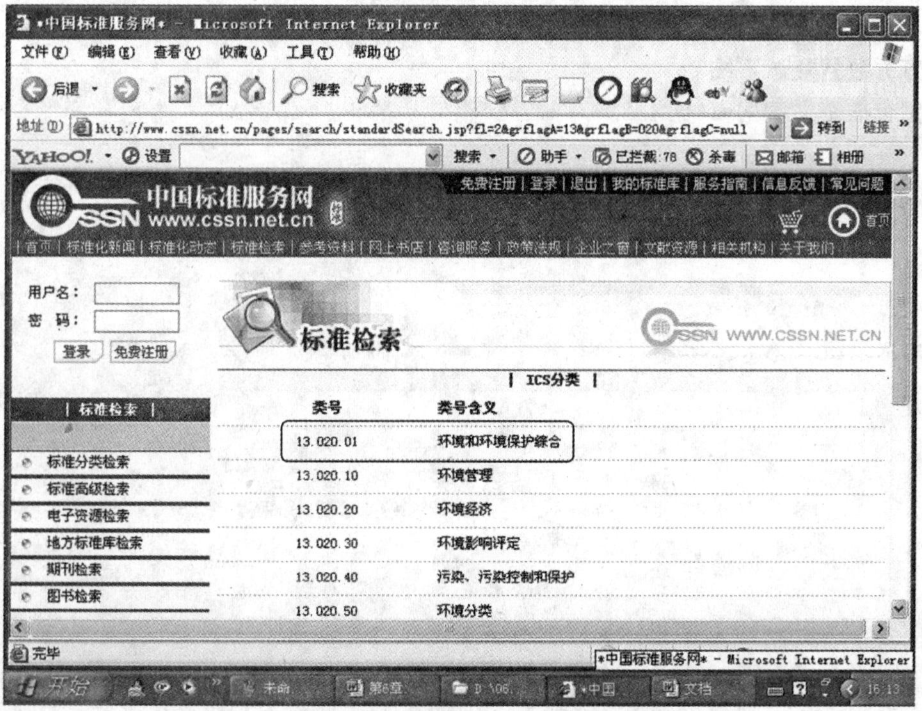

图 6-50　选择“环境和环境保护综合”类号

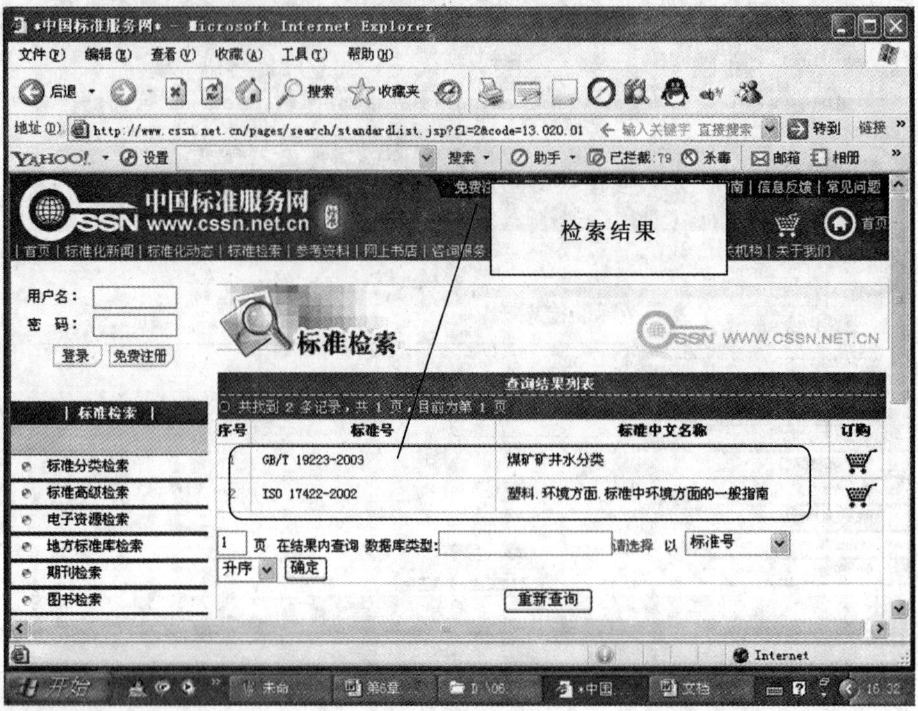

图 6-51 分类检索结果

2.万方数据资源系统

中国标准全文数据库(见 4.2.2)。

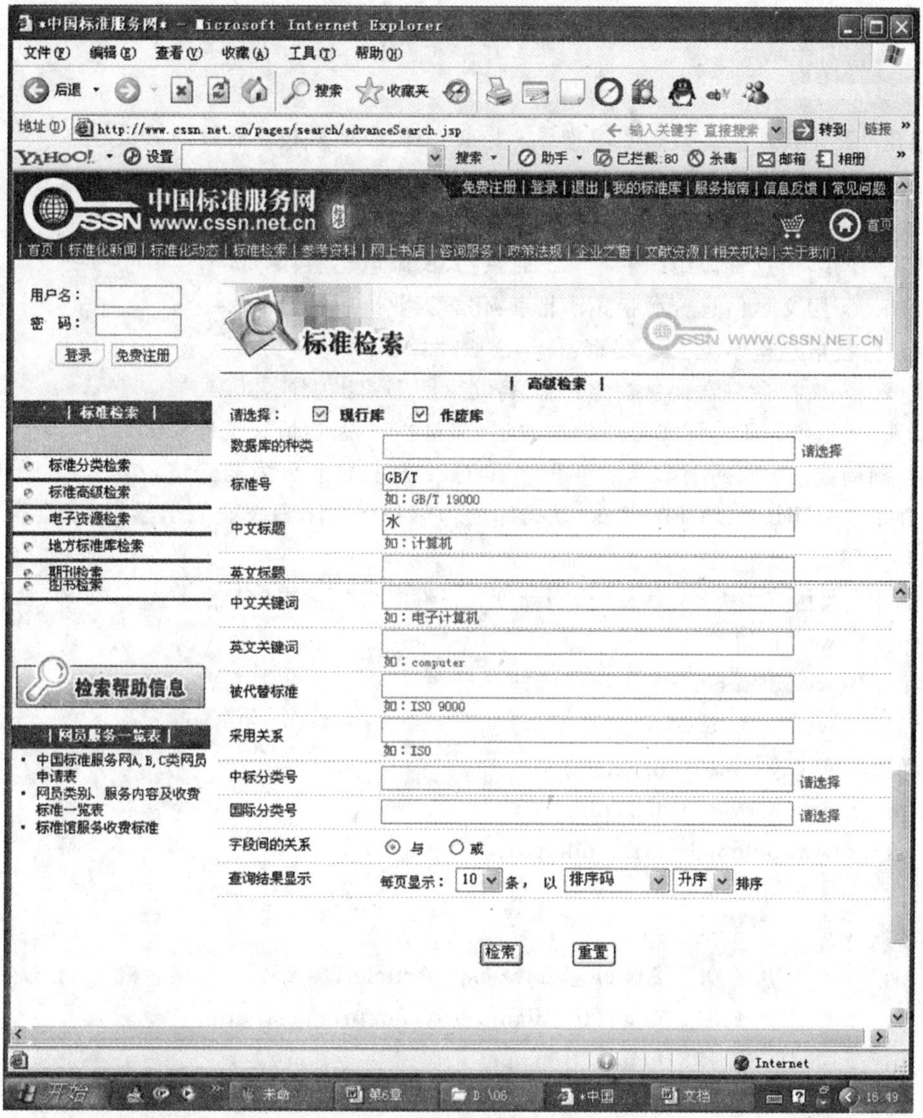
中国标准服务网 - Microsoft Internet Explorer
文件(F) 编辑(E) 查看(V) 收藏(A) 工具(T) 帮助(H)
后退 搜索 收藏夹
地址(D) http://www.cssn.net.cn/pages/search/advanceSearch.jsp
转到 链接
免费注册 | 登录 | 退出 | 我的标准库 | 服务指南 | 信息反馈 | 常见问题
中国标准服务网
www.cssn.net.cn
首页 | 标准化新闻 | 标准化动态 | 标准检索 | 参考资料 | 网上书店 | 咨询服务 | 政策法规 | 企业之窗 | 文献资源 | 相关机构 | 关于我们
用户名：
密　码：
登录 免费注册
标准检索
WWW.CSSN.NET.CN
高级检索
标准检索
标准分类检索
标准高级检索
电子资源检索
地方标准库检索
期刊检索
图书检索
检索帮助信息
网员服务一览表
中国标准服务网A, B, C类网员申请表
网员类别、服务内容及收费标准一览表
标准馆服务收费标准
请选择：现行库 作废库
数据库的种类 请选择
标准号 GB/T
如：GB/T 19000
中文标题 水
如：计算机
英文标题
中文关键词
如：电子计算机
英文关键词
如：computer
被代替标准
如：ISO 9000
采用关系
如：ISO
中标分类号 请选择
国际分类号 请选择
字段间的关系 与 或
查询结果显示 每页显示：10 条，以 排序码 升序 排序
检索 重置
Internet

图 6-52　标准高级检索

参考文献

[1] 李希孔. 农业科技信息检索实习指导. 北京:中国农业科技出版社,1998.
[2] 赵立桢. 农业信息检索与利用教程. 北京:中国农业大学出版社,2002.
[3] 赵兵. 信息检索与利用. 沈阳:东北大学出版社,2002.
[4] 赵志坚. 网络信息资源组织和检索. 北京:人民邮电出版社,2004.
[5] 何丽梅. 实用文献信息资源检索. 北京:化学工业出版社,2002.
[6] 陈英. 科技信息检索. 2 版. 北京:科学出版社,2005.
[7] 马文峰. 人文社会科学信息检索. 北京:北京图书馆出版社,2004.
[8] 张海燕,史继红. 文检课实习指导书的定位与功能. 医学情报工作,2001,22(2).
[9] 李瞳,刘周成. 获取网上学术信息的常用方式. 科技情报开发与经济,2006,16(6).
[10] 白建华. AGRICOLA PlusText 数据库的检索技术. 沈阳农业大学学报(社会科学版),2003,5(3).
[11] 田玉华. 美国《生物学文摘》的索引新变化. 青海大学学报(自然科学版),2001,19(4).
[12] http://www. baidu. com. cn.
[13] http://www. dxy. cn.
[14] http://www. google. com.
[15] http://www. yahoo. com. cn.
[16] http://www. encyclopedia. com.
[17] http://www. pubmedcentral. nih. gov.
[18] http://www. sipo. gov. cn.
[19] http://www. cssn. net. cn.
[20] http://202. 119. 210. 4/Article_Show. asp? ArticleID=350.
[21] http://202. 194. 143. 1/new2006/dian-zi-zi-yuan/proquest. htm.
[22] http://210. 46. 82. 198/kejian/BA. ppt.
[23] http://www. calis. edu. cn.

图书在版编目(CIP)数据

信息检索实习指导/赵军,赵立桢主编.—北京:中国农业大学出版社,2007.8
ISBN 978-7-81117-343-7
(普通高等教育"十一五"精品课程建设教材)

Ⅰ.信… Ⅱ.①赵… ②赵… Ⅲ.情报检索-高等学校-教学参考资料 Ⅳ.G252.7

中国版本图书馆 CIP 数据核字(2007)第 133614 号

书　名 信息检索实习指导
作　者 赵　军　赵立桢　主编

策划编辑 张秀环　　**责任编辑** 童　云
封面设计 郑　川　　**责任校对** 陈　莹　王晓凤
出版发行 中国农业大学出版社
社　址 北京市海淀区圆明园西路 2 号　　**邮政编码** 100094
电　话 发行部 010-62731190,2620　　读者服务部 010-62732336
编辑部 010-62732617,2618　　出　版　部 010-62733440
网　址 http://www.cau.edu.cn/caup　　**e-mail** cbsszs@cau.edu.cn
经　销 新华书店
印　刷 北京鑫丰华彩印有限公司
版　次 2007 年 8 月第 1 版　　2007 年 8 月第 1 次印刷
规　格 787×1 092　16 开本　15.25 印张　380 千字
印　数 1～4 000
定　价 22.00 元